ERNST PETER FISCHER

DURCH DIE NACHT

EINE NATURGESCHICHTE DER DUNKELHEIT

Pantheon

MIX
Papier aus verantwortungsvollen Quellen
FSC® C083411

Verlagsgruppe Random House FSC® N001967

Erste Auflage
Pantheon-Ausgabe Mai 2017

Umschlaggestaltung: Jorge Schmidt, München,
unter Verwendung einer Vorlage von Rothfos + Gabler, Hamburg
Umschlagabbildungen: © Marc Ward/Stocktrek Images/Getty Images,
© Carmelo Milluzzo/fotolia (Eule)
Lektorat: Ursula Kiausch, Mannheim
Satz: Ditta Ahmadi, Berlin
Reproduktionen: Mega-Satz-Service, Berlin
Druck und Bindung: CPI books GmbH, Leck
Printed in Germany
ISBN 978-3-570-55321-3

www.pantheon-verlag.de

Inhalt

VORWORT

Die Teilung des Schöpfers

»Du Dunkelheit, aus der ich stamme«: Mit dieser ansprechenden und anmutigen Zeile beginnt das gleichnamige Gedicht, das Rainer Maria Rilke 1899 in Berlin geschrieben hat. Es endet mit dem Bekenntnis: »Ich glaube an Nächte.« Eine gute Entscheidung, denn die Gegenzeit des Tages bringt dem Menschen in schöner Regelmäßigkeit die Erfahrung der Dunkelheit, aus der nicht nur alles stammt und die deshalb alles *enthält*, wie im Laufe dieses Buches zu erfahren ist, sondern die auch alles *an sich hält*, wie es zu Beginn der zweiten Strophe bei Rilke heißt. Diese Erfahrung lässt sich problemlos mit der eigenen Wahrnehmung nachvollziehen. Schließlich zeigt sich den Menschen jedes Licht, ob von Sternen oder Lampen, nur mit und vor dem Schwarz eines Hintergrunds, und jede Einsicht benötigt die Dunkelheit eines Anfangs, um aus ihr zu entspringen, so wie ein Laut erst durch die Stille der Welt hörbar wird. Wo anders als in meiner inneren Nacht stecken denn die Gedanken, bevor sie sich melden, und wo sonst lassen sich die Worte finden, mit denen man sie ausdrückt und weitergibt?

Und was für das innere und äußere Licht gilt, trifft für das Leben und die menschliche Existenz insgesamt zu. Dunkelheit umfasst jedes einzelne personale Dasein unabweisbar und unerbittlich; so hält es auch Vladimir Nabokov in seinem autobiografischen Werk *Erinnerung, sprich* fest, wenn er gleich zu Beginn an die wunderlich weitreichende Einsicht des gesunden Menschenverstands, des Common Sense, erinnert, der von sich aus und ohne besondere Belehrung von anderen weiß, dass das Leben eines Menschen »nur ein kurzer Lichtspalt zwischen zwei Ewigkeiten des Dunkels ist«. Menschen kommen aus der Nacht und kehren in sie zurück, und sie kommen mit diesem Wissen zurecht, seit sie es haben. Nabokov hat in seiner Zeit auf Erden »ein um das andere Mal ... in Gedanken enorme Anstrengungen unternommen, um auch nur den schwächsten persönlichen Lichtschimmer in der unpersönlichen Dunkelheit auf beiden Seiten meines Lebens wahrzunehmen«, wie er seine Leser wissen lässt – ohne ihnen zu verschweigen, dass dieses verlangende Suchen letztlich zu keinem Ergebnis führte. Nabokovs Bemühen und Rilkes Zuneigung lassen erkennen, dass es sich trotzdem lohnt und sogar ratsam scheint, nicht nur das Licht, sondern auch die Dunkelheit zu lieben, und sei es nur aus dem Grund, dass sich den Menschen auf dem Planeten Erde beide Varianten bieten. Sowohl am Tage als auch in der Nacht müssen und können sie sich bewähren, auch wenn dabei manchmal ein Paar aus Dr. Jekyll und Mr. Hyde sichtbar wird.

Robert Louis Stevenson (1850–1894), der in jungen Jahren verstorbene schottische Schriftsteller aus dem viktorianischen Zeitalter, erzählt in seinem 1886 zum ersten Mal veröffentlichten Roman von einem Menschen, der ein Doppelleben führt. Die Geschichte beruht auf einem Vorbild aus der großstädtischen Wirklichkeit, in der ein Tischler tagsüber als vorbildlicher Bürger seiner Arbeit nachgeht und sich nachts in einen Kriminellen verwandelt. Zwei Seelen scheinen in der Brust des Menschen zu wohnen, wobei die eine seine böse und die andere seine gute Seite herausbringt. Im Roman kann eine Art Zaubertrank zwar das Böse der Seele vom Guten trennen, aber Tag- und Nachtseite einer Person gehören beide zum Leben. Darin spiegelt sich gleichsam das kosmische Geschehen, dem die Erde bei der Drehung um ihre eigene Achse ausgesetzt ist: Mit einer Hälfte ist sie dem Licht der Sonne ausgesetzt, während die andere auf den Morgen wartet.

Die anfängliche Finsternis

Die existierende Welt und sämtliche auf und in ihr lebenden Menschen stammen aus einer urtümlichen Dunkelheit (und kehren wahrscheinlich geschlossen in einem eleganten Kreislauf in sie zurück), denn als Gott, dem Schöpfungsbericht der Bibel zufolge, sein großes Werk begann, da lag zunächst »die Finsternis auf der Urflut«. Die Erde war nicht nur wüst und leer, wie es im ersten Buch Mose, der *Genesis*, heißt. Sie lag vor allem im tiefen Dunkel – wobei die jüngsten Einsichten der Astronomen und Physiker besagen, dass sie darin im Wesentlichen noch immer eingebettet liegt. Bevor aber die dräuende Dunkelmaterie und die drohende Dunkelenergie an geeigneter Stelle vorgestellt werden (und mehr für Unterhaltung als für Abschreckung sorgen), geht es zunächst nicht um den derzeitigen Zustand, sondern um die einstige Erschaffung der Welt, wie sie in europäischen Kreisen vornehmlich der Heiligen Schrift zu entnehmen ist. Ihr zufolge sprach der Herr dazu die berühmten drei Worte: »Es werde Licht.« Und tatsächlich: »Es ward Licht«, wie geschrieben steht, aber die Helligkeit zeigte sich trotzdem nicht überall und durchgehend. Die Finsternis ist durch den göttlichen Eingriff keineswegs gewichen. Sie ist vielmehr geblieben und sogar eher gefestigt und zuverlässig in das Leben eingegliedert, sozusagen maßgeschneidert. Gott hat der finsteren Dunkelheit vom Anfang bei ihrem zwar wiederkehrenden, zeitlich aber stets begrenzten Auftreten einen neuen Namen gegeben, und zwar den der Nacht. Und in dieser nächtlichen Form hat er das Dunkel fest mit der kosmischen Heimat von Menschen und deren Existenz verknüpft.

Man muss sich immer wieder klarmachen, dass es kein Leben ohne diese periodisch wiederkehrende und damit verlässliche Variante der Dunkelheit und ihr Wechselspiel mit der Helligkeit von Licht gibt. Das organische Wachsen und Treiben auf dem Planeten Erde spielt sich seit ewigen Zeiten im steten Wechsel von Tag und Nacht ab, und Menschen und andere Hervorbringungen der biologischen Evolution haben es offenbar gut verstanden, mit beiden Bedingungen zurechtzukommen und sich darin angemessen einzurichten. Sie alle müssen immer wieder durch die Nacht, um danach den neuen Tag zu erleben, der sie jedoch abermals nur in die nächste Nacht führt.

Was Gott in seinem großen primären schöpferischen Akt wirklich für das menschliche Dasein geschaffen hat, besteht nicht nur aus dem Licht, sondern vor allem aus dem Wechselspiel von Helligkeit und Dunkelheit, und damit aus einer grundlegenden Zweiteilung der Welt. Und spätestens hier fällt auf, dass diese Dopplung oder Dualität unvermeidlich und unbedingt bereits in der Existenz Gottes selbst enthalten ist. Er erhebt sich über die Menschen, grenzt sich von ihnen ab und wird von ihnen mit dem Licht gleichgesetzt, das er entzündet hat, um ihnen die Finsternis zu nehmen und die Nacht zu schenken. Ohne seine Hilfe mussten sie lange in der Dunkelheit verharren, die anfangs die Welt beherrschte und die Wasser bedeckte. Im Laufe der Zeit haben die Gotteskinder jedoch gelernt, etwas zum Leuchten zu bringen, das sie selbst hervorgebracht haben. Gemeint ist das, was oftmals das Licht der Vernunft genannt wird und als Kultur der Aufklärung seine eigene Geschichte hat. Auf sie werden wir später noch eingehen, da infolge dieses einsichtsvollen Lichts eine Gegenbewegung auftaucht, die dem Erleben der Nacht eine neue und eigenständige Bedeutung ermöglicht, und zwar in der Form, die Menschen als romantisch kennen und schätzen (auch wenn es ihnen manchmal dabei gruselt).

Das doppelte Dasein

Der Hinweis auf das aufscheinende Licht der Vernunft zeigt vor allem, dass neben der physikalischen Helligkeit und dem biologischen Leben auch das philosophische Denken einer urtümlichen Dunkelheit entstammt – was ein weiteres Argument dafür liefert, sich so liebevoll auf diesen Lebenszustand mit Namen Nacht einzulassen, wie es in diesem Buch geschehen soll. Die Aufmerksamkeit gehört aber zunächst der durchgängigen Zweiteilung, die durch den göttlichen Satz »Es werde Licht!« zustande gekommen ist – wobei man behaupten könnte, dass die biblische Schöpfung eine Teilung *ist*. Die Finsternis gab es ohne ein göttliches Eingreifen, die ursprüngliche Handlung des Herrn erfasst aber erneut eine Teilung: »Im Anfang schuf Gott den Himmel und die Erde«, also ein Paar, und er benutzte den hohen Himmel, um mit seiner Hilfe erneut eine Zweiteilung zu installieren, denn »Gott machte die zwei großen Lichter: das größere Licht, dass es den Tag beherrsche, und das kleinere Licht, dass es die Nacht beherrsche, dazu auch die Sterne.«

»Und Gott sah, dass es gut war«, wie die *Genesis* zu berichten weiß, was heißt, dass es den Menschen gefällt, für ihren meist emsigen Tag die Sonne und für ihre eher besonnene Nacht den Mond und die Sterne zu haben. Die Kinder drücken heute noch ihren Dank für dieses funkelnde und strahlende Trio aus, wenn sie zur Nacht mit ihren Laternen umherziehen und singen »Laterne, Laterne, Sonne, Mond und Sterne« und dabei hoffen, dass ihre flackernden Lämpchen nicht ausgehen und ihnen den Weg durch die dunklen Straßen weisen.

Und es gibt noch eine Zweiteilung, die allen vertraut ist. Gott und die Menschen können nämlich Licht machen, so viel sie wollen, mit ihm kommt immer auch ein Schatten in die Welt. Schatten haben etwas Verwirrendes an sich, da sie nichts zu sein scheinen, jedenfalls nichts Greifbares. Sie gehören nicht zur realen Welt, wenn man daran denkt, dass »Realität« sich vom lateinischen Wort *res* ableitet, das für eine greifbare Sache steht. Schatten gehören nicht dazu. Sie sind dafür einem bestimmten Gegenstand zugeordnet und deuten mit ihrer Anwesenheit die Abwesenheit von Licht an. Dieser einen Seite der Schatten tritt eine andere bei, die in dem berühmten Höhlengleichnis von Platon zur Sprache kommt: Nur Schatten machen den angeketteten Menschen etwas von der Welt zugänglich. Als Gefangene sehen Menschen – in Platons Erzählung – nur Schatten an einer Wand; sie können jedoch nicht erkennen, woher das Licht kommt, das die dunklen Umrisse in ihrem Blickfeld hervortreten lässt und damit das schafft, was sich ihnen als Welt darstellt.

Mit dem gerade eingeführten Konzept der Dunkelheit kann man die Nacht als den Schatten deuten, den die Erde durch ihre Kugelgestalt auf sich selbst wirft, wobei das Dunkel durch die Drehung um ihre Achse ebenfalls seinen täglichen Umlauf macht. Die kleine Dunkelheit, die der Herr gelassen oder eingeführt hat, kehrt deshalb als Nacht dauernd auf den Heimatplaneten der Menschen zurück, während die große Finsternis am Anfang aller Dinge trotz aller Helligkeit und Leuchtkraft der Sonne ewig bleibt. Dualität, wohin man schaut, und so wird es niemanden überraschen, wenn sich der doppelte Charakter der späten Stunden unter einem schwarzen Himmel auch dann zeigt, wenn sie von dem kleinen Licht erhellt wird, das Gott an den Himmel gehängt hat. Auf der einen Seite ist die Nacht nämlich die Zeit, zu der man Angst haben muss und finstere Gestalten einem das Leben schwermachen können. Auf der anderen Seite bringt vielfach erst die Nacht den Menschen die Freude der Freiheiten, die sie in der täglichen Pflichterfüllung vermissen oder nicht wahrnehmen können.

Der duale Charakter der Nacht zeigt sich auch an der Art der Feste, die europäische Kulturen hervorgebracht haben. Auf der einen Seite feiern Christen eine Heilige Nacht, also das Weihnachtsfest. Auf der anderen Seite zelebrierte man viele Jahrhunderte lang eine Walpurgisnacht, eine Art Hexensabbat, was in der Gegenwart zwar an Intensität abgenommen hat, als bäuerlicher Volksbrauch oder Tanz in den Mai aber noch fortlebt. Tatsächlich: Die Nacht ist nicht allein zum Schlafen da, wie spätestens ein Schlager der Dreißigerjahre verkündet und unter anderem Hildegard Knef gesungen hat. Die meisten Menschen müssen allerdings schon ein paar Stunden schlafen, um heil durch die Nacht und den folgenden Tag zu kommen. Dabei passt es bestens in den an dieser Stelle entworfenen Kontext, wenn historische Forschungen inzwischen belegen, dass auch im Bett die Zahl Zwei eine Rolle spielt, nicht nur, weil man sich dabei paaren kann. In der Frühzeit der Geschichte haben die Menschen nämlich nicht durchgeschlafen, wie man es heute als natürlich ansieht (ohne dass dies so einfach gelingen will). In den Zeiten vor der Industriellen Revolution und der Beleuchtung der Städte sind die Menschen nach einem ersten Schlaf von einigen Stunden wach geworden, um die folgende Zeit der Dunkelheit auf ihre Weise zu nutzen, wobei an dieser Stelle das Beten und der Beischlaf erwähnt werden sollen, also die Hinwendung zu Gott und die Hinwendung zu einem anderen Menschen, den man liebt.

Es ist offenbar und einsichtig, dass sich auch im alltäglichen Leben alles Wichtige zwischen zwei Dunkelheiten abspielt. Die

Dunkelheit umfängt die Menschen als Ganzes und jede Nacht. Sie gehen aus ihr hervor. Menschen werden erst durch die Nacht, und dann müssen sie durch die Nacht. Es gilt einerseits, sich daran zu gewöhnen und sie nicht verschwinden zu lassen, und es gilt anderseits, dabei Freude zu empfinden.

Was die Zweiteilung oder Dualität angeht, so steckt sowohl im Titel dieses Buches als auch in der Überschrift dieses Vorworts eine doppelte Bedeutung. »Durch die Nacht« spielt zum einen auf die Schwierigkeit vieler Menschen an, in den dazugehörigen Stunden durchzuschlafen und es zum Beginn des Tages zu schaffen. Darauf gehen wir ebenso ausführlich ein wie auf die zweite Bedeutung, die davon handelt, was das Leben durch die Nacht an Eigenschaften gewonnen hat – also etwa durch Zeiten, in denen Liebende sich leicht verstecken und ihre eigenen Schöpfungen auf den Weg ins Leben bringen konnten. Denn nach wie vor beginnt dieser Weg in der tiefen Dunkelheit eines warmen Leibes.

Und was die »Teilung des Schöpfers« angeht, so wird damit nicht nur die von ihm vorgenommene Trennung des Lichtes von der Finsternis angesprochen. Gemeint ist ebenso die im menschlichen Denken unvermeidliche Existenz einer Gegenposition zu Gott, die vielfach als Teufel bezeichnet wird, aber auch als Luzifer bekannt ist. Und mit diesem Namen zeigt der Fürst der Finsternis, was er eigentlich ist, nämlich eine Lichtgestalt – die allerdings nichts von dem entzündet, was Gott im Sinn hatte. Während das urtümliche Licht der Schöpfung auf die Einsichtsfähigkeit von Menschen hinweist, spricht das Licht von Luzifer die Zweifel an, die zum Denken gehören und sich in ihm bemerkbar machen. Es ist nun kaum zu überhören und auch nicht zu überlesen, dass in dem Zweifel sowohl die Zwei als auch der Teufel anklingt, und damit bekommt alles seine duale – also ursprüngliche – Ordnung. Mit der Schöpfung der Welt als Teilung von Tag und Nacht beginnt das Abenteuer der Vernunft aus der Dunkelheit heraus, die anfangs über der Flut lag und aus der alle Bewegung der Erde hervorgegangen ist. Wenigstens daran sollte auch der Teufel nicht zweifeln.

KAPITEL 1

Im Schatten der Erde

Ringsum erblicke ich Unendlichkeiten, die mich wie ein Atom, wie einen Schatten umschließen.

BLAISE PASCAL

Früher stieg die Nacht gelassen an Land, heute senkt sie sich eher rücksichtsvoll herab und schiebt das Licht vor sich her, wobei der Leser aufgefordert ist, selbst zu entscheiden, welche Wortwahl ihm zutreffender für das abendliche Geschehen zu sein scheint und mehr zusagt. Abgesehen von poetischen Beschreibungen, mit denen der Beginn der Dämmerung und das Eintreffen der Dunkelheit festgestellt und mitgeteilt wurde, haben sich Menschen schon früh Gedanken über den Kosmos und seine Bewegungen gemacht und dabei auch Fragen der Art gestellt, was die Nacht ist, wo sie herkommt, wie sie entsteht und was sie also bedingt.

Während Zeitgenossen des 21. Jahrhunderts sich (hoffentlich) gut auskennen und locker den Satz goutieren: »Die Nacht ist der Schatten der Erde« (den beispielsweise die Bildhauerin Vera Röhm in sechzig Sprachen auf sechzig schwarze Blöcke hat schreiben lassen), mussten sich die antiken Denker und ihre Vorfahren andere Erklärungen einfallen lassen. Die Nacht kann ja erst als Schatten der Erde gedeutet werden, seit verstanden worden ist, wie sich der von Menschen bewohnte Planet im Kosmos erstens um die Sonne und zweitens um seine eigene Achse dreht, und auf diese Einsicht musste man bis in das 16. Jahrhundert warten.

Sie wird in ihrer Gesamtheit Nicolaus Kopernikus zugeschrieben, der die Erde aus dem Zentrum der Welt (des Kosmos) nahm und dafür die Sonne dorthin platzierte – was ein altes geozentrisches

Weltbild ablöste und durch eine moderne heliozentrische Sicht ersetzte. Dank der Umlaufbahn der Erde um die Sonne konnten die Menschen sich mutig dem göttlichen Bereich mit seinem besonderen Licht annähern, der nun ganz weit außen – oben im Himmel – anzusiedeln war. Die alte Mitte, die Erde, hatte eher als Ort des Abfalls gegolten (als Sammelstelle all dessen, was ihr aus der sonstigen Welt ringsum zufiel). Bis ins 16. Jahrhundert hinein erduldete man das als eine Art Prüfung Gottes. Kopernikus erlebte die Veröffentlichung seines Hauptwerks *De Revolutionibus Orbium Coelestium* im Jahre 1543 erst in den Tagen und Nächten, in denen er bereits auf dem Totenbett lag. Doch die einleuchtende und kosmisch angemessene Erklärung für die Nacht hatte kurz zuvor schon sein Vertrauter Georg Rheticus gegeben und verbreitet, um 1540 hatte er in seiner *Narratio prima* geschrieben: »Die Erde dreht sich von Westen nach Osten, ... und durch diese Bewegung bringt der irdische Globus Tag und Nacht zustande, je nachdem er sich der Sonne zuwendet.«

»Um Mitternacht«

»Gelassen stieg die Nacht an Land,/ Lehnt träumend an der Berge Wand« – mit diesen berühmten Versen beginnt das Gedicht »Um Mitternacht«, das von Eduard Mörike stammt und 1828 im *Morgenblatt für gebildete Stände* erschienen ist. Im 20. Jahrhundert hat der Satiriker Robert Gernhardt seine Version dieses romantischen Gedankens vorgelegt, und die lautet so:

Verlassen stieg die Nacht an Land,
der Tag war ihr davon gerannt.
Durchs Dunkel tönte ihr Geschrei,
wo denn der liebe Tag wohl sei.

Indessen saß der Tag bei mir,
bei weißem Brot und hellem Bier
hat er die Suchende verlacht:
Die säh doch nichts, es sei ja Nacht.

Von da an ist die Nacht der Schatten der Erde, und sie bleibt es bis heute – die Nacht der Erde jedenfalls, auf der das Leben sein Zuhause gefunden hat. Die Nacht der ganzen Welt mit ihren unge-

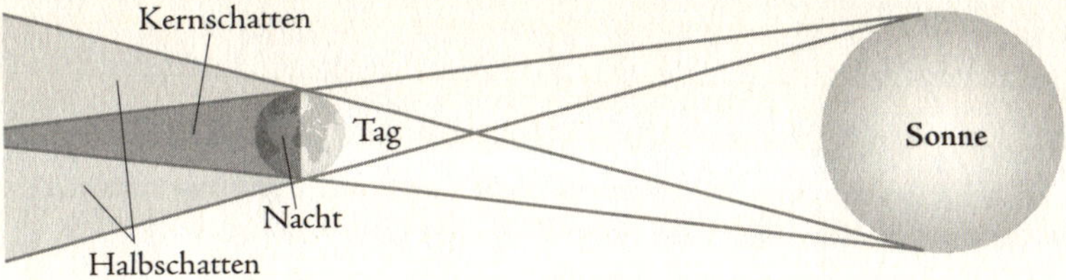

Die Nacht ist der Schatten der Erde, wie sich heute leicht erkennen lässt, was aber seine Zeit brauchte, um verstanden zu werden.

heuren Dimensionen ist anders und größer zu denken und wurde bislang nur am Rande mitgeführt.

Bevor zu Beginn der Neuzeit die Drehung der Erde um ihre eigene Nord-Süd-Achse bemerkt und verstanden worden war, gab es in der Antike andere Erklärungen der atmosphärischen Nacht auf dem Planeten; sie agierten mit Göttern oder Mythen, von denen die meisten hier übergangen werden sollen. Als Ausnahme wird die berühmte *Theogonie* von Hesiod angeführt, also der Bericht über die Entstehung der Götter, der etwa aus dem Jahre 700 vor Christus stammt. In ihm taucht als eine der ersten Gestalten eine Göttin der Nacht aus dem undurchsichtigen Chaos auf, als das der Anfang der Welt beschrieben und gesehen wurde. Die Göttin heißt Nyx (die Römer fertigten aus diesem Namen das lateinische Nox), und zu ihren Geschwistern gehörten Gaia und Eros, die bis heute gut bekannt und den Menschen in ihrem Wirken vertraut sind. Zwar soll der Göttervater Zeus Angst vor Nyx bekommen haben, wenn die Nacht aus der Unterwelt auftauchte, in die sie sich tagsüber zurückgezogen hatte.

Was die Griechen aber mit der Personifizierung der irdischen Nacht erreichen und verstehen wollten, soll hier weder verfolgt noch analysiert werden, es sei denn durch den spekulativen Hinweis, dass die alten Erzähler mit der Göttin Nyx wahrscheinlich das schattenartige Dunkel auf der Erde vom lichtlosen Dunkel am Himmel unterscheiden wollten. Anders ausgedrückt: eine innere und einhüllende Nacht auf dem Planeten von einer äußeren und umfassenden Nacht im Kosmos. Die weitläufige Nacht im Universum kann nicht als ein Schatten – von welchem Objekt auch? –

verstanden werden und benötigt eine raffinierte Erklärung, über die sich trefflich streiten lässt, wie wir sehen werden.

Als Nyx noch auf der Erde waltete, versuchten sich Philosophen der Antike einige Jahrhunderte nach Hesiod an ersten rationalen Deutungen des zyklischen Hell-Dunkel-Geschehens in ihren Breiten. Sie machten zum Beispiel Ausdünstungen der Meere und der Erde als Ursache der immer wieder hereinbrechenden Nacht aus, wobei diejenigen unter ihnen mit biologischen Interessen diese eher unangenehm klingende Idee auch auf den menschlichen Körper übertrugen. Demnach waren die Ausdünstungen aus dessen Eingeweiden Ursache des Schlafs, den Menschen in der Nacht offensichtlich brauchen.

Griechische Denker wunderten sich über das gleichmäßig und verlässlich in Kreisen laufende Verhalten von Tag und Nacht und registrierten darüber hinaus die Tatsache, dass sich die Farbe der Nacht, also das Schwarz, genau dort findet, wo bei Menschen das Sehen beginnt, nämlich in der Mitte ihrer Augen.

Es dauerte bekanntlich noch mehr als ein Jahrtausend, bis verstanden werden konnte, wo die physikalische Dunkelheit herkommt, die mit der atmosphärischen Dämmerung einsetzt, und wie sie sich wieder auflöst, wenn es Morgen wird und die Sonne »aufgeht« – wie Menschen immer noch sagen, obwohl sie doch wissen, dass sie selber es sind, die sich auf der Erde vom Tag zur Nacht hin und weiter vorwärts oder wieder zurück zum Tag drehen.

Irgendwann ist es dann jemandem aufgefallen, dass es zwar nachts dunkel wird, dass dabei aber die Dominanz der Farbe Schwarz auf dem Planeten von der Vorherrschaft der Dunkelheit am Himmel zu unterscheiden ist und völlig anders erklärt werden muss.

Die dunkle Seite des Mondes

Bevor die kosmische Finsternis in den Blick genommen wird, soll »the dark side of the moon« nicht vergessen werden, also die Rückseite des Mondes, die von der Erde aus nicht zu sehen ist und für uns im Dunkel bleibt – was nicht bedeutet, dass dort gar keine Sonnenstrahlen eintreffen und ewige Finsternis wie vor der Zeit herrscht. Die Rückseite des Mondes kann genauso wie das uns zugewandte Gegenstück im Licht des Zentralgestirns liegen, nur sehen die Bewohner der kreisenden Erde sie dann trotzdem nicht. Die beim ersten Hören vielleicht verwirrende Unsichtbarkeit der Mondrückseite kommt durch die beiden Drehungen des Erdtrabanten zustande, der zum einen den von Menschen bewohnten Planeten umrundet und sich zum anderen um seine eigene Achse dreht. Diese beiden Rotationen finden in einer gebundenen und verknüpften Form statt, wie die Astronomen wissen. Sie fügen dieser Auskunft hinzu, dass durch das Wechselspiel der Erde und ihres Trabanten zugleich eine Gezeitenbremse entsteht, mit deren Hilfe – also dank der physikalischen Kräfte, die Ebbe und Flut bewirken – sich die Rotationsdauer des Mondes der Monatslänge im Laufe kosmischer Größenordnungen anpassen konnte. Dieses gegenseitige Abstimmen von kosmischen Kräften hat letztlich dazu geführt, dass von der Erde aus immer dieselbe Seite des Mondes zu sehen ist, wie auch in dem Lied gesungen wird, das verkündet: »Der Mond ist aufgegangen«. Während er am Himmel steht, gilt: »Er ist nur halb zu seh'n und ist doch rund und schön«.

Mehr sehen konnten Menschen zum ersten Mal dank der russischen Mondsonde Lunik 3 im Jahre 1959, als deren Funkbilder die Erde erreichten und es erlaubten, einen Blick auf die bis dahin wunderliche Rückseite des Mondes zu werfen. Noch im 19. Jahrhundert hatte man angenommen, dass sich dort ein Ozean verberge, und im 20. Jahrhundert vermuteten manche Menschen dort UFO-Landeplätze. Solche Spekulationen hörten nach dem Eintreffen der russischen Funkbilder zwangsläufig auf. Und als der Astronaut William Anders als der erste Mensch im Jahre 1968 während der Apollo-8-

Die Rückseite des Mondes ist voller Löcher und nur aus dem Weltraum zu sehen.

Mission die Rückseite direkt zu Gesicht bekam, sah er, dass dort aus geologischer und kosmischer Sicht kaum Überraschungen warteten. Er beschrieb das Gesehene als einen »Sandhaufen, in dem meine Kinder längere Zeit gespielt haben«.

Wer »the dark side of the moon« erwähnt, kann zwar die Rückseite selbst überspringen, nicht aber das gleichnamige Konzeptalbum von Pink Floyd. Der Titel verdankt sich allerdings nicht dem Mond selbst, sondern einem Bonmot des amerikanischen Dichters Mark Twain. Er meinte einmal, jeder Mensch sei ein Mond, da zu ihm eine dunkle Seite gehöre, die er vor den Blicken der anderen zu verbergen wisse. *The Dark Side of the Moon* kam 1973 auf den Markt und hat sich über fünfzig Millionen Mal verkauft. Ich höre die Musik immer wieder an und lasse mich dabei treiben.

Die Farbe der Nacht

Schwarz fasziniert bei vielen Forschungen, und nicht wenig an dieser Empfindung bleibt geheimnisvoll, wie es sich für die Farbe der Nacht gehört. Schwarz begeistert die Biologie innen und bewegt die Astronomie außen, wobei mit innen die Welt im Kopf eines Menschen und mit außen die Welt darüber gemeint ist. Da, wo Menschen sehen – im Gehirn –, ist es ebenso dunkel und schwarz wie da, wo sie hinsehen, wenn sie nach dem Untergang der Sonne zum Himmel blicken und nur Sterne und Planeten als winzige Lichtpunkte mit größeren schwarzen Zwischenräumen erkennen können. Die Farbe Schwarz dominiert deutlich, wenn sich die Mitternacht nähert, und die Frage lautet, warum dies so ist. Weshalb ist das ganze Weltall vor allem schwarz und auf seine Weise ähnlich lichtlos wie das innere Weltall, das wir im Kopf tragen und Gehirn nennen?

Das Spannende an der Schwärze steckte ursprünglich in der Frage, wie man überhaupt etwas sehen kann, das entweder kein Licht ist oder von dem kein Licht ausgeht. Offenbar haben viele Menschen lange Zeit geglaubt, die Farbe Schwarz als etwas Lichtloses charakterisieren zu können. Noch zur Zeit des großen Isaac Newton vermuteten einige Wissenschaftler, dass schwarzes Licht überhaupt keine Frequenz habe und also gar kein Licht im physikalischen Sinne sei. Und in einem berühmten Begriff der Gegenwart, dem »Schwarzen Loch«, steckt natürlich genau die Idee, dass sich von diesem Gebilde keinerlei Licht lösen und zu uns gelangen kann. Schließlich hat sich an diesen faszinierenden und rätselhaften Gebilden des Universums zu viel Materie auf zu kleinem Raum angesammelt, sodass eine ungeheure Anziehungskraft entsteht und es selbst Lichtstrahlen unmöglich wird, über einen vorgegebenen Horizont hinaus ins Offene zu kommen und in ein menschliches Blickfeld zu treten – das sich frühestens auf der Erde ausbreitet.

Der Begriff »Schwarz« ist im Übrigen bei Forschern sehr beliebt, da sie nicht nur von »Schwarzen Löchern« schwärmen, sondern zudem die Idee der »Black Box« ersonnen haben, um die Steuerung der Lebensvorgänge in einem theoretischen Gerüst erfassbar zu machen. Der »Schwarze Kasten« bleibt dabei allen neugierigen Blicken verschlossen und kann nur durch Ein- oder Ausgaben analysiert werden. Die nachhaltigste Entwicklung der Physik, der Umsturz des klassischen Weltbildes, ist schließlich zustande gekommen, weil um die Wende zum 20. Jahrhundert jemand hartnäckig probiert hat, die Strahlung eines sogenannten »Schwarzen Körpers« zu verstehen, die von ihm bei steigender Temperatur ausgeht. Ein »Black Body« ist durch die Eigenschaft charakterisiert, alle einfallende Strahlung zu absorbieren und keine zu reflektieren. Das Licht, das ein immer weiter erhitzter Schwarzer Körper nach und nach ausstrahlt – in der Praxis kann man sich darunter ein Stück Kohle im Ofen vorstellen –, muss er selbst produzieren, genauer: seine Atome müssen es tun. Je heißer ein Schwarzer Körper wird, desto bunter leuchtet er, wie jeder sicher selber schon einmal beobachtet hat.

Die Frage der Physik lautete vor rund hundert Jahren, ob sich quantitativ sagen lässt, wie dieser Prozess im Detail abläuft, und die seltsame Antwort mit revolutionären Konsequenzen hieß, dass es in den Atomen Quantensprünge geben muss, um Licht freizusetzen. In den Atomen setzen Elektronen sprunghaft ihre Energie frei, die in neuer Form als Licht in Erscheinung tritt und sich zum Beispiel auf den Weg in ein menschliches Auge macht und es genau dort erreicht, wo es schwarz ist.

In der Tat: Menschen sehen gerade da, wo ihr Auge schwarz ist. Es ist nicht sein Weiß, das wesentlich zum Sehen beiträgt, sondern die schwarze Mitte, in der das Licht verschwindet, um den Glaskörper und viele Zellschichten zu durchlaufen, bevor es auf der Rückwand – der Netzhaut – eingefangen wird. Damit kommt zum ersten Mal das innere Schwarz in das Blickfeld, dem aber erst nach einem kosmologischen Umweg mehr Aufmerksamkeit gewidmet werden soll.

Dass die kosmischen Räume maßlos dunkel sind, haben alle Menschen sehen können, als vor rund fünfzig Jahren mit amerikanischer Hilfe der Blick vom Mond möglich wurde, der eine blaue Erde als farbige Heimat in einer ansonsten tiefschwarzen Welt erkennen ließ. Doch wie kann das sein? Wie kann das Universum schwarz sein, wenn seine Struktur homogen ist und die Erde keine besondere Position einnimmt, wie von allen Wissenschaftlern vorausgesetzt wird? Müsste ein Auge nicht überall einen Stern finden, so wie ein Blick durch einen Wald letztlich immer auf einen Baum trifft, wenn es davon ausreichend viele gibt? Ausreichend viele Sterne sollten aber das Merkmal eines grenzenlosen Universums sein, was die oben gestellte Frage in der neuen Form aufwirft, warum der Nachthimmel nicht weiß ist.

Mit diesem paradoxen Rätsel befassen sich die Menschen seit Jahrhunderten, und die seltsame Antwort lautet in ihrer knappsten Fassung, dass die kosmische Nacht schwarz erscheint, weil das Universum – obschon grenzenlos – nicht unbegrenzt ist. Was im Deutschen rasch unsinnig zu klingen scheint, lässt sich im Englischen besser ausdrücken, das zwei Formen von Grenzen unterscheiden kann, und zwar die *boundary*, die man überschreiten kann, und das *limit*, bei dem dies nicht geht. Der Kosmos hat nur ein *limit* – das heißt, er ist nicht unendlich ausgedehnt –, aber wer ihn durchfährt, trifft dabei nie an eine Grenze (*boundary*). Das kann man sich durch eine Reise auf einer Kugeloberfläche veranschaulichen, die begrenzt abläuft, ohne auf eine Grenze zu treffen.

Diese schwer vorstellbare Geometrie, die der kosmischen Tiefenschwärze der Nacht ihren raffinierten wissenschaftlichen Grund liefert, ist ein Auswuchs der Allgemeinen Theorie der Relativität, die Albert Einstein zur Zeit des Ersten Weltkriegs vorlegte und die zur Basis der Kosmologie geworden ist. Wer sich mit diesem physikalischen Zugang zum Weltraum auskennt und sein Augenmerk dabei auf die sichtbaren Sterne lenkt, kann sich rasch theoretisch davon überzeugen, dass deren Licht nach den Gesetzen der Natur farbig sein müsste. Und tatsächlich, optische Messungen zeigen, dass vom Nachthimmel, der uns so schwarz erscheint, Strahlen mit allen möglichen Wellenlängen unser Auge erreichen. Die Nacht ist also – rein physikalisch gesehen – äußerst bunt, und die Frage lässt sich nicht vermeiden, was in einem menschlichen Auge und dem dazugehörigen Sinnesapparat geschieht, damit sie so schwarz wird, wie sie erlebt wird. Und wie hilft das Gehirn dabei?

Die einfache Antwort auf diese Fragen lautet, dass die Intensität des nächtlichen Lichts nicht ausreicht, um die Farben der späten Stunden zu empfinden. Genauer würde ein Physiologe beschreiben, dass sich heute im Auge und auf der Netzhaut zwei Zellsorten unterscheiden lassen, die man ihrer Form wegen als Stäbchen oder Zapfen bezeichnet. Eine Sorte allein – die der Zapfen – ist für Farben zuständig, und die damit bezeichneten Zellen reagieren nur am Tage, was nicht nur erklärt, warum nachts alle Katzen grau sind, sondern auch verständlich macht, warum die unbeleuchtete und von jeder Neon-Reklame unberührte Nacht sich nur ein schwarz-weißes Gepräge gibt.

Wer die Antwort genauer (und den biologischen Tatbeständen angemessener) geben möchte, muss rasch komplizierter werden und zum Beispiel zwischen dem punktförmigen Zentrum der Netzhaut (genannt Fovea) und seiner ringförmigen Peripherie (genannt Annulus) unterscheiden und die Beiträge beider Bereiche zusammenführen und vergleichend auswerten. Doch da die Wissenschaft noch keine endgültige Lösung der Frage kennt, braucht auf diese Feinheit hier nur am Rande hingewiesen zu werden.

Die Wahrnehmung von Schwarz hat tatsächlich schon sehr früh zu einer Kontroverse geführt, bei der sich zwei seltsam verschiedene Ansichten gegenüberstanden. Auf der einen Seite glaubte eine Gruppe von Physiologen, dass Schwarz durch die Abwesenheit von Licht verständlich wird. Ihnen stand auf der anderen Seite eine Gruppe gegenüber, die bei jeder visuellen Wahrnehmung – also auch bei Schwarz – nur die Anwesenheit von Licht gelten lassen wollte. Die beiden Gruppen lassen sich am einfachsten durch ihre beiden berühmtesten Repräsentanten charakterisieren, den berühmten Physiker und Physiologen Hermann von Helmholtz und seinen Gegenspieler, den leider nicht so bekannten Psychologen Ewald Hering. In seinem *Handbuch der Physiologischen Optik* von 1867 schreibt Helmholtz: »Das Schwarz ist eine wirkliche Empfindung, wenn es auch durch die Abwesenheit allen Lichts hervorgebracht wird. Wir unterscheiden die Empfindung des Schwarzen deutlich von dem Mangel aller Empfindung. Ein Fleck unseres Gesichtsfeldes, von welchem kein Licht in unser Auge fällt, erscheint uns schwarz, aber die Objekte hinter unserem Rücken, von denen auch kein Licht in unser Auge fällt, erscheinen uns nicht schwarz, sondern für sie mangelt alle Erfahrung.«

Die Idee, dass Schwarz eine wahre Wahrnehmung ist, die durch einen Mangel an Lichtreiz zustande kommt, geht nicht nur bis auf Aristoteles zurück, sie wurde auch von Johann Wolfgang von Goethe aufgenommen und gelehrt. Doch trotz dieser illustren Gesellschaft konnte Hering sich der Idee von Helmholtz nicht anschließen, und er begründete dies überzeugend. In einer Arbeit *Über die sogenannte Intensität der Lichtempfindung und über die Empfindung des Schwarzen*, die 1874 als Sitzungsbericht der Kaiserlichen Akademie der Wissenschaften erschienen ist, wies Hering unter anderem darauf hin, dass man kein Schwarz, sondern vielmehr ein Grau sieht, wenn man die Augen schließt. Hering sprach dabei vom »Eigengrau«, und er nahm dieses Phänomen als Beweis dafür, dass Schwarz nicht durch die Abwesenheit von Lichtreizen auftreten kann. Hering schrieb: »Gleichwohl ist es eine Thatsache der alltäglichen Erfahrung, welche ich jedoch noch nirgends besonders betont gefunden habe, *daß die eigentliche schwarze Empfindung erst unter dem Einfluß des äußeren Lichtreizes zu Stande kommt,* wie ja auch die weiße Empfindung für gewöhnlich durch objectives Licht hervorgerufen wird; nur mit dem Unterschiede, daß sich die weiße Empfindung unter dem directen, die schwarze aber unter dem indirecten Einfluß des Lichtreizes entwickelt, nämlich durch den sogenannten simultanen oder successiven Contrast.«

Hering zufolge resultiert die Empfindung Schwarz also aus räumlichen (simultanen) oder zeitlichen (sukzessiven) Kontrasten. Ein Gegenstand könnte große Mengen Licht reflektieren und dabei zum Beispiel als Rot, Grün, Gelb, Blau oder Weiß wahrgenommen werden. Wenn nun aber dieser Gegenstand entweder von intensiv leuchtenden Objekten umgeben ist oder nach der Empfindung eines gleißenden Lichts gesehen wird, würde er anfangen, schwarz zu erscheinen. Wenn die Intensität der Kontrastreize zunimmt, wirkt der ursprünglich anvisierte Gegenstand immer schwärzlicher, bis er zuletzt vollkommen schwarz aussieht.

Man kann in einem Experiment mit einer glatten schwarzen Scheibe und einer einzelnen Lichtquelle demonstrieren, was Hering meint. Wenn die Lichtquelle, die nicht direkt sichtbar ist, nur die Scheibe und nicht die Umgebung beleuchtet, dann erscheint die Scheibe nicht mehr schwarz, sondern weiß (wie man sich leicht ausmalen kann, selbst wenn man das Experiment nicht vorgeführt bekommt). Doch wenn man nun ein Blatt weißes Papier vor die Scheibe hält, springt der Eindruck um, und die Scheibe sieht wieder schwarz aus.

Hering war nicht der Erste, der über die Wahrnehmung von Schwarz unter Bedingungen des Kontrastes berichtet hat. Vor ihm hatte dies schon Michel E. Chevreul getan, der im 19. Jahrhundert für die Qualität der schwarzen Farben in Teppichen verantwortlich war. Chevreul hatte bemerkt, dass die Wahrnehmung von Schwarz dann besonders gut ist, wenn die Fäden neben dem schwarzen Bereich mehr Licht reflektieren als die schwarzen Fäden selbst. Chevreul sprach dabei von der Induktion des Schwarzen unter Kontrastbedingungen, ohne die physikalischen Lichtbedingungen des Kontrastes selbst als entscheidend anzusehen. Aus diesem Grund kann man bei Hering lesen: »Wenn man all diese Thatsachen bedenkt, muß man sich wundern, wie man die Empfindung des Schwarzen als diejenige definieren konnte, welche der ruhenden, nicht durch Licht gereizten Netzhaut eigenthümlich ist. Gerade das Auge, welches vor jedem äußeren Lichtreize sorgfältig geschützt wurde, empfindet durchaus kein Schwarz, sondern hat Empfindungen, welchen man eine ziemlich bedeutende Helligkeit zuschreiben muß.«

Unterschiedliche Farbtheorien

So verschieden wie die beiden Theorien der Schwarzempfindung sind auch die beiden Theorien des Farbensehens, die Helmholtz und Hering vorgeschlagen haben. Helmholtz ging von der Wissenschaft des Lichts und der physikalisch motivierten Idee des trichromatischen Sehens aus, und deshalb postulierte er, dass es im Auge drei Rezeptoren für drei Grundfarben (Rot, Grün und Blau) gebe. Die Farbe Weiß resultiert genau dann, wenn alle drei Pigmente gleichartig und gleich stark aktiviert werden, die Farbe Schwarz tritt hervor, wenn keiner der Rezeptoren stimuliert wird.

Tatsächlich hat Helmholtz recht, soweit es das Auge (die Netzhaut) betrifft, denn hier hat man drei verschiedene Typen von Zapfen gefunden, die uns zum Farbsehen verhelfen, und genau sie sprechen nicht mehr an, wenn es Nacht wird. Folglich erscheint uns der Himmel jetzt schwarz und lichtlos. Ist damit die Frage nach dem Schwarz geklärt? Helmholtz würde mit Ja antworten, Hering hingegen bemerken, dass diese Erklärung nicht über das Auge hinauskommt und ungerechtfertigterweise das Gehirn aus dem Spiel lässt. Dass es hier anders zugeht und es um mehr als die Rezeptoren im Auge geben muss, konnte Hering erkennen, weil er nicht von physikalischen Beobachtungen, sondern von phänomenologischen Erfahrungen ausging, und zu denen gehört, dass es bei ihnen so etwas wie ein grünliches Rot oder ein gelbliches Blau nicht gibt. Diese Komplementärfarben kamen offenbar nicht unabhängig für sich, sondern durch antagonistische Prozesse zustande, und Hering postulierte dafür sogenannte Opponenten-Zellen. Er beschränkte sich dabei zunächst auf die bunten Farben – er nahm also zum Beispiel eine (der heutigen politischen Situation nicht unähnliche) Rot-Grün-Opponenten-Zelle an –, weitete sein Schema dann aber auch auf das unbunte Paar Schwarz-Weiß aus. Hering ging folglich davon aus, dass es eine besondere physiologisch-chemische Reaktion gibt, die in einer Nervenfaser stattfinden muss, um die Empfindung oder die Wahrnehmung Schwarz auszulösen. Schwarz hat also seine eigene Aktivität und kommt nicht durch ein Fehlen oder Unterbleiben zustande.

Tatsächlich hat die moderne Forschung gezeigt, dass Hering, sofern es den Kopf betrifft, recht hat und seine Beschreibung zutrifft, wenn die Information, dass auf der Netzhaut Licht eingetroffen ist, das Auge verlassen konnte und sich über Nervenbahnen (Ganglienzellen) den Weg in die höheren Regionen des Gehirns bahnt. Es gibt in der zellulären Wirklichkeit des zentralen Nervensystems genau die Opponenten-Zellen, die Hering postuliert hat, und die moderne wissenschaftliche Erklärung von Schwarz nutzt sie entsprechend aus. Sie benötigt dazu allerdings noch ein paar Einzelheiten mehr; die jüngsten Veröffentlichungen zum Thema kombinieren physiologische Ereignisse und biochemische Reaktionen aus zentral und peripher gelegenen Zellen, um schließlich auch die Kontrastphänomene erklären zu können, von denen oben die Rede war.

Bevor man sich nun verärgert von der Wissenschaft abwendet und darüber wundert, wie es Biologen und Physiologen wieder einmal gelungen ist, eine wunderbar einfache Frage von humanem Interesse – Wie nimmt man Schwarz wahr? – mit einer hoffnungslos komplizierten Auskunft ohne menschliche Dimension zu beantworten, sollte man eher umgekehrt staunen, wie raffiniert die Natur zu Werke gegangen ist, um uns den Gefallen zu tun, der mit dem Erleben von Dunkelheit einhergeht. Sie hat eben nicht einfach nichts getan, denn dann würden Menschen auch einfach nichts sehen, wo uns jetzt das Etwas begegnet, das wir als Schwarz kennen. Schwarz ist der Evolution sozusagen eine Herzensangelegenheit, und sie hat weder Zellen noch Reaktionen gescheut, um dieses Erlebnis möglich zu machen und es Menschen zu bereiten. Schwarz ist also für uns gemacht, und ich vermute, dass dies alle fühlen und diese Farbe uns deshalb so fasziniert.

Der Blick an den Himmel

Selbst wer sonst nicht viel vom Kosmos versteht, weiß auf jeden Fall, dass er weitgehend leer ist. Es ist sicher nicht Nichts im Kosmos, aber eben auch nicht so viel, dass kein Raum mehr bliebe. So scheint es auf jeden Fall. Beim ersten Hinsehen zeigt der – heute in Großstädten nicht mehr überall mögliche – nächtliche Blick auf die Milliarden Sterne* der Milchstraße jedenfalls sehr viel mehr Dunkelheit als Licht, und dabei kann sich die ungeheure Leere deutlich bemerkbar machen und ins Gemüt graben, die den französischen Philosophen Blaise Pascal im 17. Jahrhundert fast zur Verzweiflung gebracht hätte: »Ich erkenne die unendlichen Räume des Universums, die mich umgeben, und ich finde mich an eine Ecke dieses weiten Weltraums gefesselt, ohne dass ich wüsste, weshalb ich nun hier bin und nicht etwa dort …«

Pascal fühlte sich durch das ungeheure Schweigen dieser leeren Räume beunruhigt – »Das ist die Situation des Menschen« –, und bei dieser emotionalen Regung übersah er ein wundersames Problem, das ihn und seine analytischen Fähigkeiten gefordert hätte. Schließlich ist es bis heute nicht so ohne Weiteres zu lösen, obwohl sich das Problem als ganz einfache Frage formulieren lässt. Sie lautet in ihrer schlichtesten Form: Warum wird es nachts dunkel?, und wer sie zum ersten Mal hört, gibt gleich die spontane Antwort: Weil die Sonne aus unserem Blickfeld verschwunden ist. Damit scheint alles klar und erklärt zu sein.**

Vermutlich weil die Frage so harmlos und die Antwort so einfach und überzeugend klingt, hat es lange gedauert, bis sich wissen-

* Am nächtlichen Himmel werden natürlich nicht Milliarden Sterne sichtbar, sondern nur etwa sechstausend Stück. Insgesamt schätzen die Astronomen, dass es 10^{22} Sterne im Kosmos gibt: In 100 Milliarden Galaxien jeweils 100 Milliarden Sterne – so kommt die Riesenzahl zustande.

** Die Sonne ist dabei nicht untergegangen, selbst wenn man das so sagt und es so aussieht. Das Ende des Tages kommt durch die Drehung der Erde um ihre Nord-Süd-Achse zustande. Dabei verschwindet die Sonne aus dem Blickfeld der Menschen, die sie in der anschließenden Nacht nicht mehr zu Gesicht bekommen. Und genau betrachtet ist der Himmel auch in einer mondlosen Nacht nicht vollkommen schwarz. Wer sich mit entsprechenden Messgeräten ausstattet, kann das sogenannte Rekombinationsleuchten von Molekülen in der Atmosphäre beobachten, die tagsüber vom Sonnenlicht mit Energie versorgt worden sind, sich dabei verändert haben und jetzt in ihre Ausgangslage zurückkehren. Daneben lässt sich noch das Leuchten des Zodiakallichts erkennen, das durch Reflexion von Sonnenstrahlung an Staubwolken zustande kommt, die zur Sonne gehören und sie umgeben.

schaftlich denkende Menschen ihr mit ausreichendem Ernst angenommen haben; gut beantworten kann man sie eigentlich erst heute. Die frühen Betrachter des Himmels wunderten sich zuerst weniger über seine Farbe und mehr über andere Themen. Sie rätselten nicht über das, was man mehr oder weniger nicht direkt sah und dann übersah – die Dunkelheit –, und bedachten mehr das Licht und was es unmittelbar dem Auge meldete: Wie kommt es, dass Sterne leuchten? Brennt auf ihnen ein Feuer? Wie lässt sich erklären, dass Sterne funkeln? Und warum sehen alle Lichter am Nachthimmel gleich groß aus? Sind die fernen Sterne etwa alle gleich groß oder erscheinen sie uns nur auf diese Weise?

Alles schwierige wissenschaftliche Fragen, die man inzwischen gut beantwortet kann. Das verhält sich bei der hier gestellten Ausgangsfrage nach der Dunkelheit der Nacht und ihrer Farbe Schwarz anders. Dass die Sonne aus dem Blickfeld verschwunden ist und nicht mehr am Himmel steht und leuchtet, trifft natürlich beim ersten Blick zu, greift aber viel zu kurz, denn das Weltall hört bekanntlich bei der Sonne nicht auf. Selbst bevor sie die zahlreichen Millionen Lichtjahre abmessen und zahlreiche Haufen und Superhaufen zählen konnten, waren die Menschen sicher, dass es mehr strahlende Sterne als nur den einen gibt, um den wir auf der Erde einmal im Jahr rotieren. Natürlich kann niemand genau wissen, wie viele sonnenartige Himmelskörper die Welt insgesamt aufbietet, aber mit dieser Selbstverständlichkeit kann sich niemand davon schleichen, denn sie hat eine Konsequenz. Wer etwas nicht weiß oder nicht wissen kann, was für ein ihm gestelltes Problem relevant ist, muss Mutmaßungen anstellen, und jemand, der die Frage nach der Dunkelheit bei Nacht beantworten will, muss sein Bild des Universums vorstellen, mit dem er sich an des Rätsels Lösung wagen will.

Wohlgemerkt – niemand ist gezwungen, Auskunft über die Farbe des Nachthimmels zu geben, auch wenn er oder sie sich noch so sehr über die Dunkelheit wundert. Doch wer einmal auf dieses Rätsel gestoßen ist, wird merken, dass man dann nicht bei der Abwesenheit der Sonne stehen bleiben kann. Wer verstehen will, was der Blick an den schwarzen Himmel zeigt, muss sich jetzt genauer über den Kosmos äußern und in keineswegs trivialer Weise festlegen, wie die Welt aussehen soll, in der Menschen leben. In welchem Kontext – unter welchen allgemeinen Vorgaben – soll die Farbe Schwarz am Himmel erklärt werden?

Das Problem, um das es hier geht, läuft in der wissenschaftlichen Literatur unter dem Namen »Olberssches Paradoxon«. Man ehrt damit den aus Bremen stammenden Heinrich Wilhelm Olbers (1758–1840), der am Tag als Arzt arbeitete und in der Nacht zum Astronom wurde. 1820 gab er – vorgeblich aus Gesundheitsgründen – seine Praxis auf, um sich von nun an intensiv und kontinuierlich mit dem Paradoxon zu beschäftigen, das ihn irritierte, und das er im Todesjahr Goethes, also 1832, auf die folgende Weise zum Ausdruck brachte: »Sind wirklich im ganzen unendlichen Raum Sonnen vorhanden, sie mögen nun in ungefähr gleichen Abständen von einander oder in Milchstraßen-Systemen vertheilt sein, so wird ihre Menge unendlich, und da müsste der ganze Himmel eben so hell sein wie die Sonne. Denn jede Linie, die ich mir von unserem Auge gezogen denken kann, wird nothwendig auf irgend einen Fixstern treffen, und also müsste uns jeder Punkt am Himmel Fixsternlicht, also Sonnenlicht zusenden.«

Mit anderen Worten: Für Olbers war die Annahme selbstverständlich, dass es »unermesslich« viele Sterne gibt, und damit entsteht sein Problem. Der Nachthimmel müsste doch eigentlich nicht schwarz, sondern weiß wie die frisch gestrichene Decke eines Zimmers aussehen – falls es diese unermesslich vielen Sterne dort oben gibt. Doch offenbar ist dies nicht der Fall. Warum also wird der kosmische Himmel dunkel, wenn die Sonne des Tages nicht mehr scheint und Menschen in ihrem Schatten eigentlich schlafen sollten?

An dieser Stelle taucht häufig der Einwand auf, dass die Helligkeit der Sterne mit zunehmender Entfernung abnimmt und die entsprechenden Himmelskörper daher erst immer weniger und zuletzt gar nicht mehr zu sehen sind. Die Idee der abnehmenden Leuchtstärke trifft zwar zu. Aber sie wird unwirksam durch die Tatsache, dass bei einer gleichmäßigen Besetzung des Himmels mit Sternen – und eine andere Verteilung kommt ohne weitere Vorgaben nicht infrage – die Zahl der strahlenden Objekte weiter außen zunimmt, und zwar quantitativ passend gerade auf die Weise, dass die schwindende Leuchtkraft der einzelnen Sterne durch ihre zunehmende Zahl ausgeglichen wird.

Die Frage nach dem schwarzen »Warum« bleibt also bestehen, und sie irritiert die Wissenschaft, weil sie so direkt vor Augen liegt. Eine höchst menschliche und für Kinder geeignete Antwort hat der Philosoph Hans Blumenberg einmal vorgeschlagen. Er hat in seinem Buch über *Die Vollzähligkeit der Sterne* die hübsche und paradox klingende Formulierung gefunden, dass die Bewohner der Erde gerade dann *keine Sterne* sehen könnten, wenn es *nur Sterne* gäbe. Tatsächlich: Wenn der Nachthimmel gleichmäßig erleuchtet wäre von den riesigen oder gar immensen Sternmengen des Kosmos, dann wäre eben nur ein durchgängiges Weiß, aber kein einzelner Stern zu sehen. Die Dunkelheit der Nacht gibt uns Menschen somit die Chance, überhaupt die Objekte am Himmel wahrzunehmen, von denen unsere Vorfahren angenommen haben, dass sie Botschaften enthielten (die astrologische Sterndeuter zu lesen sich bemühten).

Der Blick an den Himmel und auf die Galaxie namens Milchstraße hat sogar dazu geführt, dass sich berühmte Menschen von der Unermesslichkeit der Sternzahl erschüttert zeigten; Immanuel Kant etwa, den nach eigenem Bekennen erhabene Gefühle überkamen, als er den gestirnten Himmel über sich betrachtete. Vielleicht ist ihm dabei der Gedanke gekommen, den er an den Anfang seiner *Kritik der reinen Vernunft* stellt und der besagt, dass es Fragen gibt, die der menschlichen Vernunft aufgegeben sind, ohne dass jemand in der Lage wäre, sie zu beantworten.

Aber vielleicht gibt es ja gar nicht »unermessliche viele Sterne«, sondern nur eine endliche Anzahl? Das Problem mit dieser Lösung besteht darin, dass die Annahme von endlich vielen Sternen zwangsläufig einen anderen Gedanken nahelegt: den, dass wir dann auch in einer Welt leben, die nur *endlich groß* ist. Denn wozu dient unendlich viel Platz, wenn er von niemandem gebraucht wird? Wo nichts ist, lässt sich auch nichts erkennen – weder eine Ordnung noch eine Unordnung. Ist das weit draußen überhaupt noch ein Kosmos, wenn es da nichts mehr gibt? Wenn das Universum aber nur endlich weit reicht, was finden wir dann hinter seinem Rand? Noch eine Form der Dunkelheit?

Mit anderen Worten: Die Frage nach der Farbe des Kosmos muss sorgfältiger bedacht werden, als man zunächst meint, und sie erfordert gezielte Annahmen über die Welt, in der wir leben und unseren Ort haben. Dabei fällt auf, dass die Annahmen nicht umsonst zu machen sind, was konkret heißt, dass sie zu Folgerungen führen, die jeweils mit zu tragen und zu bezahlen sind. Die schwierigsten hängen dabei mit der Ausdehnung des Kosmos zusammen, genauer mit der Frage, ob das Universum endlich ist oder unendlich weit reicht, und diese Unterscheidung bezieht sich zunächst nur auf die Dimension des Raums. Wir können aber auch über die Zeit spekulieren, die dem Weltall zur Verfügung steht und bis heute gestanden hat. Wenn wir sie nicht zu lang werden lassen, könnte es nämlich sein, dass Olbers und alle nach ihm die unermesslich vielen Sterne am Himmel allein deshalb nicht sehen, weil sie derart weit entfernt sind, dass das Licht noch nicht Zeit genügend gehabt hat, bei uns einzutreffen. Allerdings müssten wir in dem Fall die Frage zulassen, wie denn die Sterne selbst an diesen so fernen Ort gekommen sind. Oder waren sie da vielleicht schon immer?

Diesen zuletzt geschilderten Zusammenhang hat als Erster ein Zeitgenosse von Olbers, der amerikanische Dichter Edgar Allan Poe (1809–1849), in Erwägung gezogen. Im Februar 1848 – ein Jahr vor seinem viel zu frühen Tod – sprach Poe in der Society Library in New York mehr als zwei Stunden lang über die Entstehungsgeschichte des Kosmos, über die »cosmogony of the universe«, wie es wörtlich bei ihm heißt. Er fasste das Vorgetragene später in einem Essay mit dem Titel *Eureka: A Prose Poem* zusammen, den er – nebenbei gesagt – dem großen Naturforscher Alexander von Humboldt widmete. In diesem Text stellt sich Poe ein lebendig pulsierendes Universum vor, das abwechselnd expandiert und kontrahiert, so wie es ein schlagendes Herz tut. Poe, den als Poet die Dunkelheit mehr faszinierte als das Licht, wendet sich zuletzt dem Nachthimmel zu und schreibt: »Gäbe es eine endlose Folge von Sternen, dann würde uns der Hintergrund des Himmels eine gleichförmige Helligkeit präsentieren, so wie sie die Milchstraße zeigt – denn dann gäbe es in dem ganzen Hintergrund absolut keinen Punkt, an dem kein Stern existieren würde. Das einzige Schema, mit dem wir unter diesen Umständen die *Leere* verstehen können, die unsere Teleskope in unzählige Richtungen finden, müsste annehmen, dass die Entfernung des unsichtbaren Hintergrunds derart riesig ist, dass noch kein Lichtstrahl von da in der Lage gewesen ist, uns zu erreichen.«

Poe spricht die modernen Themen der Geschwindigkeit des Lichts und des Alters der Sterne an, und er bringt weitere originell und aktuell wirkende Ideen in die Debatte um den Kosmos ein. Er antizipiert zum Beispiel den heute nachweisbaren hierarchischen Aufbau des Universums als »cluster of clusters« und vermutet sogar, was im 20. Jahrhundert bei Einstein zu dem maßgeblichen Gedanken seiner Kosmologie wird, nämlich die Idee, »Space and Duration are *one*«, Raum und Zeit bilden eine Einheit.

Poes Wort von der Dauer macht deutlich, dass er die messbare physikalische und keine andere Zeit im Auge hat, wenn er den Kosmos beschreibt. Die eben genannte Einheit kennt die moderne Physik als Raumzeitkontinuum, in dem es immer noch gilt, die Farbe der Nacht zu erkunden. Es gibt nämlich noch weitere Möglichkeiten, die Dunkelheit zu erklären.

Eine besteht darin, die Annahme einzuführen, dass das Universum gar nicht leer, sondern von Stoffen durchsetzt ist, die wie Staub oder Nebel das Licht schlucken können, das aus der Tiefe des Raumes kommt, seinen Weg zur Erde sucht und in unser Auge, etwa über ein Teleskop, gelangt. Die Schwierigkeit mit diesem Versuch zeigt sich, wenn man wissenschaftlich ganz genau werden will und dabei bemerkt, dass absorbiertes Licht Energie bedeutet. Wenn Materie eine sehr lange Zeit hindurch sehr viel davon aufnimmt, dann heizt sie sich derart auf, dass sie zuletzt zu glühen anfängt. Mit anderen Worten: Auch wer das Licht einfach verschwinden lassen will, damit wir es nicht sehen, kommt nicht an der Wahrheit vorbei, und die Sterne leuchten in der Theorie weiter.

Die moderne Lösung des alten Rätsels

Es ist bereits erwähnt worden, worin das Schöne von Olbers' Paradoxon liegt, nämlich in der Tatsache, dass eine sinnvolle Erörterung der Frage nach der Dunkelheit der Nacht nur möglich ist, wenn man sich einen kosmologischen Rahmen vorgibt. Mit anderen Worten: Erst sage ich, wie ich mir den Kosmos vorstelle, und dann versuche ich zu erklären, warum er schwarz aussieht.

Wer sich heute ein Bild des Universums machen will, muss auf jeden Fall die Einsichten der Relativitätstheorie nutzen, und er darf sich die Entstehung der Welt in Folge einer Art von Schöpfungsakt aus einem Punkt heraus vorstellen. Gemeint ist das kosmische Ereignis vor undenkbar ferner Zeit, das als Urknall (»Big Bang«) bezeichnet wird und mit dem selbst die Hüter der katholischen Lehre im Vatikan ihren Frieden zu machen bereit sind.

Vor aller Schöpfung

Nicht nur die Bibel, auch die Wissenschaft kennt etwas, das vor jeder Schöpfung – vor jedem Urknall – existiert haben muss, und zwar die Energie. Für sie gilt ein Hauptsatz der Thermodynamik, der besagt, dass Energie unzerstörbar ist. Sie kann weder erzeugt noch vernichtet werden, und folglich muss es sie immer schon gegeben haben – wie die Finsternis, von der das erste Buch Mose erzählt. Wer jetzt fragt, was Energie genau ist, kann auf die Einführung und erste Verwendung des Begriffs bei Aristoteles zurückgreifen, der damit die Kraft meinte, die aus den Möglichkeiten der Welt die Wirklichkeit werden lässt, die Menschen erleben. Das kann man über die Finsternis, die über dem Wasser lag, auch sagen. Gott kann aus ihren Möglichkeiten mit seiner Kraft die Welt machen, die Menschen als seine Schöpfung verehren und in der sie sich wohlfühlen.

Das für unseren Zweck Wesentliche an der Relativitätstheorie besteht in einer Einsicht, die Alexander von Humboldt schon im 19. Jahrhundert durch den Hinweis formuliert hat, dass jeder Blick in den Raum auch ein Blick in die Zeit ist. Beobachter sehen die Sterne am Himmel nicht so, wie sie jetzt aussehen. Sie sehen die Sterne am Himmel so, wie sie ausgesehen haben, als das Licht auf die Reise ging, das heute ein menschliches Auge erreicht. Sterngucker sehen am Himmel keine Gegenwart, sondern Vergangenheit. Sie sehen die Sonne, wie sie vor einigen Minuten ausgesehen hat, sie sehen den Polarstern, wie er vor einigen Jahren ausgesehen hat, und sie sehen den Andromeda-Nebel, wie er vor Millionen von Jahren ausgesehen hat. Dies hat mit den kosmischen Distanzen zu tun, die so riesig sind, dass sie in Lichtjahren – oder Lichtminuten – gemessen werden.

Man stelle sich einen Beobachter in der linken unteren Ecke der folgenden Abbildung vor. Er blickt in das Weltall und gleichzeitig in dessen Vergangenheit. Dies wird möglich und unvermeidlich, weil die Geschwindigkeit des Lichts zwar sehr groß, aber nicht unendlich groß ist. In unserer Nachbarschaft sehen wir andere Galaxien (neben den Sternen aus unserer eigenen Milchstraße), und weiter zurück sehen wir das Universum zu einer Zeit, als es noch keine Sterne gab. Die Materie konnte damals überhaupt noch keine Strukturen bilden, wie die Physiker wissen, die auch Auskunft geben können über das, was es noch weiter draußen, also noch weiter zurück in der Vergangenheit gegeben hat. Konkret können sie die Zeit ins Auge fassen, als nach dem Urknall rund 300 000 Jahre vergangen waren. Dies ist der Augenblick (!), »in dem die Welt gerade durchsichtig wird«, wie Rudolf Kippenhahn in seiner *Kosmologie für die Westentasche* schreibt. Das heißt konkret: »Wir starren auf eine undurchsichtige Wand«, die nach den Modellen der Physik eine Temperatur von 3000 Grad Kelvin besaß. Danach – wenn das Weltall weiter abkühlt – können Atome entstehen, und sie lassen Licht durch. Vorher bestand der Kosmos aus einer Art Plasma, das für Licht so undurchlässig war wie dichter Nebel. Das Schwarz des Himmels ist also »eine undurchsichtige Wand von 3000 Grad Kelvin«, wie Kippenhahn sagt, um hinzuzufügen: Es ist nicht so, »dass die Materie weiter draußen heute noch undurchsichtig wäre, nein, sie war es damals, als sie das Licht aussandte, das uns heute erreicht. Weiter hinaus, oder, besser gesagt, weiter zurück in die Vergangenheit reicht unser Blick nicht.«

Was sich nachts am Himmel zeigt, ist das Universum zu einem Zeitpunkt, als es noch undurchsichtig war. Das heißt genauer, dass der Stoff, aus dem die damalige Welt war, kein Licht durchließ. Ma-

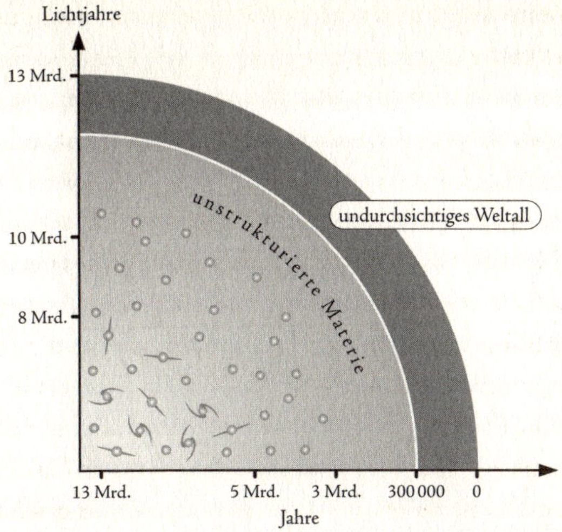

Stellen Sie sich den Beobachter in der linken unteren Ecke vor:
Der Blick in die Nacht offenbart die Geschichte der Welt.

terie im heutigen Sinne mit Atomen gab es so kurz nach dem Urknall nicht. Dazu war es zu heiß. Die elementaren Teilchen – Protonen und Elektronen – versuchten sich zwar aufgrund ihrer unterschiedlichen Ladung einzufangen (um ein Wasserstoffmolekül zu bilden), aber immer wieder kam ein Lichtteilchen vorbei und trennte, was sich anfänglich und eigentlich finden wollte. Erst als das Weltall auf 3000 Grad Kelvin abkühlte, blieben die Atome zusammen und das Licht konnte passieren. Damit scheint Olbers' Paradoxon gelöst – aber noch nicht ganz. Immerhin ist dabei von einer Temperatur von vielen Tausend Grad die Rede. Selbst wenn dies von einem superheiß gedachten Urknall aus nach wenig klingt, so bleibt doch zu konstatieren, dass jede derart erhitzte Materie der bekannten Art weiß zu glühen anfangen und hell leuchten würde. Sie sieht aber pechschwarz aus. Wie hebt die heutige Physik diesen Widerspruch auf?

Die Antwort steckt in der Relativitätstheorie und der mit ihr möglichen Idee, dass sich das Universum ausdehnt. Die Materie bewegt sich von dem Planeten Erde weg, was dazu führt, dass das Licht, das uns erreicht, energiearm und langwellig geworden ist. Die Wissenschaft erklärt dies genauer unter der Rubrik »Doppler Effekt«, den man im Alltag wahrnehmen kann, wenn die Sirene eines heranbrausenden Autos anders klingt als die eines davonrasenden. Das Licht ist so langwellig geworden, dass menschliche Augen es nicht mehr registrieren können, wohl aber die physikalischen Geräte der Astronomen, die es uns als die berühmte kosmische Hintergrundstrahlung erkennen lassen. Oder um es in den schönen Worten von Rudolf Kippenhahn zu sagen: »Dass es nachts dunkel wird, zeigt uns, dass es die Sterne nicht seit jeher gibt und dass sich das Weltall ausdehnt. Es verwundert, dass für die Beobachtung, die uns zu solchen grundlegenden Eigenschaften des Weltalls führt, keine Riesenteleskope und auch kein Fernrohr in einer Umlaufbahn nötig sind. Dazu genügt allein der Blick aus dem Fenster.«

Ihn bringt nur zustande, wer seine Augen vom Bildschirm löst und sich selbst ein Bild vom Wunder des Nachthimmels macht. Dieses Fernsehen ist doch viel schöner als das im Wohnzimmer.

Das unsichtbare Dunkel

Das Dunkel des Nachthimmels, das spätestens seit dem 18. Jahrhundert ausführlich erkundet wird, bringt den paradox klingenden Vorteil mit sich, dass es sichtbar ist. Man sieht das Schwarz am Himmel, und das unterscheidet dessen Lichtschwäche von dem, was die Physiker und Astronomen Dunkelmaterie und Dunkelenergie nennen und seit dem 20. Jahrhundert unter Hochdruck zu verstehen versuchen. Wenn man den neuesten Verlautbarungen der astronomischen und kosmologischen Wissenschaften glauben darf und sie Bestand haben, dann besteht die kosmische Welt nur zu einem winzigen Teil aus den Atomen, die sich der Wahrnehmung zeigen. Zwar kann ein einzelnes Atom nicht hochgehalten und in Augenschein genommen werden, aber alles Sichtbare darf man sich in einfacher Näherung so aus Atomen zusammengesetzt vorstellen, wie Kinder eine Welt aus Legosteinen bauen können. Was Menschen sehen können, steckt voller Atome, und damit meinte man zunächst die ganze Welt. Heute wissen die Physiker besser Bescheid. Die vertraute atomare

Materie macht gerade einmal 5 Prozent des Universums aus, und die restlichen 95 Prozent bleiben unsichtbar und im Dunkel. 26 Prozent des Weltalls werden von einer Dunkelmaterie gebildet, die sich den Forschern und anderen Menschen bislang entzieht, und wer jetzt nachrechnet, wird bemerken, dass immer noch 69 Prozent fehlen. Für sie macht die Wissenschaft eine Dunkelenergie verantwortlich, und die Forscher suchen sie mit allen Mitteln – unter anderem mit dem Weltraumobservatorium namens »Planck«, das seit 2009 im All unterwegs ist. 2013 gab es erste Messungen, in denen Hinweise auf Dunkelmaterie zu finden waren. Es ging um überschüssige Positronen, die als Antiteilchen der Elektronen zur physikalischen Welt gehören. Die Daten des letzten Jahres (2014) lassen jedoch nur noch erkennen, was man schon wusste, dass nämlich mehr als ein Viertel Materie des Universums für die Menschen dort bleibt, wo sie herkommt, nämlich im Dunkeln.*

Die Idee einer »dunklen Materie« zirkuliert unter Physikern schon seit den späten Fünfzigerjahren. Ihre Notwendigkeit erkannt hat zum ersten Mal der Schweizer Fritz Zwicky, der am California Institute of Technology in Pasadena (Kalifornien) seine astronomischen Studien trieb. Viele Beobachtungen hatten damals erkennen lassen, dass die Schwerkraft allein nicht ausreichte, um die Bahnen der Sterne verstehen und berechnen zu können. Nach und nach zeigte sich, dass man den Gedanken ins Auge fassen musste, dass es neben den am Himmel sichtbaren Massen auch noch unsichtbare Existenzen geben musste, die auf das himmlische Geschehen einwirkten. Zwicky sprach von unsichtbarer Materie – *dark matter* – und wies ihr die Aufgabe zu, die fehlende Gravitationskraft zu liefern.

* Bekanntlich hängen die sichtbare Materie und die vertraute Energie über die berühmte Formel zusammen, die von Albert Einstein stammt und lautet: $E = mc^2$; Energie ist Masse mal Lichtgeschwindigkeit zum Quadrat. Das stimmt so, darf aber nicht auf die neuen Begriffe mit den Vorsilben »Dunkel-« übertragen werden. Dunkelenergie ist überhaupt nicht Dunkelmasse mal irgendetwas, und die beiden dunklen Dimensionen des Kosmos haben völlig verschiedene Weisen des Existierens.

Der Gedanke traf natürlich auf Skepsis. Doch wie im Laufe der folgenden Jahre klar wurde, hatten die Astronomen dabei nur den ersten Schritt auf dem Weg hinter sich gebracht, der, ausgehend von einem ordentlichen Kosmos, zu einem »extravaganten Universum« führte. Diesen Ausdruck benutzte der amerikanische Astrophysiker Robert P. Kirshner im Titel seines Buchs, in dem er beschreibt, was für ein »verwirrend unordentliches und wildes Bild für den Kosmos« die Wissenschaftler nach vielen Jahren des mühsamen Messens zu malen hatten. Kirshner fasst die neuen Einsichten der Astronomen mit den folgenden Worten zusammen:

> Es ist ein extravagantes Universum. Um aller empirischen Evidenz Rechnung zu tragen, benötigen wir ein Universum mit gewöhnlicher Materie, glühend und dunkel; wir benötigen darüber hinaus *dark matter* auf mindestens drei verschiedene Weisen – in Form von Baryonen [gemeint sind vor allem Protonen und Neutronen], Neutrinos und WIMPS (*weakly interacting massive particles*) [hypothetische Gebilde, die als dunkle Materie in Erscheinung treten]; und wir benötigen einen großen Klacks an Dunkelenergie, deren negativer Druck die frühe Inflationsphase des Universums vorangetrieben hat, und wir benötigen sehr viel langlebigere Dunkelenergie, die für die derzeit beobachtete kosmische Expansion zuständig ist. Es wäre im Grund genommen schön blöd, an solch eine barocke Mischung zu glauben, die den gesunden Menschenverstand beleidigt und die Grenzen des guten Geschmacks überschreitet, aber die Messungen und ihre Evidenz zwingen uns dazu, und alle Tatsachen zusammengenommen führen zu der Ansicht, dass es die Dunkelenergie ist, die im Universum vorherrscht. Die Dunkelenergie, die die kosmologische Konstante sein könnte, hat sich von einer wilden Idee, die für ernsthafte Debatten nicht in Frage kam, zu einem wesentlichen Element der gegenwärtigen Sicht auf das Universum gewandelt. Wie konnte das nur passieren?

Kirshners Schlussfrage wirkt merkwürdig verzweifelt, und diesen Gemütszustand eines führenden Astronomen, der ganz knapp am Nobelpreis vorbeigeschlittert ist, kann man verstehen, wenn man sich zunächst die in dem Zitat erwähnte »kosmologische Konstante« näher anschaut. Sie geht bis auf Einsteins Tage zurück und erfasst nicht irgendeine Zahl, sondern eine legendäre und von Anfang an umstrittene Ergänzung der Theorie, mit der Einstein das Universum erfassen wollte. Es sollte ein stabiles Universum werden, und um diesen Wunsch in der mathematischen Fassung auszudrücken und zu erreichen, fügte Einstein noch vor 1920 seinen kosmischen Gravitationsgleichungen die erwähnte Konstante hinzu. Mit ihrer Hilfe führten die berechenbaren Lösungen zu einem stabilen Universum, das seine Gestalt im Laufe aller Zeiten beibehalten konnte und keine Umformungen benötigte.

Doch dann passierte etwas Unerwartetes. In den frühen Zwanzigerjahren führten nämlich vor allem Arbeiten des amerikanischen Astronomen Edwin Hubble den Physikern vor die staunenden Augen, dass sich das Universum gerade nicht so verhielt, wie Einstein es sich wünschte. Es zeigte sich überhaupt nicht stabil, sondern erwies sich als expansiv veranlagt. Hubble konnte zeigen, dass sich die Welt auf einem dynamischen Expansionskurs befindet (auch wenn diese kosmische Einsicht wie eine Auskunft über die Wirtschaft klingt). Als Einstein davon erfuhr, soll er von »der größten Eselei seines Lebens« gesprochen haben, und er wollte die vermaledeite kosmologische Konstante wieder aus dem wissenschaftlichen Verkehr ziehen.

Doch wie es so ist: Die Geister, die man rief, die wird man nicht mehr so einfach los. Einstein machte die Erfahrung, die jedem bekannt ist, wenn auch in kleinerem Rahmen. Nur am Anfang des Sprechens ist jemand frei, dann wird er oder sie zum Knecht seiner oder ihrer Worte. Und so passierte, was kommen musste. Die Astrophysik wurde zum Knecht der eingeschmuggelten kosmologischen Konstante, die inzwischen der ganzen physikalischen Welt zugehörig ist und sogar in ihr tätig wird, was bedeutet, dass sie sich in Bewegungen am Himmel zu erkennen gibt. Hinter Kirshners oben zitierter Frage steht noch ein weiteres Problem, und zwar wie das zweite Dunkel am Himmel – die Dunkelenergie neben der Dunkelmaterie – eine führende Rolle in der modernen Kosmologie übernehmen konnte. Entdeckt worden ist die wahrlich verblüffende Erscheinung der Dunkelenergie bei Messungen an Sternen, die explosionsartig aufleuchten, bevor sie vernichtet werden und aus dem Blickfeld verschwinden. Solche gigantischen kosmischen Abläufe, bei denen die Leuchtkraft von Himmelskörpern milliardenfach zunimmt, bezeichnet die Fachwelt mit dem Begriff einer »Supernova«. Die Beobachtung einer Vielzahl von Supernovae mit höchst empfindlichen Geräten hat in der zweiten Hälfte des 20. Jahrhunderts zu der als Durchbruch gefeierten und mit Nobelpreisen geehrten Einsicht geführt, dass das Universum nicht nur expandiert, sondern dass seine Ausdehnung immer rascher vor sich geht und an Schwung gewinnt.

Als die Gemeinde der Physiker diese sensationelle Nachricht verdaut und akzeptiert hatte, konnte sie anfangen, sich um die knifflige Frage zu kümmern, welche Kraft oder Energie diese beschleunigte Expansion bewirken und betreiben kann. Und so verrückt es klingt – an genau dieser Stelle kam den Astronomen Einsteins eigentlich schon im Papierkorb der gescheiterten Ideen abgelegte Konstante zu Hilfe, die seitdem anders gedeutet wird, nämlich als »Energie des Vakuums« oder als »Dunkelenergie«. Viele Physiker bemühen sich um den Nachweis, dass Einsteins kosmologische Konstante genau der Dunkelenergie entspricht oder gar identisch mit ihr ist, aber noch erlauben die theoretischen Modelle keine vorzeigbare Lösung und das Geheimnis am Himmel bleibt bestehen. Man kann die derzeitige Situation letztlich so zusammenfassen, wie ich es in meinem Buch *Die Verzauberung der Welt* vorgenommen habe:

> Wenn die Modelle und Vorstellungen der aktuellen Kosmologie zusammengenommen und in dem Bild gesehen werden, das einen Urknall an den Anfang aller weltlichen Dinge stellt, dann muss das von Menschen bewohnte Universum zweimal von Dunkelenergie getrieben worden sein. Einmal unmittelbar im Anschluss an den Urknall – genauer nach unvorstell-

bar wenigen und winzigen 10^{-35} Sekunden –, als es seine inflationäre Phase durchlief und sich in kürzester Zeit von einem winzigen Gebilde zu einem Riesen entwickelte. Und ein zweites Mal heute, also rund 10^{18} Sekunden oder 13,7 Milliarden Jahre nach dem Startschuss namens Big Bang, während sich die Ausdehnung beschleunigte.

Eine bemerkenswerte Situation am derzeitigen Ende der kosmischen Expansion. Die Physiker lernen immer mehr über das Universum und verstehen eher weniger, auf welche Weise sich alle Details und Mosaiksteine zu einem wunderbaren Gesamtbild zusammenfügen. Die Experten sind sich sicher, dass die Dunkelenergie gebraucht wird, und sie erwarten, dass deren Existenz und das dazugehörige Denken die Ansichten ändern, die über die Gesetze der Natur im Umlauf sind und mit denen das verstanden werden kann, was ›Welt‹ heißt, seit Menschen darin wohnen.

An dieser Stelle soll daran erinnert werden, dass der Physik das Phänomen des Unsichtbaren (und Dunklen) keineswegs völlig neu ist: Ende des 19. Jahrhunderts kam es zur Entdeckung von radioaktiven Strahlen und zur Herstellung von elektromagnetischen Radiowellen; wie auch die Röntgenstrahlen ließen sie erkennen, dass es mehr unsichtbare als sichtbare Lichtenergie gibt – dass also der größte Teil der irdischen Wirklichkeit im Dunklen steckt. Wer sich nun, etwa als Maler, vornahm, die Welt zu zeigen, wie sie ist, durfte sie nicht mehr so vorführen, wie sie aussieht. Wer die Welt zeigen wollte, wie sie ist, musste sie erfinden, und so öffnete sich der Weg in die Abstraktion. Auch die Physiker verstanden damals – im Rahmen der Quantentheorie mit ihren energetischen Besonderheiten und Fluktuationen – die Objekte dadurch, dass sie ihnen eine Form gaben. Genau das machen sie mit der Energie. Sie erlauben oder weisen ihr verschiedene Formen zu, in denen sie wirksam wird. Vielleicht ist das die eigentliche Möglichkeit, eine Definition der Energie zu liefern. Sie ist die Form, die dank ihrer Kraft der Welt ihre Gestalt verleiht. Schade, dass noch niemand zeigen kann, wie sie aussieht.

Dunkle Sterne

Am Anfang der Welt herrschte Finsternis, und am Ende besteht das Universum vor allem aus Dunkelenergie und Dunkelmaterie. Inzwischen ist auch der Vorschlag aufgetaucht, sich Sterne vorzustellen, die aus *dark matter* bestehen, also Dunkelsterne sind. Beim Nachdenken darüber ist den Astrophysikern aufgefallen, dass sie damit der Dunkelmaterie im frühen Universum eine Rolle zuweisen können, nämlich den des Lieferanten von nützlicher Energie (ohne dass dies hier näher ausgeführt wird). Das unsichtbare »Zeug« brauchte sich nur gegenseitig zu vernichten, und schon kamen all die schönen Prozesse ins Laufen, die erst die Galaxien und dann, in einer davon, uns Menschen hervorgebracht haben und am Leben und in Bewegung halten. Heute reicht die Dichte der Dunkelmaterie zu solch einem Energieschub nicht mehr aus, aber am Anfang der Zeit gab es offenbar genug davon, wenn man großzügig mit den Theorien der Physik umgeht und ihnen Glauben schenkt.

Damals, vor vielen Milliarden Jahren, lag die Dunkelenergie noch in Wartestellung, ehe sie dann aber in die Expansion der Welt eingriff und alles beschleunigte. Die Dunkelenergie übernahm das Kommando in der kosmischen Regie merkwürdigerweise genau in dem Augenblick, in dem die Bedingungen dafür geschaffen waren, dass sich Leben auf der Erde zeigte. So schön solch ein Zusammentreffen ist, die Kosmologen stehen damit nur vor einem weiteren Rätsel und der schwierigen Aufgabe, die geschilderte Koinzidenz verständlich zu machen und vielleicht sogar zu erklären.

Man möchte ihnen dabei viel Glück und Erfolg wünschen, kann sich aber jetzt schon darüber wundern oder auch freuen, dass es am Ende aller bisherigen Tage ähnlich ist, wie es am Anfang aller Dinge war: Damals herrschte Finsternis, und heute herrscht das Geheimnis der Dunkelheit, das immer tiefer wird, wenn man sich ihm nähert. Während das Wissen wächst, sieht man sie immer besser vor sich, die »Dunkelheit, aus der ich stamme«.

KAPITEL 2

Ein Doppelleben

Unsere ganze Geschichte ist bloß
Geschichte des wachenden Menschen;
an die Geschichte des schlafenden
hat noch niemand gedacht.

GEORG CHRISTOPH LICHTENBERG

Es war ein deutscher Pietist, der evangelische Journalist und Schriftsteller Phillip Balthasar Sinold, genannt von Schütz (1657–1742), dem die deutsche Sprache das im Zeitalter des Barock geprägte Wort »Nachtleben« verdankt. Es wird sofort auffallen, dass es ein entsprechend geprägtes »Tagleben« nicht gibt, was andeutet, dass die Menschen während der Lebzeiten des Herrn von Schütz angefangen haben, die Nacht zu entdecken und ihrem Leben oder Erleben hinzuzufügen.

Es gibt das Tagleben vermutlich deshalb nicht als gebräuchliches Wort, weil das damit Bezeichnete zu allen historischen Zeiten als selbstverständlich galt; es musste nicht extra erwähnt werden, dass das aktive Leben mit all seinen Pflichten, Terminen und Plagen zunächst am Tag stattfindet und erst mit dem Einbruch der Dämmerung zum Erliegen kommt – was moderne Gesellschaften eigens als *Happy Hour* zelebrieren. Die Menschen können Alkohol dann besonders gut vertragen, und er wird ihnen entsprechend guttun und für Entspannung sorgen, bevor die Nacht einsetzt.

Auf jeden Fall kann das bekannte Treiben auf der Erde nicht ohne Hinweis auf die Chancen der Dunkelheit verstanden werden; weiß doch jeder, dass eine Zeugung zumeist nachts erfolgt und die dazu nötigen Aktivitäten von zwei Menschen praktiziert werden, die meistens nicht nur in einem dunklen Zimmer, sondern auch noch unter einer oder zwei Decken liegen, auf diese Weise ganz für sich sind und gerade diese Zweisamkeit genießen. Die Sprache kennt dafür das Wort der Privatsphäre, das vom lateinischen *privatio* kommt und dabei sowohl Abwesenheit als auch Befreit-sein meint; ein Befreit-sein von allen Zuschauern und jeder Kontrolle (außer vielleicht derjenigen eigener Mutlosigkeit und des persönlichen Schamgefühls), »wenn in nächtger Stunde/ Süßer Lampe Dämmrung fließt,/ Und von Mund zu nahem Munde/ Scherz und Liebe sich ergießt«, wie Goethes Philine den Lesern in *Wilhelm Meisters Lehrjahre* mitzuteilen weiß.

Liebe in der Tiefe der Nacht

»In der Nacht ist der Mensch nicht gern alleine«, wie Marika Rökk zu Lebzeiten und zur Freude meiner Mutter gesungen hat. Damit lässt Rökk für die Schlafenszeit genau das anklingen, was Goethe durch seine Philine ausdrücken lässt, wenn ihr Gedicht mit den Zeilen anfängt: »Singet nicht in Trauertönen/ von der Einsamkeit der Nacht,/ Nein, sie ist, o holde Schönen,/ zur Geselligkeit gemacht.« Goethe feiert die Nacht als Frauenzeit, in die man aus der Hektik des Tages einfach eintauchen, in der man sich in der Umarmung wohlfühlen und dabei zueinander finden kann.

Man könnte an dieser Stelle natürlich lange bei der Sexualität verweilen, die in der stillen Gegenzeit des Tages (aber nicht nur dann) Menschen Freude bereitet und dabei (aber nicht nur nebenbei) für die Erhaltung der biologischen Art sorgt, zu der wir gehören. Sexualität soll hier nicht ausgeklammert werden, aber um sie kreisen soll und kann diese Darstellung der Nacht nicht, weil mit ihr zu viele persönliche und individuelle Erfahrungen verbunden sind. Die poetische Verarbeitung überlassen wir gerne den Dichterinnen und Dichtern.

Dabei hatten und haben viele derselben selbst genug damit zu tun, die eigene Sexualität in den Griff zu bekommen. Das weiß jeder,

der etwa die Tagebücher von Thomas Mann gelesen hat oder mit Franz Kafka leidet, wenn dieser eine »unglückliche Nacht« mit der doch eigentlich geliebten Felice Bauer erwähnt und die »Mühsal des Zusammenlebens« auf sein »Nicht-ertragen-können von dieser Sehnsucht ... nach etwas leicht Widerlichem, Peinlichem, Schmutzigem« zurückführt (was alles auch zur praktizierten Sexualität gehören kann).

Jeder wird das Zärtliche und die verzückende Geborgenheit einer liebevollen Umarmung kennen und schätzen, ohne dabei das wild Leidenschaftliche und letztlich Orgiastische zu vergessen oder zu verdrängen. Der positiven Seite der erwartungsvollen Hingabe steht zudem die negative Seite brutaler Vergewaltigungen gegenüber – womit nur ein Aspekt missbräuchlicher Möglichkeiten des allzu menschlichen Begehrens genannt ist, über die fast täglich in den Medien berichtet wird.

Ein schwieriges Thema, ohne Frage, das sich aber mühelos in die hier zugrunde gelegte Struktur des verdoppelten Daseins oder Lebens einpassen lässt. Denn natürlich gibt es auch auf dem Gebiet der Sexualität helle und dunkle Seiten, und die private Freiheit der sexuellen Lust kann nicht nur persönlichen Ängsten zum Opfer fallen, sondern das Vergnügen der Geschlechter in der Nacht musste in der menschlichen Geschichte häufig auch gegen große gesellschaftliche Hindernisse erstritten werden.

Lange Zeit hat die Kirche ihren Mitgliedern und anderen Menschen unerbittlich das Sündhafte der sexuellen Lust gepredigt, um ihre männlichen Schäfchen dazu zu bringen, mit »kalter Gattin stumm zu Bette zu gehen« (wie es bei Bert Brecht heißt) und daselbst die ihnen auferlegte eheliche Pflicht zu erfüllen (aber bitte nicht gar zu oft). Es hat bis in die Tage der europäischen Aufklärung gedauert, ehe es zur ersten sexuellen Revolution kam. Der britische Historiker Faramerz Dabhoiwala thematisiert diesen gesellschaftlichen Wandel in seinem Buch über *Lust und Freiheit*. Er bezieht sich dabei auf das 18. Jahrhundert, als nicht zuletzt Frauen ihr Vergnügen an der Sexualität entdeckten und zudem merkten, dass ihnen das dazugehörige Treiben auch viel Macht verlieh. Dank der damals neuen Medien wuchs die Anteilnahme der Öffentlichkeit am Leben von Kurtisanen. Aus der Darstellung dieser Milieus wurde bald das, was heute Pornografie heißt und schon wieder etwas ist, das helle und dunkle Seiten erkennen lässt.

Der Wechsel zwischen hell und dunkel geht bei der Sexualität und ihrer Geschichte unaufhörlich weiter, und die Doppelmoral zeigt sich nicht nur zwischen den Geschlechtern – draufgängerische Männer neben züchtigen Frauen –, sondern auch zwischen den Klassen – impotente Adlige bei verführerischen Dienerinnen. Und die Gegenwart ist immer noch dabei, die Grenzen der sexuellen Freiheit zu erkunden und dabei möglichst jede juristische Willkür zu vermeiden.

An dieser Stelle soll der Vorschlag des britischen Arztes und Schriftstellers Alex Comfort (1920–2000) nicht übergangen werden, der in seinem Buch *Die Freude am Sex* (1972) geschrieben hat, es dürften nur Männer und Frauen über Sexualdelikte urteilen, die selbst ein befriedigendes Sexualleben nachweisen könnten. Sex macht Spaß, und so wird er auch besungen und bejubelt – im 16. Jahrhundert zum Beispiel mit den schönen Versen »Mit Freud und Lust die Nacht verbringen/ nach des Tages hartem Ringen« und in der Gegenwart mit ähnlichen Worten in dem Beatles-Song »A Hard Days' Night«, in dem sich jemand auf »the things that you do« freut, wenn er nach Hause kommt und sein Mädchen in die Arme nehmen kann.

Gelegentlich kommt bei manchen Menschen dabei eine dunkle Seite mit ungewöhnlichen Wünschen zum Vorschein. In einer aufgeklärten Gesellschaft wird man damit umgehen und manchen sogar helfen können – mit der Nächstenliebe, die Menschen auszeichnet und die sie auch intim erfahren können. Am Anfang war doch nicht das Wort, auch wenn es so in der Bibel steht. Am Anfang muss die Liebe gewesen sein, weil ohne sie niemand auf die Welt gekommen wäre, um solche Worte zu schreiben und solche Sätze zu lesen.

Mitternacht

In *Wilhelm Meisters Lehrjahre* lässt Goethe um Mitternacht eine Glocke verklingen, »die mit zwölf bedächtgen Schlägen/ Ruh und Sicherheit verspricht«. Die Mitternacht gehört zu den besonderen Stunden der Nacht, weil sich in ihr das schon vielfach angesprochene Doppelwesen der Dinge zeigt. Wenn die Sonne ihren tiefsten Stand erreicht, also um die Stunde der Mitternacht, treten in Sagen und im Volksglauben Hexen, Geister, Teufel und manchmal sogar Tote auf, während die Volksmedizin zu berichten weiß, dass die Wirkung bestimmter Kräuter und der Schlaf um Mitternacht verstärkt wirken und manchmal auch die Tiere im Stall zu reden anfangen. Um 1740 setzte der Herausgeber von *Zeidlers Universallexikon* fest, dass es sieben Einheiten der Nacht gebe und natürlich die Mitternacht mit ihren ungewöhnlichen Qualitäten das Zentrum ausmache. Vorher zeigten sich der Abend, die Dämmerung, die Nachtstille und nachher der Hahnenschrei, die Morgendämmerung und die Morgenröte.

Der Ursprung des Lebens

Weniger Licht als in diesem privaten oder intimen Bereich geht nicht, und der eigentliche Beginn eines neuen Lebens findet zudem in einer warmen Höhle, genauer: tief im Inneren des Körpers der künftigen Mutter statt. Neues Leben keimt somit dort auf, wo mit Sicherheit völlige Dunkelheit herrscht. Das hat in historischer Perspektive dazu geführt, dass das Geheimnis der Zeugung stets in Dunkel eingehüllt war und lange vor den Augen von Menschen verborgen geblieben ist. Von weiblichen Eizellen wissen die Biologen erst seit dem 19. Jahrhundert zu berichten – die Entdeckung gelang dem baltischen Naturforscher Karl Ernst von Baer (1792–1876) im Jahre 1827 –, und die Tatsache, dass diese winzigen Ausgangsstrukturen des werdenden Lebens beim Menschen kaum mehr als einen Zehntelmillimeter Durchmesser haben und ohne mikroskopische Hilfe unsichtbar bleiben, hat ihr Finden nicht gerade erleichtert.

Verborgen vor den Augen der Menschen bleibt bis heute der Ursprung des Lebens überhaupt, obwohl dies zu den eindringlichsten und geheimnisvollsten Themen der biologischen und chemischen Wissenschaften gehört und sich auch antike Philosophen schon darüber Gedanken gemacht haben. Die Historiker haben sich darauf geeinigt, Thales von Milet als ersten wissenschaftlich argumentierenden Menschen des Abendlandes zu betrachten, weil er um 600 vor Christus in der Lage war, eine Sonnenfinsternis vorherzusagen (auch wenn niemand genau sagen kann, auf welche Weise ihm dies gelungen ist). Dieser Thales hat nicht nur als Mathematiker und Astronom gewirkt, sondern sich auch überlegt, wo und wie das Leben entstanden sein könnte; er hat dazu den Vorschlag gemacht, dass die ersten teilungs- und vermehrungsfähigen Formen der Materie mit all ihrer Dynamik dem Wasser entsprungen sein könnten.

Die alten Antworten auf die Frage nach dem Ursprung des Lebens leiden unter dem Problem, dass man erst seit dem 19. und 20. Jahrhundert genauer weiß, woraus Organismen überhaupt bestehen – aus Zellen und Molekülen zum Beispiel – und was sich deshalb am Beginn des Lebens mindestens zusammenfinden musste, um das große Spiel des Werdens in Gang zu setzen. Aber der Gedanke von Thales ist deshalb interessant, weil er zum einen das Problem ganz selbstverständlich in eine Dunkelheit verlegt, die damals sicherlich niemand einsehen konnte, und weil die modernen Lebenswissenschaften zum anderen an denselben Ort zurückkehren. Zwar spekulieren sie dabei über das spontane Auftreten bestimmter Sorten von riesigen Molekülen, die Informationen tragen und verarbeiten können, aber für deren ursprüngliches und spontanes Erscheinen muss es geeignete Bedingungen gegeben haben, zu denen nicht zuletzt Wärme und Wasser gehörten. Deshalb stellt man sich inzwischen den Ursprung des Lebens wieder in der Tiefe der Ozeane vor und legt ihn genauer an Orte, an denen aus Rissen im Meeresboden wohlig warme und mit Nährstoffen gesegnete Ströme aus darunter liegenden Zonen auftauchen – was in diesem Zusammenhang bedeutet, dass es im modernen Denken erneut die Dunkelheit ist, »aus der ich stamme«, von allem Anfang an.

Inzwischen konnten Geologen in Kupferminen kleine Wassertümpel ausfindig machen, die seit Milliarden von Jahren verschlossen (und also dunkel) und unberührt geblieben sind. Erste Analysen lassen erkennen, dass sich in diesen Teichen einige der Bausteine befinden, mit denen sich das Leben auf den Weg machen kann. Der große Charles Darwin, dem die Menschheit den Gedanken an eine biologische Evolution verdankt – deren entscheidende Schritte nebenbei im dunklen Innern von Zellkernen vorbereitet werden –, hat sich immer vorgestellt, das Leben sei einem kleinen warmen Teich, »a warm little pond«, entsprungen. Vielleicht lag der geeignete Tümpel ja in der passenden Dunkelheit, damit der entscheidende Schritt in ihrem Schutz ausgeführt werden konnte.

Und noch etwas: Vielleicht gibt es immer noch und möglicherweise immer mehr Leben, das sich im Schutz der Dunkelheit entwickelt und hält. In der angelsächsischen Wissenschaft konnte man im Jahre 2014 etwas von »dark biospheres« lesen, die im Boden unter den menschlichen Füßen oder unter den Ozeanen existieren. Sie können nicht mit der Energie der Sonne rechnen und müssen ihren Lebensunterhalt mit mysteriösen Quellen decken. Die Wissenschaft kennt inzwischen Millionen von Mikroben, die tief in der Erdkruste ihren Lebensraum gefunden haben und darauf warten, an das Licht des Tages geholt und anschließend im Licht der genetischen Erkenntnis eingestuft zu werden. Die Dunkelheit bleibt für Überraschungen gut.

Nichts Schöneres unter der Sonne

Wenn auch das Leben insgesamt und jedes einzelne dazugehörige Exemplar aus Dunkelheit entspringt, so findet der größte Teil eines tätigen Daseins doch unter dem Licht der Sonne statt, das inzwischen genau vermessen worden ist und erstaunliche Unterschiede erkennen lässt.

Es gibt eben nichts Schöneres unter der Sonne, als unter der Sonne zu sein, wie Ingeborg Bachmann einmal gedichtet hat. Von diesem Leben im Hellen soll auf den folgenden Seiten ein wenig erzählt werden, damit zu sehen ist, was alles bewältigt werden muss, bevor die Dämmerung einsetzt und in die Nacht übergeht, in der man sein Haupt auf ein Kissen legen und in aller Seelenruhe schlafen möchte – wenn man es kann.

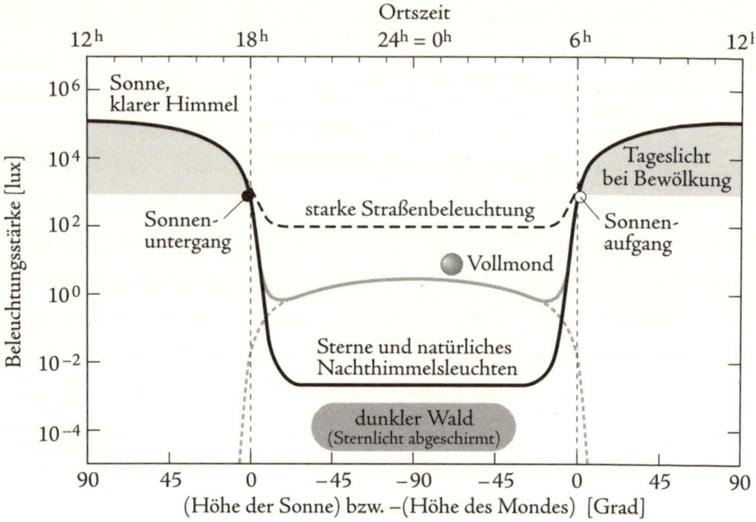

Die Variation der Lichtstärke im Lauf eines Tages und der dazugehörigen Nacht. Das Auge kann sich den unterschiedlichen Intensitäten weitgehend anpassen.

Wer morgens aufwacht, benutzt dazu zwar häufig einen Wecker, aber die Wissenschaftler sind längst der Ansicht, dass diese oftmals höllisch lärmenden technischen Hilfsmittel kaum nötig sind, um Menschen aus der Horizontalen in die Vertikale zu bekommen. Offenbar sorgt allein die innere Erwartung, dass der Schlaf zu einem bestimmten Zeitpunkt enden muss (zum Beispiel um 6 Uhr 30), für die Produktion eines Hormons, das im Blut wirkt und dort für die Bewältigung von anstrengenden Situationen – Stress – eingesetzt wird. Biochemiker kennen es als Adrenocorticotropin (abgekürzt ACTH) und beobachten weitere Hormone wie das Cortisol aus der Nebennierenrinde, die anfangen, den Herzschlag und den Blutdruck zu regulieren, um den Aufstehenden zu erlauben, den Tag erst zu beginnen und dann zu meistern.

Wie schwer dieser Schritt fällt, hängt von dem Chronotyp ab, den man repräsentiert. Die Biologen unterscheiden dabei Früh- von Spättypen, die im Volksmund auch Lerchen und Eulen heißen und sich ganz erheblich in Hinblick auf den Höhepunkt ihrer Leistungsfähigkeit unterscheiden. Im Alltag werden die Früh- und Spättypen vom Volksmund oftmals immer noch als Frühaufsteher und Langschläfer unterschieden, was ganz offensichtlich mit einer Wertung einhergeht und daher unfair und diskriminierend ist und aufgegeben werden sollte.

Während Lerchen um 11 Uhr voll aufmerksam sind, dauert es bei Eulen bis gegen 15 Uhr, und das Trinken von Kaffee auch in Riesenmengen ändert daran wenig. Der Chronotyp eines Menschen wird offenbar durch innere Uhren in Zellen und Geweben bestimmt, die genetisch vorgegeben sind und die im Laufe der Evolution als Antwort auf den rhythmischen Wechsel zwischen Tag und Nacht – zwischen Licht und Dunkelheit – entstanden und entwickelt worden sind.

Diese inneren Uhren werden sinnvollerweise von Licht gesteuert, das dafür ein besonderes Pigment im Auge – also auf seiner Netzhaut – erreichen muss. Es heißt Melanopsin und dient nicht zum Sehen, wie seine Geschwister namens Rhodopsin, sondern informiert nur über die Helligkeit des Tages oder der Umgebung und hat sich als besonders empfindlich für Blau erwiesen. Diese biologische Vorgabe hat durch das Licht von Computer-Bildschirmen einen kulturellen Nebeneffekt, und zwar deshalb, weil auf den Laptops besonders deutlich Blautöne vertreten sind, und wenn sie leuchten, meint die Wahrnehmung des Benutzers, es sei noch ziemlich hell da draußen und noch längst keine Schlafenszeit. Das Melanopsin meldet seine Inanspruchnahme durch einen direkten Nervendraht dem Gehirn, genauer ausgedrückt dem Teil, den Anatomen als suprachiasmatischen Nucleus kennen. Hier liegt und tickt – von der Funktion her betrachtet – die Master Clock, die für den Biorhythmus eines Menschen zuständig ist und zugleich für seinen Chronotyp sorgt.

Übrigens stehen die im Kopf und in den Zellen vorhandenen biologischen Uhren nicht für das ganze Leben fest. Sie können ihren Gang im Laufe der Jahre des Heranwachsens ändern, was zum Beispiel bei Teenagern dazu führt, dass sie immer eulenhafter leben und den Beginn der Nacht herauszögern und weiter nach hinten schieben. Konkret bewerkstelligt der Körper dies mithilfe des Hormons Melatonin, das pubertierende Teenager erst sehr viel später am Abend freisetzen als ältere Menschen. Dies erlaubt den Jugendlichen auf der einen Seite, die Nacht in einer Diskothek zum Tag zu machen. Es führt auf der anderen Seite aber auch dazu, dass sie den klingelnden Wecker am Morgen als erbarmungslos verfluchen und ihr Gehirn noch weiter schläft, während ihr Körper schon längst in der Schule angekommen ist und dort wach zu bleiben versucht.

Unabhängig davon unterliegt das Leben einem circadianen Biorhythmus, wie es in der Sprache der Wissenschaft heißt. Damit wird ausgedrückt, dass die innere Uhr nicht exakt einen 24-Stunden-Takt einhält, sondern nur ungefähr, und sich somit im Laufe von Wochen und Monaten der tägliche Höhepunkt der Konzentrationsfähigkeit verschieben kann. Gut ablesbar ist der Tagesrhythmus an der Körpertemperatur, die am frühen Morgen bei etwa 36 Grad liegt und bis zum Abend auf über 37 Grad steigen wird. Zur Schlafenszeit sinkt sie dann wieder ab. Der circadiane Rhythmus kann auch an einem einzigen Tag gedehnt werden. Das erlaubt Menschen, in die Nacht hineinzufeiern oder in ein Theater zu gehen, wie es seit dem Barock unternommen wird (wodurch verständlich wird, warum man seit diesen Tagen vom Nachtleben spricht).

Zurück zum Alltag: Wenn es Mittag wird, tritt im menschlichen Körper ein Hormon namens Ghrelin in Aktion, das Appetit macht und nach Nahrung verlangt. Es ist nicht der leere Magen, von dem das Hungersignal kommt. Es stammt vom Gehirn direkt, das auf die Gewohnheiten eines Menschen Rücksicht nimmt und ihm mittags auch dann Lust auf Essen signalisiert, wenn im Magen noch genug auf seine Verdauung wartet. (Der Appetit, den man verspürt, hängt auch davon ab, ob man für die Aufnahme der Nahrung kauen musste oder nicht. Weiche Nahrungsmittel, die man mehr oder weniger einfach schlucken kann, füllen zwar den Magen, ein Gefühl der Sättigung stellt sich dabei jedoch nicht ein. Dazu verlangt das Gehirn die Tätigkeit der Kaumuskeln, die man etwa an einer Brotrinde oder einem Apfel trainieren kann.)

Mit dem Auftauchen des Ghrelin macht sich der Magen für Höchstleistungen bereit. Die Leber rüstet sich für ihre Aufgaben bei der Verarbeitung der Nahrungsmittel, wobei sie sich zu dieser Zeit noch nicht besonders um Alkohol kümmert und ihn jetzt nur langsam abbaut. Die Höchstgeschwindigkeit dabei erreicht ein Körper abends gegen 19 Uhr, weshalb diese Stunde nicht ohne Grund als »Happy Hour« genossen wird.

Nach dem Mittagessen sinkt der Adrenalinspiegel im Blut und mit ihm die Aufmerksamkeit des gesättigten Menschen, dem jetzt eher zu einem Spaziergang oder zu einer Siesta als zu einer Besprechung zu raten ist. Der absolute Tiefpunkt des Biorhythmus erwischt Personen zwischen 14 und 16 Uhr, und zwar unabhängig davon, ob man gut oder gar nicht gegessen hat. Der Gedankenfluss stockt, das Gähnen nimmt zu, und die Bewegung der Nahrung aus dem Magen in den Zwölffingerdarm verstärkt zusätzlich die Schläfrigkeit, die auch mit dem Insulin zu tun haben kann. Dieses lebenswichtige Hormon hat die Aufgabe, Zucker zu speichern, und wenn es dabei zu viel des Guten unternimmt und dem Blut zu viel von dem süßen Stoff entzieht, bleibt dem besonderen Saft zu wenig für die aktuell erforderlichen Tätigkeiten zurück. Alles deutet darauf hin, dass man den Nachmittag im Bett verbringen sollte, und vielleicht ist es ja die schönste Zeit für die träumerische und langsam zur beiderseitigen Freude vollzogene Liebe, nur dass die gesellschaftlichen Rituale da einen Riegel vorgeschoben haben. Aber über den kann man sich ja hinwegsetzen.

Wer das angedeutete Formtief ohne Ausweichmöglichkeit in die Horizontale überwunden hat, kann nun andere Schwankungen des Biorhythmus nutzen, etwa die Abnahme der Schmerzempfindlichkeit für einen Besuch beim Zahnarzt. Zu der Zeit wirkt auch eine örtliche Betäubung doppelt so lange wie am Vormittag. Und wenn man beim Dentisten fertig ist, lohnt ein Besuch im Fitnessstudio, denn jetzt sind die Muskeln besonders kräftig und die Gelenke sehr flexibel. Ein Training am späten Nachmittag empfiehlt sich auch für den Muskelaufbau, der jetzt etwa 20 Prozent mehr Masse als sonst produziert. Zudem sind zu dieser Stunde die Luftwege eines Menschen weit geöffnet, sein Herz arbeitet effektiver, und die Reaktionszeiten sind deutlich kürzer als sonst.

Wenn danach der Abend beginnt, spürt man den Wunsch nach einem Drink, was damit zusammenhängt, das die menschliche Alkoholtoleranz ihrem Höhepunkt zustrebt und das erste Glas Wein am Abend die meisten Menschen vergnügt macht. Jetzt kommt die Zeit der Entspannung, wozu auch ein schmackhaftes – auf keinen Fall aber allzu üppiges – Dinner gehört, das Paare in Stimmung für das bringen kann, was unweigerlich danach kommt und mit dem schrecklichen Wort Geschlechtsverkehr benannt ist (das immer nach Zusammenstößen klingt). Wie Statistiken belegen, ist die Zeit um 23 Uhr die beliebteste Stunde für den Sex, was allerdings weniger mit der inneren Uhr und mehr mit der modernen Lebenswelt zusammenhängt. Offenbar lassen Familien- und weitere Alltagspflichten kaum eine andere Wahl, wobei es dann zu Problemen kommen kann, wenn eine Eule mit einer Lerche verheiratet und die Körpertemperatur von einem der beiden Partner um diese Stunde vor Mitternacht nicht mehr für die Liebe geeignet ist.

Die meisten Säugetiere richten ihr Liebesleben konsequenter aus, nämlich nach dem maximalen Erfolg bei der Fortpflanzung. Bei Menschen läge diese Zeit in den Morgenstunden zwischen 8 und 9 Uhr, wenn der Testosteronspiegel signifikant höher als abends ist, wie man spürt und die Wissenschaft messen kann. Durch das Blut strömen nach dem Frühstück so viele Hormone, dass die Biochemiker von einem wahren Liebeselixier sprechen. Schade nur, dass die meisten Menschen zu diesem Zeitpunkt bereits im Büro sind und am Schreibtisch arbeiten – wenn sie die Augen nicht nach der Sekretärin nebenan verdrehen.

Was die Samenqualität angeht, so ist sie nicht morgens, sondern nachmittags am besten, weshalb Experten Paaren mit Kinderwunsch dazu raten, es in den trägen und ruhig fließenden Stunden nach dem Mittagessen zu versuchen. Liebe am Nachmittag lindert zudem Stress und Depressionen, stärkt das Immunsystem, senkt das Risiko von Erkrankungen der Herzgefäße, und man fragt sich, was die Menschen dazu bringt, diese günstige Gelegenheit täglich verstreichen zu lassen, bis es abends zu spät ist.

Abends – das heißt, dass ab Einbruch der Dunkelheit in einem

Teil des Zwischenhirns, der Zirbeldrüse, ein Hormon namens Melatonin ausgeschüttet wird, das die Forschung aus einsichtigem Grund als Schlafhormon bezeichnet. Mit ihm steigt die Müdigkeit und sinkt die Körpertemperatur. Man möchte nur noch ins Bett und erwartet den Schlaf.

Leben im Dunkeln

Wie niemanden überraschen wird, der sich auch nur ein wenig mit der Idee der Evolution beschäftigt hat, bietet auch die Nacht genügend Spielraum für die Entfaltung von Leben und geeignete Nischen für »temporale Spezialisten«. So nennen die Fachleute der Chronobiologie die Formen des Lebens, die im Laufe ihrer biologischen Geschichte auf der Erde zu sogenannten nachtaktiven Organismen geworden sind. Wie sofort einleuchtet, muss es sich dabei vornehmlich um Lebewesen handeln, die sich kaum über einen an das Sonnenlicht des Tages gebundenen Sehsinn orientieren, sondern dafür andere Sinnesleistungen mit besonderer Qualität entwickelt haben. Dazu gehört zum Beispiel ein ausgeprägter Geruchssinn (über den etwa Nachtschmetterlinge verfügen), aber auch die Wahrnehmung von akustischen Signalen (durch die sich Eulen und Fledermäuse auszeichnen). Eulen verfügen daneben über eine erstaunliche Nachtsicht, die es ihnen erlaubt, selbst in mondloser Dunkelheit eine Maus zu orten, auch wenn die in hundert Meter Entfernung durch das Unterholz trippelt. Die Evolution hat den Eulen eine ungewöhnliche Augenform mit einer breiten Retina (Netzhaut) verliehen und sie zusätzlich mit einer Iris versorgt, die zweimal so groß werden kann wie die eines Habichts.

Da es gerade um Augen geht, führt kein Weg an den Katzen vorbei, die sowohl in der Dämmerung als auch noch im Dunklen sehen können. Während des hellen Tages zieht sich die Pupille eines Katzenauges zu einem senkrechten Schlitz zusammen, der sich dann weitet, wenn das Licht schwächer wird und die Nacht heranrückt. Daneben wurde die Katze von der Evolution mit stark gekrümmten Linsen ausgestattet, die technisch als Restlichtverstärker agieren und so auch den letzten Schnipsel Helligkeit aufsammeln können. Erst wenn es wirklich – absolut – dunkel ist, sehen Katzen nichts mehr.

Ein Ausflug in eine weitere Nacht auf der Erde führt uns in die geheimnisvolle Welt der Ozeane, und zwar in viele Hundert Meter Tiefe – dorthin, wo es stockdunkel ist. In der Tiefsee trifft der Besucher weder auf Sonnenlicht noch auf Pflanzen. Die Meeresforscher sprechen davon, dass das Reich der ewigen Finsternis einige Hundert Meter unter dem Meeresspiegel beginnt und bis zu den tiefsten Stellen reicht, etwa zum Marianengraben im westlichen Pazifik, dessen Maximaltiefe nach Messungen mehr als elf Kilometer beträgt. Man könnte erwarten, dass sich in diese Meeresdunkelheit kein Leben verirrt hat. Aber das, was als Leben bekannt ist, erweist sich als enorm zäh. Deshalb hat es auch diesen Teil der Erde im Dauerdunkel erreicht. In den kalten Zonen der ozeanischen Nacht bewegen sich gruslig anmutende Wesen mit glitzernden Augen, durchsichtigen Körpern und riesigen Bäuchen. Dort tummeln sich so raffinierte und gerissene Organismen wie der Anglerfisch namens Thaumatichthys, das griechische Wort für Wunderfisch. In seinem Gaumen verfügt er über Zellen, in denen Bakterien hausen, die erzeugen können, was da unten fehlt, nämlich Licht. Mit dieser Leuchtkraft lockt er seine Opfer in die Finsternis, wobei es ihm sogar gelingt, die anvisierte Nahrung in seinen Schlund zu leiten. Tiefseeforscher vermuten, dass es in der endlosen Nacht des Meeres noch Millionen von Arten gibt, die bislang unentdeckt sind und sich vielleicht noch seltsamer verhalten als etwa die Tiefsee-Anglerfische. Bei ihnen sind die Männchen sehr viel kleiner als die Weibchen, an deren Körper sie sich festbeißen, wenn es darum geht, die Vermehrung einzuleiten. Manche Weibchen versorgen dabei mehrere Männchen, die sich im Gegenzug um den Nachwuchs kümmern. Man sieht sie ja dabei nicht.

Weit besser erforscht als die Vorgänge in der Tiefsee sind bestimmte Phänomene irdischen Lebens, die erst mit Einbruch der Dunkelheit zu beobachten sind. Damit ist nicht zuletzt der Duft gemeint, den manche Pflanzen erst nach Sonnenuntergang verströmen, um ihnen wohlgefällige Insekten auf den rechten Weg zu bringen. Tatsächlich haben viele Pflanzen wie die Engelstrompeten die Eigenschaft entwickelt, ihre Blüten erst zum Abend hin zu öffnen. Es gibt eben viele nachtaktive Falter, die sie damit anlocken wollen – wobei die als »Königin der Nacht« bekannte Pflanzenart aus der Familie der Kakteengewächse selbst Fledermäuse verführt. Vom Duft angezogen, besuchen sie die wunderbare Blüte, die sich oftmals nur für eine einzige Nacht öffnet, um den Nektar zu trinken, und sorgen nebenher für die Bestäubung. Doch um dies in freier Natur zu erleben, muss man nach Florida, Mexiko oder in die Karibik fahren, da dieses Gewächs in unseren Gefilden nicht gedeiht.

Hingegen lässt sich in europäischen Breiten ein Phänomen gut beobachten, auf das bereits im alten Rom hingewiesen wurde, als einem Mann namens Lucilius Folgendes auffiel: »Der Mond lässt die Muscheln wachsen und vergrößert die Seeigel.« Die Forschung spricht heute vom Mondlicht als Zeitgeber für die Meeresfauna und kann erklären, was Lucilius bemerkt hatte. Bei Seeigeln und Muscheln machen die Keimdrüsen einen Großteil des Körpergewichts aus, und sie sind es, die im Rhythmus des Mondes größer und auch wieder kleiner werden.

Auf die Frage, warum die Reifung der Keimdrüsen bei Meeresorganismen vom Mond abhängig ist, antworten die Fachleute mit dem Hinweis, dass die betroffenen Arten ihre Eier und Spermien in das offene Wasser ablassen und es natürlich am besten ist, wenn dies synchron geschieht. Um dies zu erreichen, orientiert sich das Leben im Wasser an der nächtlichen Helligkeit, die das Mondlicht bereitstellt.

Die mondabhängige Synchronisation von Fortpflanzungsrhythmen konnte zum ersten Mal in den Fünfzigerjahren am Beispiel eines Wurms mit Namen *Platynereis dumerilii* und der Meeresmücke *Clunio marinis* nachgewiesen werden. Die erstaunten Forscher stellten fest, dass diese Organismen sogar den Vollmond vom Halbmond unterscheiden können. Der Trick besteht darin, dass sich die Meeresmücke nicht während der ganzen Nacht für das Licht empfindlich zeigt, sondern nur für wenige Stunden um Mitternacht. Und tatsächlich – oder bekanntlich – steht ja nur der Vollmond die ganze Nacht über am Himmel, während der Halbmond entweder nur in der ersten oder der zweiten Hälfte der Nacht am Himmel zu sehen ist, je nachdem, ob es sich um den zu- oder den abnehmenden Mond handelt.

Wer sich jetzt fragt, was die Natur noch so alles an Tricks auf Lager hat, kann beim Skorpion fündig werden. Skorpione verfügen nämlich über eine erstaunliche Anpassung an die Nacht. Die Natur hat sie mit einer Haut ausgestattet, die ultraviolettes Licht aufnehmen und dafür einen grünlichen Schimmer abgeben kann. Das Mondlicht stellt zwar eine schwache Quelle von UV-Strahlen dar, aber sie scheint auszureichen, um damit andere Skorpione ausfindig machen und Partner von Gegnern unterscheiden zu können. Daneben lockt der grünliche Schimmer Motten an, die als Nahrung höchst willkommen sind. Vielleicht nutzt der Skorpion das Glühsignal auch zu seinem eigenen Schutz, indem er anhand von dessen Leuchtkraft entscheidet, ob die Nacht so hell ist, dass er womöglich selbst als Speise gefunden werden kann, und zwar von Eulen und Dachsen, die im Dunklen unterwegs sind. Zwei der acht Augen eines Skorpions sind so positioniert, dass sie die Helligkeit des eigenen Körpers abschätzen und darauf reagieren können.

Schon früh im Laufe der Erdgeschichte und Evolution haben manche Säugetiere die Nacht als »Schutzraum« entdeckt, weil sie in ihr über besonders gute Chancen verfügten, den tagsüber herrschenden Dinosauriern aus dem Weg zu gehen. Säugetiere wie Hyänen, Wölfe, Kojoten, Leoparden und Jaguare haben rasch gelernt, sich leise durch das Dunkel zu bewegen und sich ihren Opfern zu nähern.

KAPITEL 3

Im Schutz der Nacht

Die Brücke zwischen Abenddämmerung und Morgengrauen trägt ganz andere Menschen als die zwischen Morgengrauen und Abenddämmerung – auch wenn sie dieselben sind.

PETER E. SCHUMACHER

Wenn sich im 21. Jahrhundert der Tag neigt, die Dämmerung einsetzt und es bald dunkel wird, können die meisten Menschen rasch und mit einem Griff dafür sorgen, dass die Helligkeit des gerade vergehenden Nachmittags bleibt und sie weiter der Tätigkeit nachgehen können, mit der sie gerade befasst waren. Sie brauchen nicht beschwörend zu murmeln: »Es werde Licht.« Sie brauchen lediglich eine passende Lampe – möglichst eine mit modernen Leuchtelementen – einzuschalten, um die Dunkelheit aus ihrer unmittelbaren Umgebung zu verbannen, sich weiter im Licht zu bewegen und die sinnliche Orientierung mithilfe der Sehkraft zu bewahren. So gelingt es in weiten Teilen der Welt heute*, aber es gab einmal eine Zeit in der Geschichte der Menschen und ihrer Zivilisation, in der die nahende oder hereinbrechende Nacht für viele Menschen große Mühen der Vorbereitung bedeutete. Es gab lange historische Abschnitte, in denen Möglichkeiten einer »künstlichen Beleuchtung« noch nicht

* Leider müssen auf der Welt immer noch etwa eine Milliarde Menschen ohne Elektrizität auskommen und zu Kerzen und Kerosin greifen, um die Dunkelheit zu vertreiben. Das am wenigsten elektrifizierte Land der westlichen Hemisphäre ist Haiti, wo die Einwohner fast zehn US-Dollar im Monat aufbringen müssen, nur um mit ein paar Kerzen ihre Wohnungen mit etwas Licht zu versorgen. Im südlich von der Sahara gelegenen Afrika leben zwei Drittel der Bevölkerung ohne Zugang zu einer Quelle für Elektrizität (Vgl. hierzu Tollefsen).

bestanden und das Verschwinden des Tageslichts weitreichende Folgen für das Denken und Fühlen einzelner Personen und das Leben insgesamt hatte. Allerdings haben die Menschen, die als unsere Vorfahren zu gelten haben und in deren Verhalten sich so etwas wie frühe soziale Muster einer Gemeinschaft erkennen lassen, wohl nicht völlig im Dunkeln gesessen, wenn sich die Sonne hinter dem Horizont verabschiedete, sich die Nacht ausbreitete, das Leben umhüllte und das Treiben des Tages zur Ruhe kommen ließ. Die Vertreter der Archäologie geben sich sicher, dass die Vorläufer des heutigen Menschen seit etwa einer Million Jahre das freundlich flackernde und wärmende Feuer zu nutzen wussten.

Die Zähmung des Feuers hat vermutlich mit dem (anfänglich sicher dramatischen) Bemühen begonnen, den Gefahren von natürlichen Bränden zu begegnen, wie sie etwa auf Steppen und in Wäldern ausbrechen und vom Wind angefacht werden können. Es galt, das Entzünden des Feuers erst unter Kontrolle zu bekommen und die Flammen dann nicht ausgehen zu lassen. Und nachdem dieses Kunststück gelungen war, konnte man sich daran machen zu lernen, wie sich ihr Licht und ihre Wärme gezielt nutzen ließen.

Die Beherrschung des Feuers gilt als eine der maßgeblichen Fähigkeiten, die den evolutionären Weg des Lebens zur Menschwerdung zumindest erleichtert, wenn nicht überhaupt erst ermöglicht haben (wobei hier mit den Menschen die bekannten und an Menge stark zunehmenden Exemplare der Spezies *Homo sapiens* gemeint sind, zu denen auch die modernen Zeitgenossen gehören, die zum Beispiel in diesem Buch lesen).

Die Zähmung des Feuers und der Umgang mit seinen Flammen spielt für das Aufkommen der heutigen Population aus Mitgliedern der Art *Homo sapiens* aus mehreren Gründen eine wichtige Rolle. Gemeint ist nicht nur die dadurch erreichte Verflüchtigung von Dunkelheit, gemeint ist auch die wohltuende Erzeugung von Wärme und Gluthitze. Die Hitze wurde vor allem dazu genutzt, Nahrungsmittel durch Kochen oder Braten besser verträglich zu machen. So wurden bei den damit erreichten Temperaturen zum Beispiel Bakterien und andere pathogene Parasiten in den Nährstoffen abgetötet und die Speisen – vor allem das Fleisch – bei dieser Zubereitung über dem Feuer leichter verdaulich. Nach Einschätzung der anthropologischen Fachleute hat das für die ersten Beherrscher der lodernden Flammen einen beträchtlichen Entwicklungsschub mit sich gebracht, der sich nach Auskunft von Evolutionsbiologen vor allem in der Gehirnentwicklung verfolgen lässt. Es entstand ein immer größeres Organ, das sich nicht mehr ausschließlich auf das reine Überleben konzentrieren musste und mit der neu gewonnenen Freiheit erste Formen einer Kultur entwickeln konnte.

Vielleicht lässt sich durch diesen Zusammenhang erklären, warum Menschen in ihren Kulturen das Feuer verehren und erhöhen. Als im antiken Griechenland so etwas wie wissenschaftliches und philosophisches Denken auftauchte, betrachtete man das Feuer neben dem Wasser, der Erde und der Luft als eines der vier grundlegenden Elemente, von denen man annahm, sie alle müssten aus einem Urstoff – einer *prima materia* – hervorgegangen sein. Die Ursubstanz selbst blieb dabei jedoch unsichtbar und unzugänglich. Es gab allerdings einen entscheidenden Unterschied zwischen den Elementen Wasser, Erde und Luft und dem Element des Feuers: Während das Trio völlig offensichtlich Leben gewährleistete und dauerhaft verfügbar war, musste das Feuer stets neu entfacht und versorgt werden. Dadurch nahm es eine Sonderstellung ein, gerade weil es eine Herausforderung für das menschliche Denken darstellte. Feuer konnte man sozusagen herbeizaubern und auch wieder zum Verschwinden bringen. Zwangsläufig stellten sich den Menschen jener Zeit dabei schwierige Fragen: Was geschieht überhaupt, wenn Materie verbrennt und aus toten Dingen lebendige Flammen aufsteigen? Wo kommt das Feuer her? Und wo geht es hin?

Es sollten noch rund zweitausend Jahre vergehen, bis man im Rahmen einer aufkommenden chemischen Wissenschaft und ihrem neuen Verständnis für Elemente wie Sauerstoff und Kohlenstoff verstehen konnte, wo und was das Feuer war.

An dieser Stelle wollen wir uns einem anderen wichtigen Aspekt des Feuers zuwenden: Durch seinen kontrollierten Einsatz entstand für Angehörige einer Gruppe, eines Stammes oder eines Dorfes ein

Versammlungsort, wenn es dunkel und kalt wurde. Dieses Zusammenrücken an einem hellen Ort mit flackerndem Licht lebt offensichtlich bis in unsere Gegenwart fort. Nur begibt sich in zivilisierten Städten und deren Behausungen dazu in der Regel keiner mehr an ein Lagerfeuer (wenngleich auch viele davon schwärmen und es gerne entzünden, wenn sich die Gelegenheit bietet, etwa an warmen Sommerabenden an den Ufern eines Sees). Stattdessen scharen sich Familien und andere Gruppen häufig um ein Fernsehgerät (das man früher »Flimmerkiste« nannte) oder strömen in Massen beim Public Viewing zusammen, um vor einer strahlenden Leinwand ein Gemeinschaftsgefühl zu genießen. Ein solcher heller Platz zieht viele Menschen so an wie das pulsierende Licht einer Laterne die Mücken.

Sicher haben sich unsere steinzeitlichen Vorfahren nach den ersten Erfolgen mit dem Feuer alle Mühe gegeben, eines Tages einen größeren Flammenkreis zustande zu bringen. Bekanntlich sollte es aber noch sehr lange dauern, bis das Phänomen der Elektrizität soweit verstanden war, dass genügend Strom für Beleuchtung und andere Zwecke produziert werden konnte und sich die Nacht nach und nach aus den zivilisierten Teilen der Welt zurückzog. Viele Jahrhunderte lang blieben die Menschen der Dunkelheit ausgesetzt. In der Frühzeit der europäischen Geschichte herrschte nachts noch biblische Finsternis. In der unausweichlich hereinbrechenden Dunkelheit konnte es schon helfen, wenn jemand eine Kerze anzündete, und sei es nur, um mit ihrer Hilfe den Weg ins Freie und Offene zu finden, den alle Kreatur sucht.

Die alten Griechen kannten noch keine Kerzen, wenn es auch seit dem 3. Jahrhundert vor Christus schon so etwas wie schlichte Lampen gab, die mit Öl oder Talg operierten und mit einer fahlen Flamme das im Dunklen erwünschte Licht spendeten. Seit dem 2. Jahrhundert moderner Zeitrechnung lassen sich Wachskerzen in Rom nachweisen, was von den Christen der damaligen Zeit so begrüßt und begeistert aufgenommen wurde, dass sie sich in der Folge auch daran machten, die tragbare kleine Flamme zu verbreiten. Für sie symbolisierte eine brennende Kerze die Seele eines Menschen, die im dunklen Reich des Todes leuchtete. Menschen sind bis in die heutige Zeit hinein gerührt und es wird ihnen feierlich zumute, wenn »die stille Kerze leuchtet«, mit der Goethe eine Liebesnacht in der »Seligen Sehnsucht« anreichert, auch wenn sich ein allzu begieriger Schmetterling verbrennen kann, wenn er der Flamme zu nahe kommt.

Naturgeschichte einer Kerze

Im Jahre 1860 – genauer: in den Weihnachtsferien des genannten Jahres – hielt der große englische Physiker Michael Faraday (1791–1867) vor Knaben und Mädchen in London eine Vorlesung über die »Naturgeschichte einer Kerze«, die heute – mehr als hundertfünfzig Jahre später – immer noch im Druck vorliegt und sogar neu aufgelegt worden ist. Faraday hielt die Naturwissenschaften »für eine herrliche Schule des Geistes« und hoffte, sein Publikum werde sein »ganzes Leben lang den Vergleich mit einer Kerze aushalten«, denn in deren Leuchten würden alle im Weltall wirkenden Gesetze erkennbar. Die jungen Zuhörerinnen und Zuhörer sollten seiner Ansicht nach wie eine Kerze »eine helle Leuchte für die Mitmenschen« werden und ihnen »die Schönheit einer Kerzenflamme« vorführen und erklären. Bereits Faradays Zeitgenossen waren der Ansicht, dass Faraday »das Spiel der Atome wirklich gesehen habe und sein Geist in der Nähe des unbegrenzten Dunkels verweilt, von dem unsere Kenntnis umgeben ist«. Demnach braucht man nur das Licht einer Kerze in vollen Zügen wahrzunehmen, um die Finsternis zu durchdringen.

Die Angst vor der Nacht

Hier ist zunächst von einer Zeit die Rede, in der wissenschaftliche Erklärungen erstens noch Mangelware darstellten und zweitens kaum Gehör fanden. Die Deutung der Nacht als Schatten der Erde lag noch in weiter historischer Ferne. Die Bewohner des sich um die eigene Achse drehenden Planeten wussten nichts von dessen Eigenbewegung.

Das hinderte einige eher glaubenswillige als wissbegierige Schlauberger auf der Erde nicht daran, mit rhetorischer Inbrunst zu verkünden, die nächtliche Dunkelheit müsse man als Ergebnis eines großen menschlichen Versagens deuten. Dieses Versagen, diese Sünde, bestehe darin, nicht fest genug an das zu glauben, was in der Heiligen Schrift doch deutlich offenbart worden sei. Auch Martin Luther (1483–1546) sah als junger Mensch Naturphänomene als Strafe eines über die Sünden der Menschen richtenden Gottes an: Als er als 21-jähriger auf einer nächtlichen Wanderung bei Erfurt von einem Gewitter überrascht wird und in seiner Nähe ein Blitz einschlägt, legt er in Todesangst und Furcht vor dem göttlichen Richter das Gelübde ab, Mönch zu werden und die juristische Laufbahn aufzugeben. (In späteren Jahren revidiert der Reformator dieses Gottesbild und vertritt die Theologie eines »liebenden, gnädigen Gottes«.)

In England schreibt Thomas Nashe (1567–1601), ein Dichter des elisabethanischen Zeitalters, ein Buch über *The Terrors of Night* – die Schrecken der Nacht – und bezeichnet sie als »the mother of despair, the daughter of hell« (Mutter der Verzweiflung, Tochter der Hölle). Dabei ist anzumerken, dass von unserer Gegenwart aus niemand sagen kann, wie gesellschaftliche Gruppierungen oder einzelne Personen damals auf derart schreckliche und unbegründete Behauptungen der Dichter und Denker reagiert haben. Bekannt ist jedoch, dass bereits zu Lebzeiten Luthers die Nacht nicht immer und überall mit dem Bösen verbunden war. Manche Leute fanden sich zu nächtlicher Stunde zu Ritualen mit Gebeten in der Gruppe, zum gemeinsamen Spiel und zur Durchführung von Arbeiten zusammen, um ihren Mitmenschen die Ängste vor der ihnen angeblich als Strafe Gottes aufgezwungenen Nacht zu nehmen. Kein Wunder, dass es vonseiten der Kirche dann skeptisch hieß, nach Einbruch der Dunkelheit handele der Mensch in seiner Torheit wider die Natur und die allgemeine Ordnung.

Vermutlich löste die Dunkelheit am Ende des Tages im späten 16. Jahrhundert zunächst bei vielen Menschen die Sorte von Befürchtungen aus, die jemand empfindet, der verlassen wird und auf sich allein gestellt bleibt. In ihren Phantasien ließen viele Menschen jetzt eine Nachthexe Lilith auftreten und zusammen mit Dämonen der Nachtluft agieren, die dunkle Begierden in ihnen auszulösen verstanden, wie in vielen Zeugnissen der Frühzeit überliefert und nachzulesen ist. Die Bibel selbst weiß von zahlreichen Übeltaten – von Werken der Finsternis – zu berichten, die zu später Stunde und damit während der Schlafenszeit der Gerechten stattfanden. Über die mittelalterlichen Jahrhunderte hinweg konnte man Klagen der Art lesen, Gott habe die Nacht als Beweis für die Existenz der Hölle geschaffen. Von einer »bösen Tageszeit« war vielfach die Rede, und immer wieder meinten Menschen am Nachthimmel brennende Sterne gesichtet zu haben, mit denen Gott ihrer Ansicht nach sein unheiliges Urteil über die gläubigen und ungläubigen Sünder anzukündigen schien.

Nicht unbemerkt in den engen Wohnstuben blieb die beunruhigende Tatsache (die von der modernen Medizin mit dem Biorhythmus des Immunsystems erklärt werden kann), dass sich Krankheiten in der Nacht verschlimmerten, die Körpertemperatur höher kletterte und der Tod einer bettlägerigen Person am häufigsten in den frühen Morgenstunden eintrat.

»Die Nacht«, so warnte noch im 16. Jahrhundert eine Redensart, »gehört den Geistern«, und viele poetische Hervorbringungen flehten Gott um Beistand und Schutz an »vor den bösen Geistern, die ihr trügerisches Spiel zumeist im Dunklen treiben«. Wie der amerikanische Historiker A. Roger Ekirch in seiner Geschichte der Dunkelheit mit dem Titel *In der Stunde der Nacht* ausführlich berichtet, gab es im frühen 17. Jahrhundert in England kein Dorf, »das nicht einen Geist beherbergte; auf den Friedhöfen spukte es, zu jedem größeren Dorfanger gehörte eine Anzahl Feen, und kaum ein Hirte war nicht schon einem Geist begegnet«. Fast jede europäische Kultur glaubte an eine ähnliche Rasse kleiner Wesen, die nachts als Dämonen Unheil ankündigten oder anrichteten und die zum Beispiel Trolle, Elfen und Kobolde hießen und gut behandelt werden wollten. Die schlimmste Bedrohung stellten dabei Hexen dar, was in Europa zu zahlreichen Verfolgungen führte, bei denen Zehntausende von Frauen den Tod erleiden mussten.

Luzifer

Die heute eher albern erscheinende und bestenfalls im Karneval verbreitete Vorstellung von Hexen und Dämonen geht dabei auf Ansichten des 4. Jahrhunderts und des Mittelalters zurück, als die Dunkelheit als böse Macht und sogar als das Böse selbst angesehen und die Nacht gerne verteufelt wurde, was man wörtlich nehmen muss. Hier hatte tatsächlich der Satan, der Fürst der Finsternis, der die Menschen verführen wollte, seine hohe Zeit, wobei auf den zweiten Blick sofort die Doppelrolle auffällt. Dem ursprünglich finsteren Herrn über Kobolde, Hexen und Gespenster ist nämlich bereits im Mittelalter ein zweiter Name zugewiesen worden, der etwas ganz anderes ausdrückt. Der Teufel wird jetzt plötzlich als Lichtträger angesprochen, wobei das lateinische *Luzifer* besser klingt und stärker verbreitet ist. Er etabliert sich in dieser Doppelgestalt aus Hölle und Himmel mehr und mehr im menschlichen Denken und erscheint spätestens in Goethes *Faust* unter dem Namen Mephisto als jemand auf der Bühne, der mit Gott persönlich reden und eine Wette über den Menschen eingehen kann. Der Teufel gilt dabei längst als eine Respektsperson.

Und mit diesem Lichtträger, der nicht nur höchst vernünftig, sondern zugleich auch scharfsinnig und zynisch argumentiert, bei seinen Auftritten äußerst gewitzt wirkt und menschliche Schwächen zu verstehen und nutzen weiß, wird sie erneut deutlich: die allumfassende und durchgängige Zweiteilung der Welt. Denn trotz mancher Bedrohlichkeit des Dunkels war die Nacht ja nie allein zum Fürchten da. Sie bot auch Platz für einen Lichtträger und Lichtbringer, sprich für lebendige Hoffnungen. Sie bestanden nicht zuletzt darin, im Schutz der Dunkelheit den Liebsten oder die Liebste treffen und ungestört und unbeobachtet in die Arme nehmen zu können, wobei man an dieser Stelle und in diesem Zustand nicht stehen zu bleiben brauchte. »Willst du dein Herz mir schenken, so fang es heimlich an«, empfehlen die ersten Zeilen in einem Gedicht des 17. Jahrhunderts und sprechen damit eine zeitlose Weisheit gelassen aus.

Die Städte und ihre Nachtmenschen

Die Frühe Neuzeit, also die Jahrhunderte nach dem immer noch gerne als finster bezeichneten Mittelalter, erlebte die Entwicklung der ersten größeren Städte in Europa, wobei London mit mehr als einer halben Million Einwohner an der Spitze lag. Vieles in diesen Städten erinnerte Augenzeugenberichten der damaligen Epoche zufolge an Kaninchenbauten mit schmalen Gassen, die verwinkelt waren und immer ins Dunkle ohne Ausweg zu führen schienen. »Vor dem späten 17. Jahrhundert bestand die einzige künstliche Beleuchtung der meisten Straßen aus dem Licht der Fenster sowie den Handlaternen der Fußgänger«, wie A. Roger Ekirch zu berichten weiß. Man kann sich das bestenfalls als trübe vorstellen, was dann sicher auch trübsinnig machte.

So hübsch und verlockend die Idee sein mochte, dass sich das Reich der Nacht der Kontrolle durch Kirche, Staat und Nachbarn entzog, so sehr musste man damit rechnen, dass die Schurken und Verbrecher den Schutz der Dunkelheit dazu nutzen würden, ihre Geschäfte zu machen – wobei niemand primär die Prostituierten meinte, die sich dann auf den Weg zu ihrer Arbeit begaben und auf die Kunden warteten. In England kam der Begriff der *nightwalker* auf, also der Nachtgänger, aber nicht für die nach käuflicher Lustbefriedigung suchenden Männer, sondern für die offensichtlich faul wirkenden Burschen, die tagsüber schlafend im Bett anzutreffen waren und dann nach einsetzender Dämmerung ausgeruht versuchten, sich nachts, wenn die braven und redlichen Bürger das Bett hüteten, unredlich durchzuschlagen.

Als Folge der Angst vor der Dunkelheit entstand schon früh in der Geschichte der zivilisierten Menschheit der Beruf des Nachtwächters, den manche sogar für älter halten als den des horizontalen Gewerbes. Nachweislich richtete ein römischer Präfekt namens Cassiodorus im 5. Jahrhundert in seinem Herrschaftsgebiet Nachtwachen ein, und er gab den dazu eingeteilten Leuten eine klare Aufgabe: »Ihr seid die Hüter der Schlafenden, Beschützer der Häuser, unsichtbare Beobachter und stille Richter.«

Im 13. Jahrhundert schufen die Menschen in England einen ersten gesetzlichen Rahmen für die Durchführung regelmäßiger Wachen in allen Städten, Dörfern und Bezirken. In der Nacht mussten ständig Ordnungskräfte patrouillieren, und sie waren berechtigt, verdächtig scheinende Umherziehende festzunehmen und im Notfall die Gemeinde »mit lautem Geschrei« zu wecken. Bald zählten Wachposten zum normalen Bestandteil einer städtischen Nacht. Deren Hauptaufgabe bestand jedoch darin, jeden Brand sofort zu melden und etwas gegen ihn und seine Ausbreitung zu unternehmen. Zwar konnten sich nächtliche Wachtmeister bei ihren städtischen Runden wie Alleinherrscher benehmen, was auch oft passierte. Dies führte jedoch nur dazu, dass sie beim gewöhnlichen Volk recht wenig Anerkennung einheimsen konnten und allgemein auch sehr dürftig entlohnt wurden.

Wenn man sich die Arbeit und den Aufgabenbereich der Nachtwächter genauer vorstellt, leuchtet der Gedanke ein, dass sich Gemeinschaften früh darum bemühten, das schädliche Fehlverhalten in den dunklen Straßen mit Strafen zu belegen. Man kann es auch so ausdrücken, dass es die Nacht war, die dem geschriebenen und verbürgten Recht zu seiner Herrschaft verholfen hat, auch wenn die Gerichte in diesen Stunden keine Sitzungen abhielten. So sieht es jedenfalls ein Rechtsgelehrter der modernen Zeit, der Franzose Jean Carbonnier (1908–2003). Gemeint ist damit die historische Tatsache, dass nächtliche Strafverstöße in europäischen Städten mit einem erhöhten Strafmaß belegt wurden und Straftaten, die »im Schutz und Schoß der Nacht« begangen worden waren, besonders streng geahndet wurden.

In der Grafschaft Middlesex zum Beispiel wurden in der zweiten Hälfte des 16. Jahrhunderts vier Fünftel aller verurteilten Nachteinbrecher gehängt, und Diebstahl in der Dunkelheit galt noch im 18. Jahrhundert als Kapitalverbrechen, bei dem es also um Kopf und Kragen ging. Von den Gerichten milde beurteilt wurde nur, wer einen Eindringling in sein Haus bei Nacht ertappte und erschlug – während dieselbe Handlung am Tag als Totschlag bewertet wurde.

Unter diesem Aspekt überrascht es nicht, dass die meisten Haushalte bewaffnet waren, und zwar vielfach besser als die Nachtwachen selbst. Und natürlich hielt sich Wachhunde, wer dafür Platz hatte und es sich erlauben konnte. In Florenz empfahl der berühmte Humanist Leon Battista Alberti (1404–1472) seinen Zeitgenossen, in den Wohnhäusern nicht nur Hunde, sondern auch Gänse wachen zu lassen. Deren Geschnatter werde alle Schlafenden wecken und ihnen erlauben, drohende Gefahren abzuwehren oder ihnen zu entkommen.

Endlich der Schlaf

Natürlich ist die Nacht nicht allein zum Schlafen da, und bekanntlich gibt es umgekehrt auch viele Gelegenheiten, am Tag sein Nickerchen zu machen – etwa nach einem schönen Mittagessen oder während einer Vortragsveranstaltung, wenn es so angenehm warm im abgedunkelten Saal ist und die Worte ruhig fließen. Aber geschlafen wird trotzdem vornehmlich in den schwarzen Stunden um die Mitternacht, und seit es darüber Aufzeichnungen gibt, glauben die Menschen vernünftigerweise, dass sie dabei »dem Gang der Natur folgen« und also richtig handeln.

Früher nahm man auch an, dass die Zeit des Schlafens passiv, ereignislos und monoton abläuft, folglich kaum geeignet ist, irgendein wissenschaftliches Interesse zu wecken. Diese Haltung hat sich mit der jüngsten Geschichts- und der modernen Schlafforschung grundlegend gewandelt. Auf diesen neuen Zweig der Medizin gehen wir in einem eigenen Kapitel genauer ein, an dieser Stelle soll vorwiegend der frühe Umgang der Menschen mit dem Phänomen des Schlafs thematisiert werden. Während damals viele Menschen den Schlaf als erstaunlich, wenn nicht gar als Wunder betrachteten, kam er anderen höchst einfach erklärbar vor. Im 16. Jahrhundert griff man auf die alten Ideen von Ausdünstungen zurück, die diesmal nicht auf der Erde, sondern im Bauch passieren und dann den Schlaf auslösen sollten. Konkret stellte man sich vor, dass verdaute Nahrung in Form von aufsteigenden Dämpfen in den Kopf gelangt, wo sie sich dann durch die angenehme Kühle des Gehirns niederschlagen – mit der unmittelbaren Folge, dass die Leitungen der Sinne unterbrochen werden und damit das Schlafen beginnen kann.

Zum Schlafen oder Einschlafen gehört – damals wie heute – die nötige Vorbereitungszeit. Im 16. Jahrhundert bestand sie nicht zuletzt darin, das Mobiliar und das Bettzeug nach Flöhen und Wanzen abzusuchen, sich die Läuse aus dem Haar zu kämmen und die geeignete Schlafmütze auszuwählen, um den Kopf vor der feuchten und als übel eingestuften Nachtluft zu schützen. Zum Schlafen gehört aber vor allem auch, ein geeignetes Bett zu haben. Und was heute als selbstverständlich gilt, mussten sich die Menschen zwischen dem 15. und 17. Jahrhundert erst erarbeiten, als sich »das europäische Bett von einem Strohsack auf dem Erdboden zu einem hölzernen Gestell mit Kissen, Laken, Decken, Tagesdecke und einer Matratze entwickelte, die mit Stoffresten und Wollflocken gefüllt war«, wie der bereits zitierte Historiker der Dunkelheit, A. Roger Ekirch, festgehalten hat. Und er fügt hinzu: »… in Testamenten zählte [das Bett] zu den wichtigsten Dingen, die man einem bevorzugten Erben vermachte, und es gehörte zu den ersten Dingen, die frisch Vermählte sich anschafften«.

Historiker, die sich mit der Geschichte der Warenkultur befasst haben, sind daher – vielleicht etwas scherzhaft – der Ansicht, die Epoche der Frühen Neuzeit solle in das »Zeitalter der Betten« umbenannt werden, was für den Werdegang der Menschen eine zutreffende Beschreibung sei.

Das »Zeitalter der Betten« mag lustig klingen, aber konkret bedeutete es vielfach Mühe und Enge. Für heutige Vorstellungen unbegreiflich herrschte bei Familien der sogenannten Unterschichten oftmals ein derartiger Mangel an Schlafplatz, dass sie zu zweit, zu dritt oder noch enger zusammengepfercht auf einer Matratze schlafen mussten, was ein Mensch, der die heutige Abgeschiedenheit seines eigenes Bettes gewohnt ist, gar nicht hinbekommen würde. Dabei gab es das gemeinsame Schlafen in einem Bett in irischen Haushalten mindestens bis in das frühe 19. Jahrhundert hinein. Aus dieser Zeit liegt ein Bericht vor, wie die Plätze auf der gemeinsamen Schlafstätte festgelegt wurden: »Sie legen sich sittsam und in der richtigen Reihenfolge nieder: die älteste Tochter an der Wand, die von der Tür am weitesten entfernt ist, dann alle Schwestern ihrem Alter nach, dann nacheinander Mutter, Vater und die Söhne, und schließlich die Fremden, seien es Straßenhändler, Schneider oder Bettler.«

Selbst gut situierte Personen mussten sich, wenn sie unterwegs und außer Haus waren, das Bett mit anderen teilen. Daher das bis heute gebräuchliche Wort des »Bettgenossen« (wobei zwischen guten und schlechten unterschieden wurde; schlechte waren vor allem die mit der Angewohnheit, die gemeinsame Bettdecke weg zu strampeln). Vom 18. Jahrhundert an erweckte das gemeinsame Schlafen eines ganzen Haushalts bei der begüterten Oberschicht Verachtung. Zugleich nahm das Bedürfnis der Menschen nach Privatsphäre drastisch zu. Im Mittelstand galten Bett- und Schlafgenossen aber noch eine Zeit lang als Segen, nahmen sich die Menschen dabei doch gegenseitig die Angst vor der Nacht. Auch schien sich niemand am Geflüster von nebeneinander Liegenden zu stören, die sich im Schutz der Dunkelheit manchmal auch über die üblichen gesellschaftlichen Regeln hinwegsetzten. Im Klartext ist damit gemeint, dass es beim gemeinsamen Schlafen aller Mitglieder eines Haushaltes schon einmal vorkam, dass uneheliche Kinder zwischen männlichen und weiblichen Angestellten gezeugt wurden. Das Bedürfnis nach Privatheit spielte keine Rolle, wenn andere Bedürfnisse ihre natürlichen Ansprüche meldeten und sich durchsetzten.

Kaum verwunderlich ist, dass das Aufkommen besserer Betten im Laufe der europäischen Geschichte die Beziehung zwischen Ehepartnern merklich beeinflusste, vornehmlich hin zu günstigen Gelegenheiten für angenehme Intimitäten (über die zeitgenössische Berichte sich aber nicht so ausführlich auslassen, wie es moderne voyeuristische Leser gerne hätten). Berichtet wird nur, dass es manchen Frauen beim ehelichen Bettgeflüster gelungen ist, die Gatten in oder mit ihren Händen zu Wachs werden zu lassen. Das hinderte die Damen jedoch nicht daran, sich hin und wieder bei ihrem Gegenüber zu beschweren, wobei für diese nächtlichen Vorhaltungen der Ausdruck der Gardinenpredigt aufkam. Wie immer halten öffentliche Mitteilungen mehr die Ausnahmen als die Normalität fest, und so sind aus dem 18. Jahrhundert nächtliche Gewalttaten von Frauen bekannt, über die man sich heute noch wundern darf. Nach solchen Berichten kam eine Gattin auf die Idee, ihrem Ehemann eine Schaufel glühender Kohlen in den im Schlaf offenen Mund zu schieben, und eine andere hat es sogar fertiggebracht, ihrem Beischläfer den Penis mitten in der Nacht abzuschneiden. Wie die Geschichte ausgegangen ist, wird leider nicht erzählt.

Schlafstörungen

Wer in den aktuellen Zeiten Unterhaltungen zuhört, in denen Menschen über ihren Schlaf sprechen, wird in vielen Fällen erfahren, dass sie Mühe mit dem Durchschlafen haben. Man führt diese Art der Störung auf alle möglichen Ursachen organischer, psychischer oder sozialer Natur zurück, ohne dabei auf die Idee zu kommen, dass durchgehendes Schlafen vielleicht gar nicht die natürliche Vorgabe und Fähigkeit eines Menschen ist und die Nächte in der Frühen Neuzeit aus *zwei* längeren Schlafabschnitten bestanden.

Vielleicht gehört es zur evolutionär bedingten Grundausstattung von Menschen, die Stunden der Dunkelheit in solchen getrennten Phasen zu bewältigen, die einfach als erster und zweiter Schlaf zu unterscheiden sind. Der erste Schlaf, der im Englischen auch *dead sleep* (toter Schlaf) heißt, endet in einer Wachphase, bevor man mit dem zweiten Schlaf den Beginn des neuen Tages erreicht, weshalb in diesem Fall auch vom Morgenschlaf die Rede ist. Noch für den Philosophen John Locke war im 17. Jahrhundert klar, dass »alle Menschen in Intervallen schlafen«. Möglicherweise lohnt es sich, zu diesem Zweierrhythmus zurückzukehren. Es gibt Experimente aus den Neunzigerjahren, die erkennen lassen, dass Menschen, die sich an den natürlichen Helligkeiten orientieren und ohne Kunstlicht auskommen, tatsächlich zum zweiphasigen Muster des Schlafens aus vorindustriellen Zeiten zurückfinden. Sie liegen erst eine Zeit lang ruhig in ihrem Bett, schlafen dann etwa vier Stunden und werden dann für zwei bis drei Stunden wach, bevor sie erneut für vier Stunden einschlummern und sich nach dem zweiten Aufwachen am Morgen des neuen Tages sehr wohl fühlen.

Wer zum ersten Mal von einem durch eine längere Wachperiode unterbrochenen Schlafmuster hört, will zum einen wissen, was Menschen in dieser Phase zwischen dem ersten und zweiten Schlaf gemacht haben. Zum anderen erinnert er sich vielleicht daran, dass es unter Mönchen eine Regel gab, die verlangte, sich nachts zu erheben und aufzustehen, um mit Gott zu sprechen, zu ihm zu beten und auch in den dunklen Stunden seine Herrlichkeit zu preisen. Üblicherweise denkt man, dass dies eine strenge Forderung an die Disziplin der Mönche war, die ihren menschlichen Schlaf für göttliche Dienste gnadenlos unterbrechen mussten. Aber womöglich verhält sich die Sache genau umgekehrt. Womöglich nutzte der heilige Benedikt mit dem Gebot eines nächtlichen Gottes-Dienstes nur das Muster des unterbrochenen Schlafs dazu aus, den Mönchen eine hilfreiche Handlungsanleitung für das Wachsein in der Nacht zu geben.

Die Trennung zwischen dem ersten und dem zweiten Schlaf kannte man schon vor der Ausbreitung des Christentums, wie zahlreichen literarischen Quellen – unter anderem der *Odyssee* des Homer und der *Aeneis* des Vergil – zu entnehmen ist. Möglicherweise stellt die benediktinische Regel des Gebets zur Mitternacht nicht die Ursache, sondern die Folge der ganz natürlich unterbrochenen Nachtruhe dar.

Für Menschen außerhalb der Klöster gab es neben der Zwiesprache mit Gott auch andere Möglichkeiten, die Wachphase zu nutzen. Manche Philosophen kamen beim nächtlichen Nachdenken darüber zu der Ansicht, dass die Dunkelheit im Verbund mit der abendlichen Stille die Kraft der Reflexion fördere, um mit ihrer Hilfe zwischen den beiden Schlafperioden über Fragen zu meditieren, die größte Vorstellungskraft verlangten. »Erhebe dich am Ende des ersten Schlafs aus deiner Ruhe: Dann ist dein Körper in ausgeglichener

Verfassung, dann trägt deine Seele die geringste Last, dann dringt kein Laut an dein Ohr, und kein Gegenstand lenkt dein Auge ab«, wie bei dem britischen Poeten Francis Quales (1592–1644) nachzulesen ist.

Natürlich konnte man auch etwas anderes unternehmen, wenn der Schlaf eine Pause einlegte, und zu den Empfehlungen der Frühen Neuzeit gehörten das Bereiten und Einnehmen von heißen Getränken ebenso wie der Ratschlag, sich jetzt in aller Liebe um seinen anvertrauten Ehepartner zu kümmern. »Zum Verständnis der frühzeitlichen Bevölkerungsentwicklung ist es von Bedeutung, dass der unterteilte Schlaf vermutlich Schwangerschaften begünstigte, da die Empfängnisbereitschaft im Allgemeinen durch Erholung steigt«, wie A. Roger Ekirch berichtet, um dann fortzufahren: »Tatsächlich kam der in Montpellier tätige französische Arzt Laurent Joubert (1529–1583) im 16. Jahrhundert zu dem Schluss, dass der frühmorgendliche Geschlechtsverkehr für die hohen Kinderzahlen von Bauern, Handwerkern und anderen Arbeitern verantwortlich sei. Da die Erschöpfung viele Arbeiter davon abhielt, direkt beim Zubettgehen mit ihren Frauen zu schlafen, fand der Akt nach dem ersten Schlaf statt, wenn sie mehr Freude daran haben und es besser machen.«

»Unmittelbar danach«, so zitiert der moderne Historiker den Rat des Arztes aus früheren Zeiten, »schlafe man, wenn möglich, weiter, und wenn nicht, dann bleibe man wenigstens im Bett und entspanne sich, während man nett miteinander redet.« Allgemein gab es ärztliche Ratschläge der Art, den Geschlechtsakt, wie das brutale Wort für die zart-wilde Vereinigung von Liebenden heißt, nicht vor dem ersten Schlafen zu vollziehen, sondern kurz vor dem Morgen, und danach noch ein wenig zu ruhen – in hoffentlich tief befriedigter Erschöpfung.

Nachtleben

So schön es im Bett auch sein kann und so gerne sich manch einer oder eine oder beide zusammen dorthin zurückziehen, wenn sie Müdigkeit oder Lust überkommt: In der europäischen Geschichte ist neben einer Entwicklung der Betten und der dazugehörigen Schlaf- und Wachgewohnheiten eine besondere Tendenz zu erkennen, die angelsächsische Historiker wie der in Illinois ansässige Craig Koslofsky *nocturnalization* nennen (was man schlicht und direkt als »Nokturnalisierung« oder, unmittelbar verdeutscht, als »Vernächtlichung« oder »Vernachtung« des Tages bezeichnen kann). Die damit gemeinte Aufhellung der ursprünglichen irdischen Finsternis zur Ablenkung oder Aufschiebung des Schlafs wird vor allem in den Jahren nach 1650 erkennbar. Damals kamen die ersten Theater auf, die abends mit ihren Aufführungen begannen. Und als daneben Tavernen entstanden, die auch nachts noch Getränke anboten und zur Geselligkeit einluden, wurde das Nachtleben möglich. Das hat für viele Menschen schon deshalb bis heute seine Attraktivität bewahrt, weil man dabei immer das Gefühl haben kann, in eine geheimnisvolle, vielversprechende Dunkelheit zu gelangen, sobald man abends das Haus verlässt.

Im weiteren Verlauf des 17. Jahrhunderts war auch schon das Wort Nachtleben im Umlauf. Wohl nicht zufällig fällt diese Entwicklung in die kulturelle Epoche des Barock. Kennzeichnend für diese Zeit ist, dass sich die Grenzen zwischen den einzelnen Kunstgattungen, etwa zwischen Architektur und Malerei, wie auch die zwischen einer Figur und ihrem Hintergrund verwischen – ein deutlicher Unterschied zu der klar gegliederten früheren Kunst der Renaissance. Nun löst sich auch die früher deutliche Grenze zwischen Tag und Nacht auf, und das aktive Leben verlängert sich in die Dunkelheit hinein, was der circadiane Biorhythmus des Menschen möglich macht.

Unter dieser Vorgabe lässt sich gut verstehen, dass im 17. Jahrhundert viele Menschen – vor allem unter den Kunstschaffenden – zu der Einsicht gelangten und in ihre Praxis übersetzten, dass Licht und Schatten unmittelbar zusammenhängen und von der Natur als untrennbar eingerichtet worden sind. Diese irdische Einstellung folgt dem kosmischen Verständnis der Nacht als Schatten der Erde. Begleitet ist sie von einer dynamischen Sicht der Abläufe in der Natur: Man ist ihnen nunmehr nicht einfach ausgeliefert, sondern kann auf sie reagieren und sich sogar mit ihnen anfreunden. Die Vernächtlichung des Lebens konnte beginnen, und die neue Nacht wurde besonders an den Höfen zelebriert und als wichtiger Teil ins Leben integriert.

Parallel dazu kennt die Kunstgeschichte das, was sie die Entdeckung der Nacht in der christlichen Kultur Europas nennt. In den Bildern des Barock taucht die Dunkelheit als ein aktives Element auf, was durch den italienischen Ausdruck *Chiaroscuro* ausgedrückt wird, der sich mit »Hell-Dunkel-Malerei« übersetzen lässt. Die dabei im Bild erreichte Betonung der im Licht gezeigten Objekte durch die sie umrahmende Dunkelheit lässt sich als Stilmittel bis in die Fotografie des 20. Jahrhunderts verfolgen; den Autor beeindrucken vor allem die Schwarz-Weiß-Bilder des amerikanischen Landschaftsfotografen Ansel Adams, etwa die herausragende Aufnahme der »High Sierra from Lone Pine«.

Zu der Entdeckung der Nacht gehört auch das damals aufkommende Verlangen, die Kirchen nach Einbruch der Dunkelheit aufzusuchen, um Jesus nach dem Vorbild des Pharisäers Nicodemus in der Nacht zu treffen, wie es im Johannesevangelium beschrieben worden ist. Im Rahmen der christlichen Tradition wurde die Nacht in drei Abschnitte unterteilt, die – für die Gegenwart vielleicht etwas ungewohnt – als asketisch, apophatisch (unnennbar, unaussprechlich) und mystisch voneinander unterschieden wurden. Mit der asketischen Nacht erfasste man das Ende aller Sehnsüchte und Sinnlichkeiten, die zur Tagwelt gehörten und der jetzt erforderlichen Ruhe eher im Wege standen. Mit der apophatischen Nacht sollte ausgedrückt werden, dass der Weg zu Gott genauso im Dunkel liegt wie alle anderen menschlichen Bemühungen des Verstehens auch. Und mit dem Begriff der mystischen Nacht sollte die Möglichkeit angedeutet werden, dass es in diesen Stunden ohne Licht zu einer erstrebenswerten

Vereinigung der Seele mit Gott kommen könne, die dadurch ihre Befreiung und den Zustand der gelassenen Zufriedenheit erlangt.

Diese knappe Aufzählung von Grundhaltungen zur Nacht wird hier vor allem deshalb angeführt, weil die Menschen trotz Dominanz des christlichen Glaubens nicht bei dieser Einteilung stehen geblieben sind. Im frühen 17. Jahrhundert wurde der oben angeführten Dreifaltigkeit der Nacht, die sich an der Trinität Vater-Sohn-Heiliger Geist orientierte, eine vierte Art von Dunkelheit an die Seite gestellt, die man »epistemisch« nannte (was mit »erkennend« oder »zur Erkenntnis führend« übersetzt werden kann). Gemeint war und ist damit der Gedanke, dass das Obskure der Nacht erst durch die Klarheit des Tages deutlich wird, Tag und Nacht also nur in Relation zueinander zu verstehen sind und zusammengehören. Derartige Gedanken kannte man schon als den berühmten überlieferten Grundsatz des römischen Rechts *audiatur et altera pars*, mit dem ausgedrückt wird, dass man in einem Streit – vor allem in einem Rechtsstreit – immer die Meinungen beider Kontrahenten anhören muss, bevor man sich ein Urteil zutrauen darf. Der Lutheraner Daniel Czepko (1605–1660) drückt diese grundlegende Überzeugung für die von ihm erlebte christliche Welt mit den weiterführenden Worten aus: »Jeder durchs andere,/ Ewigkeit durch Zeit, Leben durch Tod./ Durch die Nacht zum Licht;/ Und durch die Menschen sehe ich Gott.«

Der deutsche Philosoph und Mystiker Jacob Böhme (1575–1624) hielt damals fest, was man gar nicht genug betonen und in Erinnerung rufen kann: dass es Dunkelheit geben muss, damit Licht sein kann, und Menschen Dunkelheit erfahren müssen, um das Licht zu erkennen und zu schätzen. Böhme ging sogar noch weiter und erhob die Zusammengehörigkeit von scheinbar unvereinbaren Widersprüchen zum eigentlichen Prinzip des Erkennens, indem er die folgenden schönen Gedanken formulierte: »Das Böseste muss des Besten Ursache sein. Das Ja kann nicht vom Nein getrennt werden. Sie sind eins, aufgeteilt in zwei.« Böhme fertigte dafür eigens eine Zeichnung an, der er den Titel »Die Philosophische Kugel« gab. Darin hat er Licht und Dunkelheit einander gegenübergestellt, um dem Menschen ein »rechtes Sehen« zu ermöglichen.

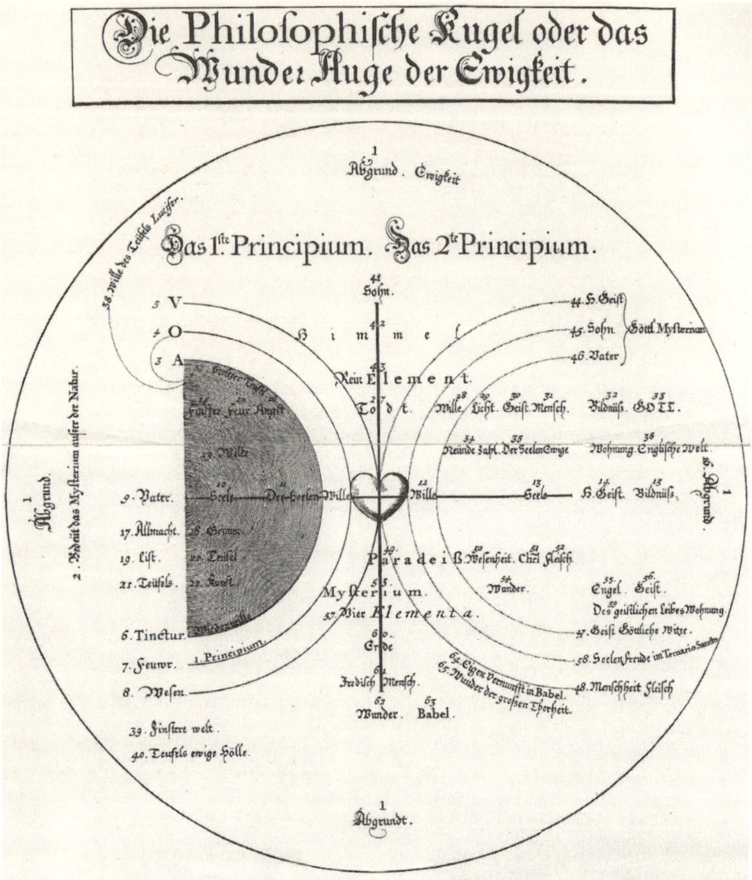

Die philosophische Kugel des Mystikers Jacob Böhme, die veranschaulicht, dass es Dunkelheit braucht, um das Licht zu sehen.

Später im 17. Jahrhundert verfasste ein aus Münstereifel stammender Bürgermeister namens Hermann Löher (1595–1678) eine »Hochnötige Unterthanige Wemütige Klage der Frommen Unschültigen«, die als moralische Anklage der Hexenverfolgung zu lesen ist und für die Angeklagten das Recht verlangte, ebenfalls gehört zu werden. *Audi et alteram partem*, »Hört auch die Gegenseite«, so kann man es auch in dem sogenannten Brillen-Marter-Traktat lesen, das auf den Sauerländer Pfarrer Michael Stappert (1590–1663) zurück-

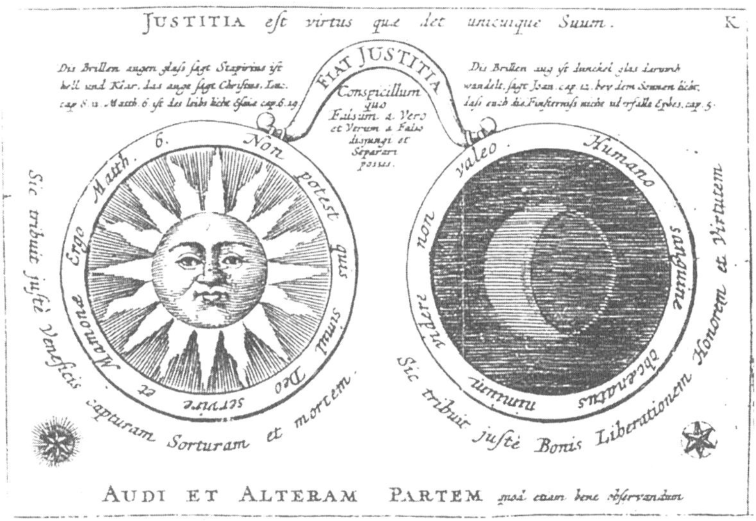

Die Darstellung einer Brille aus dem 17. Jahrhundert illustriert die Weisheit *Audi et alteram partem*: Gerechtigkeit gibt es nur, wenn beide Seiten zu Wort kommen.

geht und in einer dazugehörigen Zeichnung eine Brille zeigt, in deren einem Glas die Sonne zu sehen ist, während im anderen Glas die Nacht durch den Mond angedeutet wird. Gerechtigkeit kann nur werden, wenn man die Dinge durch beide Gläser betrachtet, um auf diese Weise das Falsche vom Wahren und das Wahre vom Falschen zu trennen. Unter dem Brillenbügel wird dies eigens auf Lateinisch festgehalten: *Falsum a Vero et Verum a Falso*. Allerdings wurde dieser Vorschlag in den damals in religiöser Hinsicht aufgeheizten Zeiten niemals in die Praxis umgesetzt, konnte also nicht dazu beitragen, vielen unschuldigen Frauen, die als Hexen verfolgt wurden, Folter und Tod zu ersparen.

Wenn es auf den ersten Blick auch etwas abwegig erscheinen mag: Die Gegenüberstellungen von Schwarz und Weiß, von Nacht und Tag, von Licht und Schatten könnte man durchaus als die europäische Variante des chinesischen Yin-Yang-Symbols deuten, das viele Jahrhunderte vor Christi Geburt entworfen worden und in Gebrauch gekommen ist. Das Zeichen vereinigt das weibliche Dunkel (ursprünglich der Nordhang eines Berges) mit der männlichen

Helligkeit (ursprünglich das Südufer eines Flusses), und es tut dies im Rahmen eines Kreises. Zusätzlich ist durch Punkte zu erkennen, dass jedes der beiden gegenläufigen Prinzipien sein Pendant auslöst, sobald sein Höhepunkt erreicht ist. In der Mitte der Nacht beginnt der Tag, und am Mittag eines Tages hebt schon die Nacht an, die eine gleichwertige Zeit ist.

Die Nacht an den Höfen

Mit den universal gültigen Ideen von Jakob Böhme dringt eine Menge Licht in die finstere Nacht einzelner Menschen, und mit dieser Vorgabe lässt sich gut verstehen, warum in diesen Jahren die Tendenz zur Vernächtlichung umfassend in Gang kommt und konkrete Spuren im gesellschaftlichen Leben hinterlässt. In Deutschland lud man nun nach Einbruch der Dunkelheit häufig zu erleuchteten Festen ein, die den Gastgebern Prestige einbrachten, bei den Gästen und Zuschauern als Zeichen von beneidenswertem Luxus galten und von vielen bewundert wurden. In Dresden veranstalteten die sächsischen Herzöge im Februar 1687 ein »Festival der Planeten«, das einen Monat lang dauerte und viel öffentliche Aufmerksamkeit auf sich zog.

In diesen Jahren zeigt sich die Nokturnalisierung nicht zuletzt auch in der Einrichtung von Bühnen und den dazugehörigen Theaterveranstaltungen. Die Nutzung der Dunkelheit entfaltete sich dabei in drei Stufen, wie Historiker des Theaters zu berichten wissen. Zunächst setzte man einfache Lichteffekte ein, ohne dass mit der Szenerie viel Aufwand getrieben wurde. Vor allem in den Anfängen blieb sie flach; doch bald darauf wurden erste perspektivische Bühnenbilder entworfen, und nun diente das Licht zur Erzeugung bestimmter Illusionen, etwa von Tiefe und Weite. Und schließlich entstand die vollkommen perspektivisch ausgerichtete Barockbühne, wie sie bis heute bekannt ist. Diese Bühne wurde seinerzeit sowohl als höchste technische als auch als wichtigste monarchische (politische) Errungenschaft angesehen. Die Vorstellungen fanden dabei in einem dunklen Theater statt, das heißt, die Zuschauer saßen die ganze Zeit über in einem unbeleuchteten Raum, wie es sich für die Nachtzeit gehört. Sie konnten und sollten ihre Aufmerksamkeit in diesen Stunden ungestört dem kontrastreichen Licht auf der Bühne zuwenden, auf der eine zweite Wirklichkeit vorgespielt und vorgespiegelt wurde.

Mit dieser Aufführungspraxis zu später Stunde ging in der damaligen feinen Gesellschaft die Entwicklung der Gewohnheit einher, nicht mehr vor Mittag aufzustehen und sich später – falls man sich das leisten konnte – ein »Candlelight Dinner« zu gönnen. Im Laufe der kommenden Jahre verschoben sich die diesbezüglichen Gewohnheiten der Menschen insgesamt ziemlich gründlich, wie aus einem Bericht hervorgeht, der während der Regentschaft Napoleons in Paris angefertigt wurde: »Vor zweihundert Jahren dinierten die Pariser zur Mittagszeit; nun diniert ein Handwerker um 2 Uhr, der Kaufmann um 3 Uhr, die Angestellte um 4 Uhr, die Parvenüs um 5 Uhr, der Minister um 6 Uhr, und sie verlassen den Tisch zu einer Zeit, als unsere Väter Platz nahmen, um das letzte Mahl des Tages zu sich zu nehmen.«

Bei solchen Entwicklungen und Verschiebungen verwundert es nicht, dass jemand eine »Hymne an die Dunkelheit« verfasste. Darin wird die Nacht als das Spielfeld Gottes bewundert, auf dem Schönheit, Ordnung und Frömmigkeit entstehen, also einige der wesentlichen Werte dieser Zeit. Die Hymne stammt von dem anglikanischen Geistlichen John Norris of Bemerton (1657–1711), dessen Gedanken von den Monarchen und Königen gerne aufgenommen wurden. Sie fühlten sich selbst als die Lichtgeber auf Erden, und diese Sonnenkönige begannen deshalb, in der Nacht zu feiern und den Tag anders zu nutzen. Als eine Folge davon änderte sich die Architektur der Höfe, da jetzt große Säle für Bälle und andere Festlichkeiten benötigt wurden, und so entstanden unter anderem der Herkulessaal in der Münchener Residenz, der Spiegelsaal von Versailles und der Riesensaal im Dresdener Residenzschloss (der fast sechzig Meter lang und mehr als ein Dutzend Meter breit war, bevor er im Zweiten Weltkrieg den Bomben der Alliierten zum Opfer fiel). Diese weitläufigen

Innenräume wurden von zahllosen Kerzen erleuchtet, damals ebenfalls ein Ausdruck von Reichtum. Mit solchen Festivitäten unterstrich die höfische Gesellschaft die neue Bedeutung der Nacht für die von ihr geprägte europäische Zivilisation und Kultur.

Die Straßenbeleuchtung

Im Jahre 1786 erschien in dem in Weimar verlegten und viel gelesenen *Journal des Luxus und der Moden* ein Aufsatz des Herausgebers Friedrich Justin Bertuch (1744–1822), der sich dem Thema »Moden in Gebrauche und Eintheilung des Tages und der Nacht zu verschiedenen Zeiten und bei verschiedenen Völkern« widmete. In diesem Beitrag ist zu lesen, dass sich Könige und andere Menschen früher gegen acht Uhr abends zurückzuziehen pflegten, um sich anschließend im privaten Kreis zu versammeln; doch inzwischen sei acht Uhr abends die Zeit für den Beginn sämtlicher Theatervorstellungen, nicht nur derjenigen bei Hofe. Der Verfasser kommentiert es mit dem Satz: »Die Vergnügen des Abends sind die herrschende Mode unserer Zeit.«

Dieser Situation im 18. Jahrhundert, als die europäische Kultur die Epoche der Aufklärung erlebte, war eine technisch-zivilisatorische Umwälzung vorausgegangen, nämlich die Einrichtung von Straßenbeleuchtung. Erst setzten die Bewohner der Städte dazu Laternen ein, in denen Kerzen brannten, dann kamen Öl- und noch später Gaslampen für den öffentlichen Gebrauch auf. Die Geschichtsbücher zählen als Pioniere der Stadtbeleuchtung Paris (1667), Lille (ebenfalls 1667) und Amsterdam (1669) auf, bevor Hamburg (1673), Turin (1675) und Berlin (1682) folgten, und sich Kopenhagen (1683), London (ab 1684 und massiv bis 1694) und Leipzig (1701) anschlossen. Die Erhellung der Straßen in den Stunden der Nacht diente dabei natürlich dem Schutz vor der Dunkelheit und also der Sicherheit der braven Bürger. Sie zielte aber ebenso darauf ab, die Städte zu verschönern und die Bereitschaft der Stadtmenschen zum Nachtleben zu ermutigen und zu fördern.

Spätestens an dieser Stelle muss auf den Unterschied zwischen Stadt und Land hingewiesen werden. Während die städtische Nacht mittlerweile so etwas wie eine neue Art von Öffentlichkeit hervorgebracht hatte, nicht zuletzt durch das Kneipenleben, diente das ländliche Gegenstück nach wie vor überwiegend dem Ausruhen nach der anstrengenden Arbeit des Tages. Viele Erzählungen aus dieser Zeit handeln von den Mühen der Liebenden, in der Nacht zum gemeinsamen Schlaf zu kommen, wobei es kaum überrascht, dass die Kirchen und ihre Vertreter vieles versuchten, um diese private Variante des Nachtlebens zu unterbinden. Zur Freude der Knaben und Mädchen konnten sie sich damit aber nicht wirklich durchsetzen.

In der Stadt probierten die staatlichen Behörden zwar Ähnliches, doch mit ebenso geringem Erfolg wie die kirchlichen Organe. Mit der Straßenbeleuchtung hatten sich unter den Bürgern der Stadthäuser einige Menschen zu Nachtschwärmern entwickelt, was von verärgerten Zeitgenossen als »Kolonialisierung der Nacht« bezeichnet wurde. Die Menschen, die die oben erwähnte neue Form der Öffentlichkeit ausmachten, trafen sich unter anderem in Salons, Kaffeehäusern und Tavernen, um hier in vertrauter Runde die Lage der Dinge zu erörtern und das Leben zu genießen. Dies veranlasste die Behörden zum Beispiel in Frankfurt am Main, ab 1702 einen sogenannten Rechenmeister anzustellen, der dafür zu sorgen hatte, dass eine Sperrstunde eingehalten wurde und die Kneipen zeitig ihre Pforten schlossen. Richtig durchsetzen konnten sich die städtischen Anweisungen aber ebenso wenig wie die kirchlichen Mahnungen unter dem verliebten Landvolk.

In der Nacht fühlten sich die Menschen gerne selbst verantwortlich. Allgemein betrachtet führte dies dazu, dass die Stunden der Dunkelheit zum Raum des freien und ungebundenen Denkens wurden, das man bald als »Aufklärung« feierte. Dabei konnte es auch passieren, dass Menschen den Mut bekamen, mit ihren Phantasien die Sphäre der Vernunft hinter sich zu lassen und in höhere – transzendente – Regionen aufzusteigen. Dies lockte sie vor allem, wenn es spät genug war und das Gehirn den Schlaf mehr oder weniger besiegt hatte.

Mit der aufkommenden Straßenbeleuchtung und dem zunehmenden Eindringen des Lichts in die diffuse Ängste auslösende Finsternis verlor aber auch die christliche Erfindung namens Hölle ihren Schrecken. Im 17. Jahrhundert kam es in Europa zu dem, was der Historiker Daniel P. Walker (1914–1985) in seinem 1964 erschienenen Buch *The Decline of Hell* genannt hat; im Schein der äußeren und inneren Lampen – in den Straßen und im Denken – konnte die Hölle niemandem mehr Angst einjagen. Nun verwandelte sich deren Herr, der Lichtträger Luzifer, sogar in eine Respektsperson. Wohlgemerkt wurde ja nur die Hölle abgeschafft, nicht aber der Teufel. Er wurde und wird weiter dazu benutzt, das durchgängig gültige Tag-und-Nacht-Prinzip des Jakob Böhme im alltäglichen Diskurs einzusetzen. Stille bemerkt man bekanntlich erst durch ein plötzliches Geräusch. Gott versteht man erst durch den Teufel. Das Böse bekommt seine Bedeutung erst durch das Gute. Und dem Menschen kann man sich nur nähern, indem man das Wechselspiel zwischen dunklen und hellen Seiten berücksichtigt.

Das Tag-und-Nacht-Prinzip des Jakob Böhme kann sich durchaus als tragendes Element der westlichen Kultur erweisen, wie noch genauer erläutert wird, wenn die Nachtseite der Wissenschaften zu verhandeln ist. Vorweg sei hier der Hinweis erlaubt, dass der Helligkeit der Aufklärung schon bald die Herrlichkeit der Romantik folgen wird. Die Aufklärung verkündete zwar unüberhörbar ihre Ansicht, dass Menschen, wenn sie vernünftige Fragen über die Welt stellen und sie vernünftig beantworten, über sicheres Wissen verfügen. Doch die Romantik erinnerte die Vertreter der Aufklärung daran, dass dies möglicherweise nur für Fragen nach *Tatsachen* gilt, nicht aber, wenn *Werte* eine Rolle spielen. Wenn sich ein Mensch für oder gegen etwas zu entscheiden hat – für den soldatischen Dienst mit der Waffe oder gegen ihn, für die gesetzliche Einrichtung einer Schulpflicht oder gegen sie, für die öffentliche Förderung einer bestimmten Form von Wissenschaft oder gegen sie –, dann kann er zwar viele Argumente in dem dazugehörigen Streit zur Kenntnis nehmen, aber sie helfen kaum bei seiner Entscheidung, die mehr von dem beeinflusst ist, was ihm wertvoll und wichtig zu sein scheint.

Diese Festlegung kommt weniger durch die kritische Vernunft und mehr durch ein inneres Gefühl zustande, das man *Wertebewusstsein* nennen kann. Es muss in jeder Situation neu befragt und tätig werden, und es kann nur aus der Dunkelheit kommen – aus der inneren Nacht eines Menschen, von der die Aufklärer nichts wissen wollen, in der die Romantiker aber die Möglichkeiten des Menschen verorten. Der aufgeklärte und verantwortlich entscheidende Bürger braucht eben beides, wie das Tag-und-Nacht-Prinzip des Jakob Böhme vorgestellt und vorgeführt hat. Ohne ihr inneres Nachtleben wäre das private Leben der Menschen sehr viel ärmer und das öffentliche ebenso.

KAPITEL 4

Das Wunder des Schlafs

Was der Beschreibung sich entzieht:
Geheimnis das sich selbst bewahrt.
Ein schwarzes Licht. Ein stummes Lied:
Da ist noch mehr von dieser Art.

GÜNTER KUNERT

Der schottische Schriftsteller und Rechtsanwalt James Boswell (1740–1795) hielt den Schlaf für eines der großartigsten Wunder der Natur und trennte den Schlummer vom Tiefschlaf, den er offenbar nur mit einem Bettgenossen erleben konnte, also dann, wenn ein Freund sich darauf einließ, unter einer vermutlich breiten Decke das hoffentlich bequeme Bett mit ihm zu teilen – am besten ohne zu schnarchen oder zu schnaufen. Vielen Menschen, die in der Dunkelheit der Nacht Mühe haben, zur ersehnten Bettruhe zu finden, kommt es durch die historisch belegten Zeiten hindurch so vor, als müssten sie auf den Schlaf warten wie auf eine großzügige Gabe, über die sie selbst nur wenig entscheiden können.* Sie spüren spätestens dann, dass sie nicht so ohne Weiteres Herr im Haus ihres eigenen Schlafs sind, wenn er sie auf der einen Seite zu oftmals

* *Moderne Schlaflosigkeit:* Zu den schönen Erfahrungen meiner Jugend gehört das Lesen vor dem Einschlafen im Bett. Kurz bevor einem die Augen zufallen, löscht man die Lampe, und ab geht es in die bewusstlose Dunkelheit. Doch die Zeiten ändern sich und mit ihnen die Bücher, die nun E-Books sein können. Und die haben ein Display mit blauem LED-Licht, das den modernen Menschen den Schlaf raubt. Wer im Bett ein E-Book liest, schläft schlechter ein und wacht schläfriger auf, wie die Mediziner festgestellt haben. Das blaue Licht wirkt über das Auge wie Kokain im Kopf. Es stimuliert. Schlaftabletten bieten keine Lösung.

höchst ungelegener Zeit überwältigt oder sich auf der anderen Seite trotz aller Vorbereitungen einfach nicht einstellen will oder allzu häufig unterbrochen wird. Zu viele Gedanken gehen manch einem Schlafsuchenden zudem noch im Kopf herum, nachdem er sich in sein Bett gelegt hat.

Dieser meist als unglückselig empfundene und als Schlaflosigkeit bekannte Zustand der offen bleibenden Augen im Bett ist keine Erfahrung, die Menschen der Neuzeit auszeichnet (oder eher peinigt). Die vielfach unsäglichen Mühen mit dem Schlaf waren ihnen vielmehr bereits in den Jahren der Romantik vertraut. »Die Ideen in meinem Kopf des Nachts gehen mehr wie Ratzen und Mäuse umher, ich musste mich erst an sie gewöhnen, ehe ich einschlafen konnte«, klagt etwa der Göttinger Gelehrte und Aphoristiker Georg Christoph Lichtenberg (1742–1799). Und der Dichter Jean Paul (1763–1825) verfasste einen längeren Aufsatz über »Die Kunst, einzuschlafen«. Er bemühte sich darin systematisch darum, eine »Selbsteinschläferkunst« zu ersinnen, und schlug vierzehn Mittel – keine Medikamente – vor, die letztlich alle auf dasselbe hinauslaufen, nämlich darauf, jedes fortlaufende und jetzt unerwünschte Denken im wachen Hirn in öder Monotonie enden zu lassen und damit endlich zu seinem bewusstlosen Ende zu bringen, das den längst fälligen Schlaf bedeutet. Dabei fällt auf, dass bis heute beliebte Schlaflieder für Kinder oftmals sinnlose Satzkombinationen darstellen, die alles Mögliche bewirken, nur kein Nachdenken oder Verstehen-wollen im Kopf der müden Kleinen in Gang setzen sollen.

Was die Kinderzeit angeht, so wurde in meinen dazu zählenden Tagen den Schlafsuchenden einfach geraten, Schäfchen zu zählen, von denen man sich vorstellen sollte, dass sie über einen Zaun sprangen, und zwar so viele und so lange, bis die Gleichförmigkeit dieses Vorgangs einen so ermüdete, dass sich der Schlummer einstellte. Mir selbst ist während des Zählens der mich immer wieder und bis heute verwundernde Gedanke gekommen, dass nach dem langen Warten mit dem endlich erfolgreichen Einschlafen das Vergehen und Erleben von Zeit abbricht und die dazugehörigen bewussten Erfahrungen erst wieder einsetzen, wenn man Stunden später – also nach einem gewaltigen Zeitsprung – am nächsten Morgen erwacht. Man schlägt die Augen auf, blickt in die Welt hinaus und kann sich wie der durch das »Herannahen der Sonne« geweckte Faust darüber freuen, dass sie noch da ist: »Du Erde warst auch diese Nacht beständig und atmest neu erquickt zu meinen Füßen.«

Erleichterung ist ein mildes Wort für die Gemütslage des erwachenden Helden. Denn diesem Faust, der sich da auf der Bühne erhebt, hat Goethe die ungeheuer anmutende Möglichkeit gegeben, sich »das ganze Verbrechen vom Leibe« zu schlafen, das er im ersten Teil des Dramas begangen hat. Dieses Verbrechen schließt den Tod des geliebten Gretchens, ihrer Mutter und ihres Kindes ein, wie der Literaturwissenschaftler Peter von Matt verwundert anmerkt, wenn er »Vom Schlaf und den Schlafenden in der Literatur« erzählt. Das Schlafen steht bei Goethe »für die grundsätzliche Regenerationskraft des Lebendigen«, wie von Matt seinen Lesern zu bedenken empfiehlt, »nicht nur der körperlich Kranken, sondern auch der seelisch Zerrütteten«. Und die von Schuld Gezeichneten können sich im Schlaf sogar von ihrer schrecklichen Schuld befreien, ihre Vergangenheit hinter sich lassen und nach vorne blicken; bei Faust in den dramatischen Worten, von nun an – also nach erfolgter Untat – »zum höchsten Dasein immerfort zu streben«. So erlaubt es ihm jedenfalls sein Dichter, was man als Teil eines Kunstwerks zur Kenntnis nehmen und nicht unbedingt als vorbildlich für das normale Leben betrachten sollte.

Doch viele Menschen haben in heutiger Zeit auch mit reinem Gewissen mit dem Schlaf zu kämpfen. Dabei fällt mir ein, dass in meinen Kindertagen ein ungewöhnliches Einschlafmittel entdeckt wurde und gewissermaßen auf den Markt kam, allerdings als Nebenwirkung. Gemeint sind die ersten – damals noch ziemlich kleinen und schwarz-weiß flackernden – Fernsehgeräte, die von den Fünfzigerjahren an in die deutschen Wohnstuben gelangten und sich bald immer mehr ausbreiteten. Bei uns zu Hause konnte mein Vater vor der Flimmerkiste im Laufe des Abends regelmäßig erst locker eindösen und dann fest einschlafen. Das mag angesichts des rasch wechselnden und unruhigen Lichts des Bildschirms auf den ersten Blick unverständlich erscheinen, doch mit einem zweiten, wissenschaftlich geleiteten Blick lässt sich die Müdigkeit, die viele Fernsehzuschauer unabhängig von der jeweiligen Programmqualität im Sessel überwältigt, gut erklären.

Wie jeder aus eigener Erfahrung weiß, stellt das Fernsehbild die gezeigten Gegenstände und Gesichter keineswegs scharf, sondern höchst flimmernd und verrauscht dar. Konkret treffen quirlige Elektronen auf zappelnde Leuchtelemente, die dann durch ihr Aufflackern die wechselnden Fernsehbilder ergeben. Sie gehen dabei mit den ungeheuren Bewegungen und Schwankungen einher, die erst in jüngster Zeit mit der neuen Technik des High Definition Television (HDT) reduziert werden können und in den modernen Apparaten mehr oder weniger verschwunden sind. Das moderne Fernsehgerät verliert auf diese Weise seine physiologische Funktion als Einschlafhilfe, weil die an das unscharfe Rauschen auf den herkömmlichen Schirmen gebunden ist. Während jemand auf seinen eingeschalteten Apparat starrt – gemeint sind die alten Modelle –, versuchen seine Augen unwillkürlich, das sich ihm zeigende Bild scharf zu stellen, wie Menschen es beim gewöhnlichen Sehen mühelos und erfolgreich hinbekommen (auch wenn sie dazu manchmal eine Brille benötigen). Beim Fernsehen klappt dieses Einstellen aus den eben genannten elektronischen Gründen nicht, weil es da nichts gibt, was scharf ist. Aber diese physikalische Tatsache hindert das Auge nicht daran, es weiter zu versuchen. Es ist derart fixiert auf seine biologische Aufgabe, dass es nach und nach alle Aufmerksamkeit des Gehirns dafür in Anspruch nimmt, was schließlich dazu führt, dass das Gehirn des Zuschauers in seinem Sessel in den Döse-Modus gerät und abschlafft.

Bei Kindern führt diese Ruhigstellung im Gehirn häufig dazu, dass sie die Zunge heraushängen und ihren Kopf nach vorne kippen lassen. Bei Erwachsenen kann dasselbe passieren, und dann setzt der Schlaf ein. Die Augen fallen zu, und man sollte es jetzt nicht mehr allzu weit bis zum eigenen Bett haben. Und wenn man in dem nicht weiterschlafen kann, lohnt es sich, erneut vor der Glotze Platz zu nehmen. Hier fallen die Augen garantiert zu.

In der Literatur ist wie im Alltag oft vom Schlaf die Rede, wobei dieser Zustand der Ruhe häufig gelobt wird. So äußert zum Beispiel Sancho Pansa seinem ritterlichen Herrn Don Quixote gegenüber die Ansicht: »Schlaf ist das Gegengewicht, das den Herrn mit dem König und den Schlichten mit dem Klugen gleichstellt«. Und Shakespeares Macbeth spricht vom »Schlaf, der des Grams verworr'n Gespinst entwirrt«. Im alltäglichen Gespräch kann man oft die aus dem Mittelalter stammende Wendung vom »Schlaf des Gerechten« hören, auf den man schon einmal neidisch werden kann, und vielfach ist auch vom »süßen Schlaf« die Rede, der die von der Tagesarbeit müden Glieder wieder zu Kräften kommen lässt.

»Was hattest du je bessres fragt/ die Stimme aus dem Sonstwo dich/ und immer wenn es morgens tagt/ kennst du die Antwort sicherlich./ Der Schlaf der einzig deiner war/ ein Schneckenhaus darein du fliehst/ gewunden fremd und sonderbar,/ und das du hinter dir verschließt« – doch bot der Schlaf tatsächlich das schnuckelige Schneckenhaus, von dem in dem hier auszugsweise zitierten Gedicht von Günter Kunert die Rede ist? Stellte er in vergangenen Zeiten den angestrebten Ort der Zuflucht dar, an dem ein Mensch völlig unbeschwert und sorgenfrei existieren und sich grundlegend erholen kann?

Wer diesen Fragen in der Literatur nachgeht, kommt eher zu einer anderen Ansicht. Ein Gebet aus dem 17. Jahrhundert handelt zum Beispiel von »Schrecken, Erscheinungen, Geräuschen, Träumen und Schmerzen, die Menschen nachts plagen«, und es gibt zu allen Zeiten eine Menge Klagen über die erhöhte Schmerzempfindlichkeit in den Stunden der Ruhe. Viele Personen leiden im Schlaf und sehnen sich nach dem Licht des neuen Tages, wenn das Geschenk des Himmels namens Nachtruhe nicht kommen will.

Besonders berühmt und bekannt ist die Anfangsszene aus Marcel Prousts Romanwerk *Auf der Suche nach der verlorenen Zeit*, in dem der Ich-Erzähler in erster Linie von seinen eigenen Schwierigkeiten beim Einschlafen erzählt und dabei über das Löschen der Lampe zur mitternächtlichen Stunde zu sprechen beginnt. In diesem

Zusammenhang stellt er sich einen Kranken vor, der, sofern er in einem unbekannten Hotel übernachten muss und dort von einem Anfall geweckt wird, »sich freut, unter der Tür einen Lichtstreifen zu bemerken. Gottlob, schon Morgen! Gleich wird das Hauspersonal kommen, wird man ihm Hilfe bringen. Das Hoffen auf Erleichterung gibt ihm Mut zu leiden. Hat er nicht eben Schritte gehört? Die Schritte kommen näher, entfernen sich wieder. Und der Lichtstreifen unter der Tür ist verschwunden. Es ist Mitternacht; man hat soeben das Gaslicht gelöscht; der letzte Dienstbote ist fort, und nun gilt es, unabänderlich die ganze Nacht hindurch zu leiden.« Proust spricht anschließend vom »Kaleidoskop der Dunkelheit«, das den Schlaflosen umgibt, ohne ihn besänftigen zu können.

Den allzu vielen Schlafsuchenden und Wachliegenden auf der Welt haben Manfred Koch und Angelika Overath ein eigenes Lesebuch mit dem Titel *Schlaflos. Das Buch der hellen Nächte* gewidmet. Es erzählt unter anderem von zahlreichen Menschen, die »liebeswach« daliegen und dabei die schmerzenden einsamen Stunden zählen, in denen sie vergeblich darauf warten, dass sich der ersehnte Zustand des Glücks einstellt, für den sie den Schlaf halten. Er gibt Menschen dieses freudvolle Wohlgefühl tatsächlich, und zwar bereits vom Anfang der europäischen Philosophie an, als Sokrates die Ansicht äußerte, dass es kaum etwas im Leben eines Menschen gebe, das der Wohltat des Schlafs gleichkomme. Sie sei allerdings nur zu erreichen, wenn es gelänge, das aufgewühlte Innenleben und die umherjagenden Gedanken zu beruhigen – eine Vorstellung, die die europäische Kultur durchzieht. »Schütz mich vor meinem Denken, meinem forschenden Gewissen, das all seine Kraft für die Dunkelheit sammelt, um dort wie ein Maulwurf zu wühlen« – so heißt es in dem Gedicht »To sleep« des englischen Romantikers John Keats, der darin auch den Ausdruck des »göttlichen Vergessens« prägt (*forgetfulness divine* in der Muttersprache des Dichters).

Schlafstörungen können viele Gründe haben, und sie gehören offenbar bereits seit der Frühen Neuzeit durchgehend zur menschlichen Geschichte. Nur gab es damals kaum Ärzte, die sich dieser Probleme annehmen konnten. In seiner *Anatomie der Melancholie* aus dem Jahre 1621 hält der englische Schriftsteller und anglikanische Geistliche Robert Burton (1577–1640) seine Beobachtung fest, dass das unfreiwillige Durchwachen der Nacht »ein Symptom ist, unter dem schwermütige Menschen leiden«, wobei ihm klar ist, dass das Wachsein zur unpassenden Zeit »ständig Sorgen, Ängste und Kummer hervorbringt«. Sein Zeitgenosse, der als Arzt tätige Geistliche Richard Napier (1559–1634), stellte bei seinen Patienten fest, dass Schlaflosigkeit zu den häufigsten Krankheiten zählte. Immerhin klagten rund vierhundert von etwa zweitausend Personen darüber, leider ohne von Napier die angestrebte Hilfe bekommen zu können.

Einsamkeit und Angst machten vielen Menschen Kummer, und es erwies sich für sie und ihre Angehörigen oftmals als immer schwieriger, zufrieden durch die Nacht zu kommen und ausgeruht zu erwachen. Georg Christoph Lichtenberg begann – nach eigenem Bekunden – an vielen Tagen von vier Uhr in der Frühe an, sich wissenschaftliche Gedanken zu machen und daneben auch über private Sorgen zu grübeln, und er wälzte sich dann lange Stunden hindurch ruhelos in seinem Bett herum, ohne sich dazu entschließen zu können, die ruhelose Nacht abzukürzen und den Tag früher beginnen zu lassen.

Merkwürdigerweise brachten die bislang genannten Schlafstörungen und der Übergang von der ursprünglich eingehaltenen zweiphasigen Nachtruhe zum nicht wirklich gelingenden Durchschlafen niemanden auf die Idee, das Verhalten von Menschen in ihren Betten systematisch und auf wissenschaftliche Weise zu untersuchen. Lichtenberg selbst mahnte an, dass man sich bei dem forschenden Treiben nur auf den wachen Menschen konzentriere und den Schlafenden in Ruhe lasse – was für den gesunden Menschenverstand zwar vernünftig klingen mag, jedoch vor allem daran lag, dass seinerzeit noch Möglichkeiten fehlten, das Schlafen wissenschaftlich zu vermessen. Es sollte bis ins 19. Jahrhundert dauern, bevor erste Mediziner sich mit ihren Methoden daran machten, eine akzeptierte Schlafforschung zu etablieren.

Natürlich gab es schon vorher sowohl Theorien über den Schlaf als auch Vermutungen über die Ursachen von Schlafstörungen, sie haben aber kaum etwas mit dem Bild zu tun, das die aktuelle Wissenschaft namens Somnologie von diesem im Bett verbrachten Lebensdrittel entwirft. Heute kann es höchstens noch amüsieren, wenn der französische Philosoph und Essayist Michel de Montaigne (1533–1592) folgende, nach Kulturen und Nationen differenzierte Gründe für Schlafstörungen anführt: »Einen Deutschen macht es krank, wenn man ihn auf eine Matratze bettet, einen Italiener, wenn man ihm ein Federbett gibt, und einen Franzosen, wenn sein Bett keine Vorhänge hat.«

Natürlich gibt es einige durch äußere Bedingungen verursachte Schlafstörungen, die sich durch die Jahrhunderte gehalten haben. Gemeint ist hier vor allem das Geschrei von Kindern, das früher in den engen Städten Europas – den überlieferten Berichten zufolge vor allem in London – durch das laute Jaulen herumstreunender Hunde ergänzt wurde. Hinzu kam seinerzeit, vor der Einrichtung von Toiletten, der penetrante Geruch, der den Nachttöpfen entströmte. Wohlhabende Herrschaften verfielen deshalb auf den Ausweg, die störenden Quellen des Gestanks in den Kammern der Diener unterzubringen – wobei es der Fantasie des Lesers überlassen bleibt, sich Details auszumalen.

Gedanken zum Schlaf

Was frühe Theorien des Schlafs angeht, so haben sich antike Autoren Gedanken über die Wärme des Blutes gemacht, das in einem Körper zirkulierte und sich zum Abend hin abkühlte, was bedeutete, dass die Hitze in das Innere eines schlafenden Menschen gelangte. Im Mittelalter hat sich die Benediktinerin Hildegard von Bingen

(1098–1179) vielfach zu Fragen der Gesundheit geäußert und zahlreiche Diätvorschläge gemacht. Ein Rezept erläutert, wie man Wein für einen erholsamen Schlaf zubereiten kann, nämlich durch das Erhitzen und die Ergänzung eines Schlucks kalten Wassers (was jeder für sich ausprobieren mag). Hildegard von Bingen sah im Schlaf die Möglichkeit, überstrapazierte Nerven in ein Gleichgewicht zu bringen. Bei Einschlafstörungen empfahl sie, sich in Gedanken auf die vier Elemente Feuer, Erde, Wasser und Luft einzulassen, weil der Mensch dabei in die Mitte dieses Kosmos gerate und zu Gleichgewicht und Harmonie finden könne.

Es dauerte sodann einige Jahrhunderte, bis sich der Schweizer Naturforscher Albrecht von Haller (1708–1777) diesem Thema erneut widmete und den Schlaf mit der Annahme erklärte, Blut verdicke sich dabei im Gehirn und schneide so einem »Spiritus«, den Lebensgeistern, den Weg in die Nervenbahnen ab. Nicht sehr lange danach versuchte der Universalgelehrte und Weltreisende Alexander von Humboldt (1769–1859) das eintretende Bedürfnis nach Schlaf durch einen Mangel an Sauerstoff im Blut zu deuten – weshalb der Gang an die frische Luft belebend sein sollte und ja tatsächlich auch sein kann. Der deutsche Physiologe Eduard Wilhelm Pflüger (1829–1910) meinte am Ende des 19. Jahrhunderts, so etwas wie »lebende Gehirnmoleküle« ausmachen zu können, deren Funktion es sei, das Schlafverhalten einzuleiten und zu überwachen. Allerdings konnte er diese Annahme weder präzisieren noch belegen.

Bei der Frage, welche inneren Vorgänge im Gehirn das Schlafverhalten bestimmen und steuern, lohnt sich ein Rückgriff auf Erzählungen, die viel älter sind als die moderne Schlafforschung. Weiter oben haben wir bereits Macbeths Worte über den die Seele beruhigenden Schlaf zitiert, »der des Grams verworr'n Gespinst entwirrt«. Er sagt dies, nachdem er sein scheußliches Verbrechen begangen und seinen König – ausgerechnet – im Schlaf ermordet hat. Nach der Tat wird er sogleich von Traumbildern erschüttert, in denen eine ungeheure Stimme zu ihm spricht: »Schlaf nicht mehr. Macbeth mordet den Schlaf.« Völlig verzweifelt berichtet Macbeth seiner Frau davon, die in Shakespeares mörderischem Stück das souveräne Denken vertritt. Der Dichter verwehrt ihr den Schlaf des Vergessens: Die inneren Stimmen verdammen Lady Macbeth zum unablässigen Denken – selbst im Schlaf –, und ihr Schlummer wird künftig nie mehr der *innocent sleep* sein, den sich auch ihr Gatte ersehnt. Lady Macbeth muss fortan den »Fluch der offenen Augen« erfahren und ertragen, wie Peter von Matt es in seinem Vortrag über den Schlaf nennt. Da ihre Schuld stets gegenwärtig ist, fällt sie der Schlaflosigkeit anheim.

Damit verliert sie einen Teil des Menschseins, wie es schon früh die *Upanishaden*, die Heiligen Schriften Indiens, erfasst haben, die vermutlich ein paar Jahrhunderte vor Christi Geburt entstanden sind. Darin werden vier Formen des Menschseins oder Zustände des Daseins unterschieden, die sich bei allen Angehörigen unserer Art finden lassen. Dieses Quartett lässt sich zwar einfach aufzählen, nämlich als *Wachen, Schlafen, Träumen* und *Selbstsein*, die Kombination dieser vier Komponenten wirft dennoch viele Fragen auf. Das *Selbstsein* zum Beispiel ist in der indisch-philosophischen Tradition mit dem verbunden, was hinduistische Texte als *Atman* kennzeichnen. Dieses Wort bedeutet Lebenshauch und soll in etwa das erfassen, was europäische Sprachen als Seele oder auch als innerste Natur eines Menschen bezeichnen. Das *Selbstsein* kann meinen, dass man *für sich* oder dass man *außer sich* ist, und in diesem zweiten Fall würden abendländische Philosophen von Transzendenz sprechen, was hier aber nicht weiter ausgeführt werden soll. Im Selbstsein ist der Mensch, *was er ist*, das heißt er erreicht seine höchste Wirklichkeit und reflektiert damit das *Brahman*, die universelle Weltenseele oder die letzte Wirklichkeit des Universums. Durch seine eigenen Gedanken und Handlungen, das heißt: indem er sich selbst erfindet, wird er zu dem, was er tatsächlich ist.

Spannend bleibt, dass die *Upanishaden* das Wachen, Schlafen und Träumen als eigenständige Weisen des Daseins gelten lassen, die dann auch getrennt zu betrachten sind – ein Gedanke, der sich in westlichen Kulturen erst viel später gemeldet und durchgesetzt hat, dann aber sehr ernst genommen wurde und systematisch erkundet worden ist. Darüber berichten wir später im Zusammenhang mit den technischen Möglichkeiten zur Vermessung des Schlafs, die die westliche Wissenschaft seit dem 20. Jahrhundert hervorgebracht hat.

Doch zuvor werfen wir noch einen Blick in die Kultur des Ostens und die Zeit der *Upanishaden*. Als diese – manchmal als »Geheimlehren der Inder« bezeichneten – philosophischen Texte entstanden, lebte und wirkte auch der Buddha, dessen Lehren heute viele Hundert Millionen Anhänger in der ganzen Welt gefunden haben. Hier soll daran erinnert werden, dass das Wort »Buddha« einen Erweckten meint, also jemanden, der aus einem Schlaf erwacht und aus dem Dunkel ins Licht des Tages taucht.

Und noch ein letzter – jetzt wieder westlich orientierter – Blick auf östliche Weisheiten, der von dem amerikanischen Mathematiker Raymond Smullyan stammt. Er hat sich Gedanken über den Taoismus gemacht und sie in seinem Buch *Das Tao ist Stille* festgehalten. In dem Anfangskapitel über den »Kern der chinesischen Philosophie« erzählt der Autor von der Gewohnheit seiner Freunde, am Tage gerne ein Nickerchen zu machen, und er fragt sich, was Menschen dazu bringt. Wann und wie schlafen Menschen ein? Wann ist es weise, einzuschlafen? Welche Disziplin bringt den Schlaf herbei? Smullyan überlegt und kommt zu folgendem Schluss: »Wäre ich Laotse gewesen, so hätte ich folgende Maxime angefügt, von der ich glaube, dass sie die Quintessenz der taoistischen Philosophie enthält: ›Der Weise schläft nicht ein/ Weil er es soll/ Nicht einmal weil er es will/ Sondern weil er müde ist.‹«

Und was tut der Weise, sobald er wieder erwacht? Womöglich interessiert er sich dann für das Phänomen des Schlafs und möchte ihm auf den Grund gehen?

Der Zugriff der Wissenschaft

Als sich Lady Macbeth mit ihrem Mann über die Ermordung des schlafenden Königs und den dadurch erfolgten »Mord des Schlafes« austauscht und zu phantasieren beginnt, lässt Shakespeare einen

Arzt daneben stehen, der sich unauffällig an den Rand der Bühne verdrückt, von dort aus alles beobachtet und sich emsig Notizen macht. Er agiert wissenschaftlich und bemerkt schließlich resigniert: »Die Krankheit geht über meine Kunst hinaus.« Der fortan schlaflosen Lady Macbeth kann er nicht helfen, und so bleibt ihm nur die Feststellung: »Sie braucht den Geistlichen mehr als den Doktor.« Es ist anzunehmen, dass dieser Satz heute ebenso zutrifft wie zu der Zeit, als er geschrieben wurde.

Unter diesem Blickwinkel gesehen stehen die medizinischen und andere Wissenschaften dem Schlafen und der Schlaflosigkeit eher bescheiden und fast hilflos gegenüber, was aber nicht bedeutet, dass die Erforschung des Schlafs in den vergangenen Jahrzehnten ohne Resultate geblieben ist.

Dank Shakespeare gibt es seit dem 17. Jahrhundert eine Sprache für die seelischen Vorgänge in Menschen, die am Schlaf verzweifeln, weil sie ihn nicht beherrschen können, die Wissenschaft brauchte jedoch noch etwas länger, um zu dem zu finden, was man Schlafforschung nennen kann.

Ihre Anfänge lassen sich auf das 19. Jahrhundert datieren, und sie sind dem aus Dresden stammenden Mediziner Ernst Otto Heinrich Kohlschütter (1837–1905) zu verdanken. Er konnte sein Studium 1862 mit einer Promotion abschließen. Die »Festigkeit des Schlafes« untersuchte er dadurch, dass er verschiedene Weckreize ausprobierte, um einen Schläfer zum Erwachen zu bringen. Kohlschütter führte Begriffe wie »Weckschwelle« und »Schlaftiefe« ein, war später jedoch vor allem als Wundarzt und Geburtshelfer tätig.

Die Geschichte der Schlafforschung

1862 Ernst Otto Heinrich Kohlschütter beschäftigt sich in seiner Doktorarbeit mit dem Thema: »Festigkeit des Schlafes« und führt erstmals die Begriffe »Tiefschlaf« und »Weckschwelle« ein.

1889 Erster Bericht über einen (übergewichtigen) Patienten mit Schlafapnoe (Atemstillstand, Schnarchen) in den USA.

1916/17 Eine Epidemie in Europa führt zu Schlafstörungen bei Patienten, die Ursache wird im gestörten Hypothalamus gefunden.

1924 Hans Berger aus Jena leitet Hirnströme ab (nach einem merkwürdigen parapsychologischen Erlebnis).

1929 Einführung des Elektroenzephalogramms (EEG) mit Wellen im Berger-Rhythmus; später besondere Schlafwellen und Spindeln.

1930er-Jahre Walter Rudolf Hess findet Hirnareale bei Tieren, die das Schlafbedürfnis regulieren.

1937 Alfred Loomis beobachtet Hirnströme von Schlafenden.

1939 Nathaniel Kleitmann beobachtet Schlafrhythmen (etwa 90 Minuten), »Sleep and Wakefulness«.

1953 Eugene Aserinsky (bei Nathaniel Kleitmann) beobachtet die REM-Phase (den paradoxen Traumschlaf).

1960er-Jahre Erste Schlaflaboratorien in den USA; in Deutschland Anfang der 1970er-Jahre im Hessischen Diakoniezentrum Hephata.

1973 Nachweis von Schlafstörungen bei Patienten mit Normalgewicht.

1977 »Schlafapnoesyndrom« kommt als Begriff der Forschung auf.

Anfang der 1980er-Jahre Untersuchungen beim nordamerikanischen Militär zu den Folgen von Schlafentzug.

1981 Idee einer nasalen Überdrucktherapie (Schlafmaske) durch Colin Sullivan.

1982 Alexander Borbély entwirft ein »Zwei-Prozess-Modell« der Schlafregulation, in dem homöostatische und chronologische Vorgänge verknüpft werden.

1989 Auf der Grundlage von Sullivans Entwicklung präsentiert die Firma ResMed ein erstes Gerät, das dauerhaften Überdruck in den Atemwegen erzeugt, eine Maske gegen Schlafapnoe.

1996 Im VLPO-Bereich (Ventrolateraler präoptischer Nucleus) findet man ein Protein (mit der Bezeichnung FOS), das Zellen im Wachzustand aktiviert.

1997 *Sleep Heart Health Study* – die Sterblichkeit nimmt mit dem Schweregrad der Schlafapnoe zu.

1998 Die Rolle von Orexin (Neuropeptidhormon) wird erkannt.

2005 Saper/Scammel/Lu, »Hypothalamic regulation of sleep and circadian rhythms«: Der in der Zeitschrift *Nature* erschienene Beitrag behandelt auf der Grundlage neuerer Untersuchungen die Regulation täglicher Schlaf- und Wachzyklen durch das Gehirn.

2007 Entwicklung der Hypothesen: »Ohne Schlaf gibt es kein Bewusstsein« und »Schlafen macht Menschen glücklich.«

So schön Bemühungen dieser Art waren, so wenig konnten sie eine wissenschaftliche Basis für die Erkundung der Vorgänge im menschlichen Körper abgeben; man musste darauf bis ins 20. Jahrhundert warten. Zuvor gab es mehr oder weniger zufällige Beobachtungen, die einen Zusammenhang zwischen Fettleibigkeit und Schlafstörungen festhielten, zu denen auch das Schnarchen zu rechnen ist (obschon hier nicht immer wissenschaftlicher Konsens besteht). Selbst als in den Jahren des Ersten Weltkriegs eine Epidemie in Europa für massive Schlafstörungen unter den Menschen auf dem aufgewühlten Kontinent sorgte und gezielte Erkundigungen von bewundernswerten Ärzten ergaben, dass bei den betroffenen Patienten etwas mit der als Hypothalamus bezeichneten Region ihres Gehirns nicht in Ordnung war, blieben diese ersten Ansätze einer Schlafforschung stecken. Von dieser Disziplin kann erst seit den Zwanzigerjahren die Rede sein, und es waren zwei Personen und ihre Leistungen, die die neue Wissenschaft in Gang brachten.

Der Schweizer Walter Rudolf Hess (1881–1973) suchte in Gehirnen von Tieren nach Arealen, die das Schlafbedürfnis regulieren, wobei er dies unter der Ansicht vornahm, dass das Zentralorgan eines Körpers als aktiver Auslöser des Schlafs infrage komme. Er ist 1949 für seine zahlreichen Einsichten in das Funktionieren von Nervensystemen mit dem Nobelpreis für Physiologie oder Medizin ausgezeichnet worden, ohne aber die vermutete Stelle im Gehirn, die als Schlafauslöser operiert, gefunden zu haben.

Heute nehmen die Wissenschaftler an, dass es solch eine einzige Zentrale für das Einschlafen überhaupt nicht gibt, was es insgesamt schwieriger und herausfordernder macht, die Abläufe zu verstehen, die im Gehirn nötig sind, um den Schlaf herbeizuführen. Doch eines steht fest: Das Gehirn schläft nie. Es sorgt nur dafür, dass sein Träger und dessen Körper den nötigen Schlummer für die Wiederbelebung seiner Stärke finden.

Diese Einsicht verdankt man im Wesentlichen der zweiten Forschungsrichtung, die in den Zwanzigerjahren beginnen konnte. Sie begann mit dem in Jena tätigen Neurologen Hans Berger (1873–1941), der systematisch mit Gehirnen von Katzen und Hunden arbeitete, um die Frage zu klären, ob zwischen ihnen – zwischen Hirnen überhaupt – auf physikalischem Weg Verbindungen möglich sind und so etwas wie Nachrichten ausgetauscht werden können. Berger dachte noch weiter, nämlich daran, die untersuchten Körper mit den dazugehörigen Seelen zu verknüpfen; es war ein Erlebnis des 19-jährigen Studenten während einer Militärübung, das ihn an so etwas glauben ließ. Berger war mit einem Pferd unterwegs gewesen und bei einem schweren Sturz nur knapp dem Tode entronnen, als er eine telegrafische Anfrage seiner Eltern erhielt, die sich erkundigten, wie es ihm gehe. Sie hatten diesen für sie höchst ungewöhnlichen und von Berger nicht erwarteten Schritt unternommen, nachdem seine Schwester plötzlich das Gefühl bekommen hatte, ihrem Bruder sei etwas zugestoßen. Berger empfand, hier habe eine spontane Gedankenübertragung stattgefunden, und fortan wollte er darüber wissenschaftlich arbeiten, um mehr über diesen Mechanismus herauszufinden.

So nahm er sich vor, Gehirne zu untersuchen, und Anfang der Zwanzigerjahre gelang es ihm, kleine Ströme aufzuzeichnen, die im Gewebe des zentralen Nervensystems auftraten. Am 6. Juli 1924 konnte Berger zum ersten Mal den Verlauf dieser Hirnströme über eine längere Zeit registrieren, und er sprach stolz davon, dabei ein Elektroenzephalogramm erstellt zu haben. Das schon früh als EEG abgekürzte Wortungetüm besteht neben den offensichtlich leicht verständlichen Vorsilben »Elektro« aus den griechischen Worten für das Gehirn und das Schreiben, also aus *encephalon* und *gráphein*. Ein EEG schreibt also auf – bringt zu Papier –, was das Gehirn an elektrischer Aktivität zu bieten hat, und das ist erstens eine ganze Menge und zweitens inzwischen die Basis der Schlafforschung.

Als Berger 1924 seine heute als bahnbrechend verstandene Methode einführte, stand kaum ein Wissenschaftler bereit, um die dabei frei gewordene Bahn zu befahren. Man musste bis 1929 warten, erst in diesem Jahr wurde das EEG eines schlafenden Menschen aufgenommen. Und es dauerte sogar weitere fünf Jahre, bis verstanden wurde, dass Bergers Methode etwas im Schläfer erkennen ließ, nämlich eine Folge von regelmäßigen Schwingungen – etwa zehn pro Sekunde –, die heute als Alpha-Wellen bezeichnet werden.

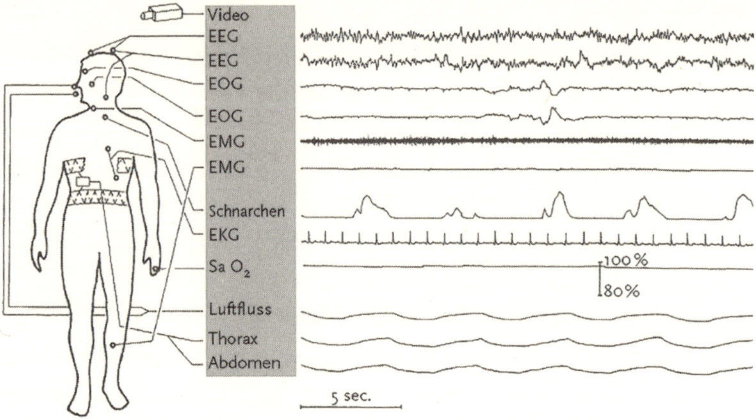

Die Polysomnographie im Schlaflabor umfasst die Aufzeichnung von Elektroenzephalogramm (EEG), Elektrookulogramm (EOG), der Muskelaktivität an Bein und Kinn (Elektromyogramm, EMG), des Herzschlages (EKG) und der atmungsbezogenen Parameter in Form von Schnarchen, Sauerstoffsättigung (Sa O_2), Luftfluss an der Nase, Atmungsbewegungen von Brustkorb (Thorax) und Bauch (Abdomen). Zusätzlich wird das Verhalten des Schlafenden mittels Videokamera beobachtet.

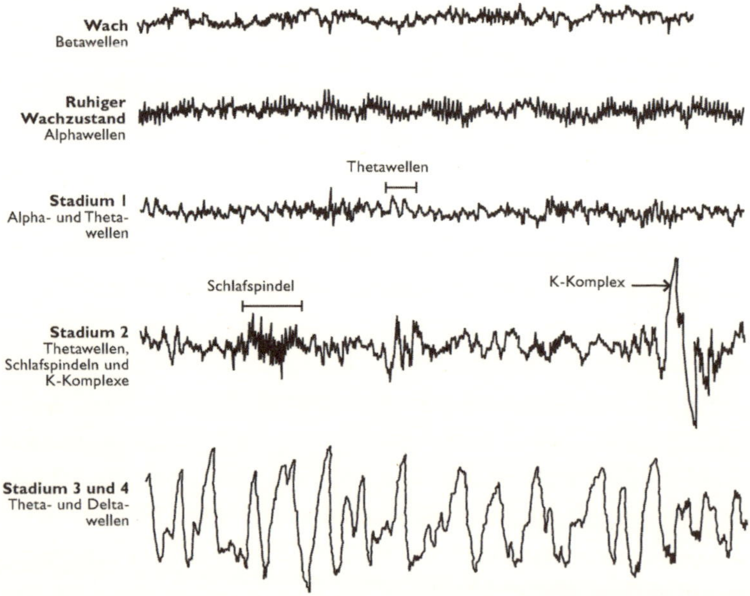

Die EEG-Verläufe, die vom Wachen bis zu verschiedenen Schlafzuständen reichen.

Wer den ersten Buchstaben des griechischen Alphabets hört, kann sich denken, dass es neben den Alpha-Wellen noch weitere gibt, zum Beispiel Beta-Wellen. Tatsächlich kennt die Schlafforschung daneben noch Theta- und Deltawellen, in denen sich zudem Schlafspindeln und K-Komplexe zeigen, wie sich erkennen lässt, wenn man zehn Sekunden aus EEGs verschiedener Wachzustände betrachtet. Die von Berger zunächst als chaotisch eingestuften Beta-Wellen, von denen es zwanzig bis dreißig pro Sekunde gibt, charakterisieren den Wachzustand des Gehirns, wie man heute zu wissen meint, wobei natürlich daran zu denken ist, dass das Gehirn dauernd wach ist und nur sein Träger schlafen kann. Wenn er und sein Gehirn in einen ruhigen Wachzustand gelangen und sich der Schlaf ankündigt, lassen sich die Alpha-Wellen erkennen, mit denen alles angefangen hat.

Wenn man sagt, das Gehirn schlafe nicht und sei dauernd wach, dann heißt das nicht, dass alle Teile des Denkorgans unter der Schädeldecke gleichmäßig tätig bleiben. Vielmehr zeigt sich den Schlafforschern, dass verschiedene Areale von Gehirnen unterschiedlich schlummern und es ruhig angehen lassen können. Von Vögeln und Delfinen ist sogar bekannt, dass sie eine Hemisphäre abstellen und in diesem Sinne zum Schlafen legen können. Das erlaubt es den Tieren, ohne nächtliches Rasten auf besonderen Ruheplätzen auszukommen und zum Beispiel umfangreiche Ortsveränderungen mit globalen Dimensionen ohne wesentliche Unterbrechung am Stück durchzuführen.

Verlässt das Gehirn den durch Alpha-Wellen gekennzeichneten gedämpften Wachzustand, um einem Menschen allmählich seine Nachtruhe zu verschaffen, geht es in die von Wissenschaftlern als Stadium 1 bezeichnete Phase über, die sich durch eine Kombination aus den schon bekannten Alpha- und jetzt hinzukommenden Theta-Wellen auszeichnet. Wenn der Schlaf tiefer wird und das Stadium 2 erreicht wird, zeigen sich in den Hirnströmen neben den Theta-Wellen noch sogenannte Schlafspindeln und K-Komplexe, die etwa eine Sekunde dauern und den Zustand bedingen, den der Volksmund als Halbschlaf bezeichnet (aus dem man bekanntlich leicht hochschrecken kann). Dies ist kaum noch möglich in den folgenden

Tiefschlafphasen, die mit Stadium 3 und 4 bezeichnet und unterschieden werden und im EEG große Ausschläge von Theta- und Delta-Wellen zeigen.

In der modernen Schlafforschung begnügt man sich nicht allein mit den alten Elektroenzephalogrammen, die Hans Berger vor bald hundert Jahren in die Wissenschaft eingeführt hat. Inzwischen erlauben raffinierte, elektronisch verfeinerte und direkt an Computer angeschlossene Messgeräte neben den Hirnströmungen auch die Augenbewegungen, die Muskelspannungen an Kinn und Wade, die Herzströme, die Schnarchgeräusche, die Menge an Sauerstoff im Blut und den Luftstrom durch Nase und Mund mit den dazugehörigen Atembewegungen zu messen. Und man untersucht auch, wie weit es in der – allein und stark verdrahtet in einem Schlaflabor zugebrachten – Nacht zu sexuellen Erregungen kommt.

Die Bewegung der Augen

Unter den genannten Messungen erfreut sich vor allem die Ermittlung der Augenbewegungen großer Beliebtheit und umfassender Kenntnis. Denn mittlerweile hat sich die Kunde verbreitet, dass es eine Phase des Nachtschlafs gibt, in der Menschen ihre Augenbälle heftig rollen. Dieses Stadium wird als REM-Phase (für *Rapid Eye Movement*) bezeichnet.

Dass es solch ein Schlafstadium gibt, ist zum ersten Mal 1953 aufgefallen, und zwar dem amerikanischen Schlafforscher Eugene Aserinsky (1921–1998), der dem aus Russland stammenden Nathaniel Kleitmann (1895–1999) an der University of Chicago dabei half, die amerikanische Schlafforschung zu etablieren. Sie hatte ihre Grundlage durch das 1939 publizierte Buch *Sleep and Wakefulness* von Kleitmann erhalten, in dem zum ersten Mal eine der maßgeblichen Einsichten in den Vorgang des Schlafens nachzulesen ist. Gemeint ist die Beobachtung Kleitmanns, dass Schlafen in Rhythmen abläuft und es zu einem zyklischen Durchlaufen verschiedener Phasen kommt, zu denen dann nach 1953 die REM-Phase hinzukam. Auf diese Weise

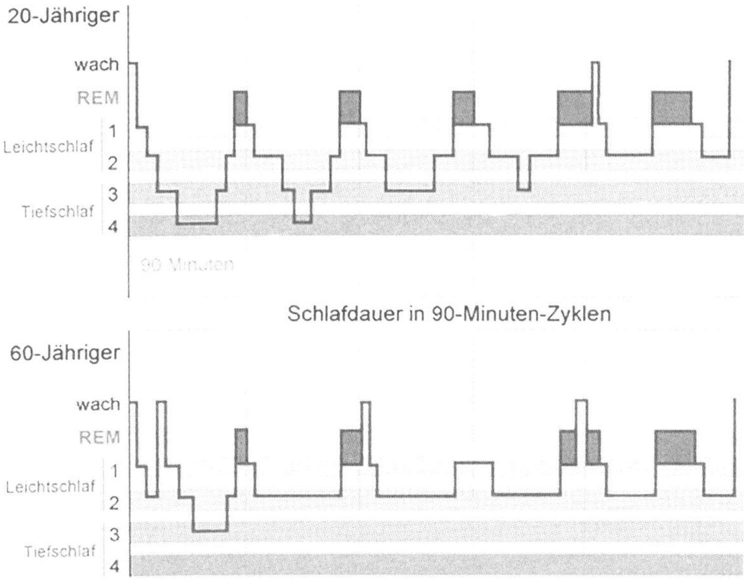

Schlafprofile eines jungen und eines älteren Menschen, die einen flacheren Schlaf zeigen und daher leichter aufwachen (Quelle: *Zeit Online*, 26. Oktober 2010).

kann die heutige Schlafforschung typische Schlafprofile angeben, in denen zu erkennen ist, wie Menschen im Laufe der Nacht verschiedene Schlafstadien durchlaufen, die mit zunehmender Dauer an Tiefe einbüßen, bis es zuletzt zum endgültigen Aufwachen kommt.

Bevor die erkennbaren Schlafrhythmen von circa neunzig Minuten Dauer genauer betrachtet werden, noch ein paar Bemerkungen zur REM-Phase, die bis heute auch als aktiver oder paradoxer Schlaf bezeichnet wird. Während dieser Zeit muss das Gehirn offenbar Schwerstarbeit leisten, und es kommt vielfach zu Träumen, auf die in einem späteren Kapitel noch einzugehen ist. An dieser Stelle soll nur erwähnt werden, dass es das nächtliche Kino im Kopf in großem Umfang auch außerhalb von REM-Phasen gibt. In einer solchen blockiert ein kleines Nervenbündel – im sogenannten Brückenhirn – alle Nervenbahnen, die über das Rückenmark zu den Muskeln führen. Das bedeutet, dass sich Menschen in diesem Stadium nicht bewegen können, was sie als Schlafende auch nicht unbedingt wollen.

Wer fragt, wozu diese besondere Art des nächtlichen Verhaltens führt, erfährt von den Schlafforschern, dass das menschliche Gehirn seine Träger damit periodisch auf ein rasches Aufwachen vorbereitet. Besonders wichtig war das natürlich in den Tagen vor Beginn der Zivilisation. Als Bewohner von Höhlen mussten unsere Vorfahren ständig mit Angriffen und gefährlichen Situationen rechnen. Deshalb lohnte sich die Fähigkeit, unentwegt und rasch Bereitschaft zur Abwehr zu zeigen. Unter diesen Prämissen hat sich ein Schlafmuster etabliert und durchgesetzt, dass diese Qualität auch während der nächtlichen Ruhe ermöglichte. Die Wirkung dieses Warnsystems des leichten Schlafs erfahren viele Menschen auch heute noch in Zeiten, in denen niemand mehr in Höhlen schläft, außer in einem Abenteuerurlaub. Und dabei wird besonders deutlich, was jeder auch aus Alltagssituationen kennt, dass es sich nämlich besser und tiefer in vertrauten Umgebungen – etwa dem eigenen Schlafzimmer – schläft als in einem fremden Ambiente, etwa auf einem Campingplatz, im Schlafsack unterm Sternenhimmel oder selbst in Hotelbetten mit ungewohnten Decken und Geräuschen, wie man sie nicht von zu Hause her kennt.

Die fünf REM-Phasen treten am Ende eines jeden Schlafzyklus auf und leiten den nächsten ein, wobei die nachfolgenden Stadien des Tiefschlafs nach und nach bis zum Aufwachen abflachen. Vor dem Aufschlagen der Augen gibt es noch eine längere REM-Phase, die etwa 45 Minuten andauert und wohl das Traummaterial liefert, das die Aufwachenden am besten in Erinnerung behalten. Da man in der letzten REM-Phase oft heftig träumt, lässt sich das Phänomen gut verstehen, dass Menschen, die aufwachen, nicht sofort voll leistungsfähig sind und etwa zehn Minuten brauchen, um in der gewohnten Weise agieren zu können. Dieser Hinweis ist dann relevant, wenn man nach dem vielleicht sogar gewaltsam erfolgten Wecken etwa als Notarzt gezwungen ist, wichtige und vielleicht sogar lebensrettende Entscheidungen zu treffen. So dringend sie sein mögen – ein paar Minuten brauchen Menschen schon, um ihr aus dem Schlafzustand geholtes Gehirn in den Gang zu bekommen, der nachvollziehbare und verantwortliche Festlegungen erlaubt.

Das Schlafprofil

Das Kino im Kopf soll jetzt abgeschaltet werden und die Aufmerksamkeit sich der Architektur des Schlafs zuwenden, die sich als erstaunlich konstant bei allen vermessenen Menschen erweist. Sie lässt deutlich einen Neunzig-Minuten-Rhythmus erkennen, wie zuerst von Nathaniel Kleitmann bemerkt wurde, der von einem *Basic Rest Activity Cycle* sprach. Dabei fällt auf, dass die Tiefschlafphasen im Verlauf der Nacht kürzer werden, während die REM-Phasen an Dauer zulegen, wobei aber insgesamt die Neunzig-Minuten-Regel bleibt, die auch vom Tagesablauf her bekannt ist. Offenbar wird mit dieser Dauer so etwas wie eine Aufmerksamkeitsspanne von Menschen erfasst, denn es wird nicht völlig zufällig sein, dass Vorlesungen in der Universität, Fußballspiele und Spielfilme gerade diese Länge von neunzig Minuten haben und sich auch Besucher von Konzerten und Theateraufführungen am besten fühlen, wenn dieser Grundrhythmus beibehalten wird.

Welche Relevanz gerade diese Länge hat, kann hier nicht geklärt werden. Sie lässt jedoch erkennen, dass im Menschen innere Uhren ablaufen, die dem Tag und der Nacht einen gemeinsamen Rhythmus geben. Mit den Zyklen und den sich dazwischen zeigenden REM-Phasen lässt sich auch gut verstehen, warum die Menschen in der Frühen Neuzeit »zweigeteilt« geschlafen haben. Sie sind nach dem zweiten Durchlauf einfach aufgewacht und aufgestanden, was die heute lebenden und schlafenden Menschen auch tun könnten, nur dass sich die Rituale im bürgerlichen Kontext nicht so eingestellt haben und man komisch angeschaut würde. Den Schlafprofilen zufolge müsste es leicht möglich sein, sich für einen ersten und einen zweiten Schlaf von jeweils etwas mehr als zweimal neunzig Minuten hinzulegen, um zwischendurch etwas anderes zu tun (wobei heute sicher mehr Möglichkeiten dazu bestehen als in der Frühgeschichte). Allerdings ist es nicht ratsam, dafür zu viele Lichtquellen einzuschalten, vor allem nicht Computer- oder Fernsehbildschirme. »Spart Strom. Es gibt Dinge, die kann man im Dunklen erledigen«, lautete denn auch ein Spruch der 68er.

Als dieser aufkam, studierte der Autor in Köln, wo er in einem Studentenheim ein Zimmer bekommen hatte. In solchen Häusern herrscht viel Betrieb und Lärm, und ruhig wird es eigentlich nur in der Nacht. Natürlich ist diese Zeit für den Schlaf vorgesehen, aber man konnte sie auch für das Lernen und Pauken nutzen. So lohnte es sich, als Student zu dem Schlafen in zwei Phasen zurückzukehren, um sich etwa zwischen Mitternacht und Morgengrauen, mit dem der Geräuschpegel in und um das Heim wieder zu steigen begann, über die Bücher zu beugen.

Das Gehirn und der Schlaf

Was bisher an Kenntnissen über den Schlaf mitgeteilt wurde, konnte durch Messungen ermittelt werden, die außen am Menschen – vor allem außen an seinem Kopf – durchgeführt worden sind. Natürlich stellt sich im Anschluss daran sogleich die Frage nach den inneren Abläufen im Gehirn, nach dem physiologischen Zusammenwirken seiner Areale und ihrer Neuronen (in denen dank der dort agierenden Moleküle wiederum eigene innere Abläufe zu finden sind, die etwa von Genetikern oder Biochemikern erfasst und analysiert werden können).

Entstanden ist diese Richtung der Schlafforschung in den Jahren des Ersten Weltkriegs, als Europa von einer rätselhaften Epidemie heimgesucht wurde, bei der die Betroffenen an Schlafstörungen übelster Art litten. Dem Wiener Arzt Baron Constantin von Economo (1867–1931) fiel bei seinen Untersuchungen zu der bald als *Encephalitis lethargica* bezeichneten Europäischen Schlafkrankheit auf, dass im Gehirn der leidenden Menschen ein Teil der Nervenzellen abgestorben war, die zur Region namens Hypothalamus gehören. Von ihr weiß die Medizin heute, dass von dort aus das vegetative Nervensystem gesteuert wird, also der Blutdruck, der Durst, der Appetit (nicht nur der gewöhnliche, sondern auch derjenige der besonderen sexuellen Art), und die Körpertemperaturen beeinflusst und reguliert werden.

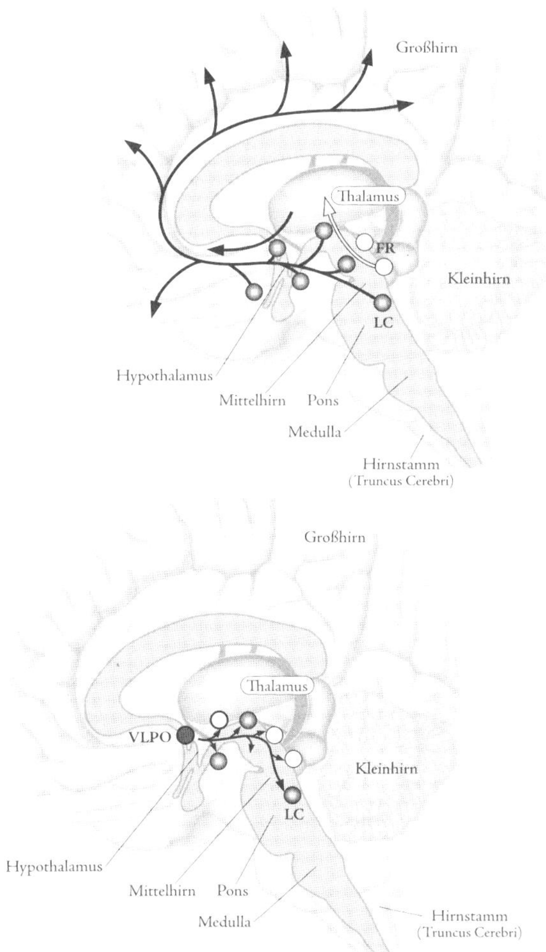

Die Regionen und Strukturen im Gehirn, die zum Schlafnetzwerk gehören.

Im Verlauf der damals durchgeführten Untersuchungen tauchte zum ersten Mal der Gedanke auf, der sich heute durchgesetzt hat, als Konsens gilt und besagt, dass Schlaf nicht etwas ist, das den Menschen einfach so überfällt oder überkommt. Schlaf ist vielmehr ein Zustand, den das Gehirn sorgfältig als Ganzes einleitet. Das Denkorgan unter der Schädeldecke möchte seine Ruhe haben, es »will« seinen Besitzer zum Schlafen bringen, weil es andere Aufgaben zu erfüllen hat. Und deshalb werden andere Signale vom Hypothalamus aus durch das gesamte System auf die Reise geschickt, was aber nicht unbedingt bedeutet, dass dieses Hirnareal als mächtiges Einschlafzentrum verstanden werden kann.

Wenn es überhaupt so etwas wie eine für das Einschlafen zuständige Region gibt, dann könnte damit der Bereich des Gehirns gemeint sein, der den anatomisch genauen Namen »ventro-lateraler präoptischer Nucleus«, abgekürzt VLPO trägt. Die VLPO-Region gehört zum vorderen Teil des Hypothalamus und ist in der Lage, das sogenannte Arousal-System zu hemmen, das, wie sein Name sagt, als Ausgangspunkt der Erregung im Gehirn funktioniert und den dazugehörigen Menschen wach hält. Werden die Zellen im Arousal-Bereich in ihrer Aktivität unterdrückt – und zwar durch Signale, die von der VLPO-Region kommen –, kann der Schlaf übernehmen.

Das Wachhalte- oder Erregungssystem befindet sich im mittleren Bereich des Gehirns. Es operiert mit etwa acht Nervenknoten, die zwei parallel verlaufende Äste bilden, durch die sich dann mit molekularer Hilfe Wellen der Erregung in Richtung des Großhirns ausbreiten. Einer der genannten Äste beginnt in der von Anatomen als Locus coeruleus (LC) bezeichneten Region, was so viel wie »himmelblauer Ort« heißt. Die dort liegenden Zellen lassen sich leicht blau anfärben, daher dieser Name. In dem himmlisch klingenden Gewebe wird unter anderem das berühmte und im Alltag vielfach beschworene Hormon Adrenalin generiert, das bei Stresssituationen benötigt wird und die energischen Aktivitäten auslösen kann, die zum wachen Leben gehören.

Ein zweiter Ast entspringt in der als Formatio reticularis bezeichneten Hirnregion, deren äußere Stimulation schlafende Organismen sogleich wecken kann, wie vorsichtige Experimente zeigen.

Beim Menschen spielt neben den bisher genannten Bereichen ein weiteres Areal eine Rolle für das Wach-Schlaf-Wechselspiel, und zwar eines, das im Hypothalamus liegt und in dem ein Hormon produziert wird, das erst 1998 bemerkt und gefunden wurde. Sein Name lautet Orexin, abgeleitet von dem griechischen Wort für Verlangen oder Appetit. Ein Orexin ist völlig anders gebaut als ein Adrenalin, das ein kleines Molekül mit einem Ring ist, an dem ein paar chemische Gruppen hängen. Ein Orexin hingegen besteht aus einer Kette von kleineren Molekülen, die über eine sogenannte Peptid-Bindung verknüpft sind, weshalb auch von einem Neuropeptid die Rede ist. Es gibt nur wenige Zellen im Hypothalamus – zwischen zehn- und zwanzigtausend –, in denen ein Orexin angefertigt wird. Dennoch übt es einen markanten Einfluss auf das Schlaf-Wach-Verhalten aus, wobei dies offenbar nicht seine einzige Aufgabe ist (was hier nicht weiter verfolgt werden soll). Mithilfe der Orexine scheinen die Biochemiker auf der Ebene der Moleküle nicht nur erklären zu können, wie Alkohol seine euphorische Wirkung erzielt. Sie scheinen auch angeben zu können, wie ein Mensch zwischen Schlafen und Wachen wechselt. Im Laufe des arbeitsamen Tages hemmen Erregungssysteme – wie das LC – erfolgreich das Einschlafzentrum VLPO, und dieser Zustand wird durch die Orexine verstärkt und stabilisiert. Ihre Wirkung wird dann zur Schlafenszeit unterdrückt und eingestellt, und zwar erneut durch Signale aus der VLPO-Region, die somit maßgeblich für den einsetzenden Schlummer zuständig sind.

Obwohl es sich anbietet, dem VLPO-Areal die Funktion des Einschlafzentrums zuzuweisen, zögern die Schlafforscher, darin die zelluläre und biologische Steuerzentrale für den Vorgang des Abtauchens aus dem Tagesbewusstsein zu sehen. Eher neigen sie zu der Ansicht, dass die Übergänge vom ersten Ermüden über das Eindösen bis zum Sinken in den Tiefschlaf und alle Auf-und-Ab-Bewegungen danach als Gemeinschaftsleistung des gesamten Gehirns zu verstehen sind. Das erinnert an die Suche nach dem Ort des Gedächtnisses im 19. Jahrhundert. Auch das Gedächtnis scheint es als konkretes und identifizierbares Areal im Kopf nicht zu geben, wie inzwischen eingeräumt wird. Deshalb müssen sich die Hirnforscher bemühen, das Gehirn in seiner Gesamtaktivität in den Blick zu nehmen, um sowohl das Gedächtnis als auch den Schlaf einer biologisch begründeten und der Wissenschaft gemäßen Erklärung zuführen zu können.

An dieser Stelle ließe sich fragen, ob sich ein ohnmächtiges oder narkotisiertes Gehirn in einem vergleichbaren Zustand wie das Zentralorgan eines Schlafenden befindet, und die eindeutige Antwort lautet: Nein! In dem durch Narkose, Hypnose oder Ohnmacht bewirkten Zustand des Gehirns kann das Denkorgan – anders als im Schlaf – keinerlei Reize von außen aufnehmen und zum Beispiel auch nicht zu einem bestimmten Zeitpunkt geweckt werden. Schlaf ist etwas völlig anderes als Bewusstlosigkeit, nämlich ein Zustand, der aktiv und autonom vom zentralen Nervensystem eingeleitet und gesteuert wird, weil er ebenso zum Leben gehört wie das Wachsein. Selbst künstlicher Schlaf, der mit entsprechenden Tabletten – zum Beispiel in Form von Benzodiazepinen – eingeleitet wird, bringt im Gehirn ganz andere Mechanismen in Gang als die, die zum normalen Ruhen in der Nacht gehören. Schlafmittel unterdrücken zum Beispiel auf spürbar unangenehme Weise das Areal im Kopf, das tätig werden muss, um die paradoxe REM-Phase einzuläuten. Dies kann weitere Auswirkungen haben, wie noch zu erläutern sein wird.

In der molekular orientierten Schlafforschung stellt man sich den Wechsel von Wachen und Schlafen wie von einem Kippschalter ausgelöst vor, bei dem einmal die erregenden Areale und einmal die hemmenden Regionen die Oberhand behalten und die Waage zu ihren Gunsten kippen lassen. Dabei ist eine Menge los auf der empfindlichen Schaukel, die sich hin und her bewegen soll und die dazugehörige Abstimmung, wie wir gesehen haben, unter anderem durch das Einwirken des Neuropeptids Orexin hinbekommt. Wenn der Kippschalter in Aktion tritt, werden Signale an die Region des Gehirns gesendet, die als Thalamus bezeichnet wird. Dieses schön klingende Wort bedeutet so viel wie »Schlafgemach«. Wenn hier die geeigneten Nervenimpulse eintreffen – ausgehend vom eben skizzierten Kippschalter des Einschlafnetzwerkes –, wird dem Wachbewusstsein des Gehirns offenbar ein Riegel vorgeschoben; es hört mit dem Denken auf und lässt den Menschen zur Ruhe kommen und einschlafen. Im Thalamus sitzt aber zugleich auch so etwas wie ein Alarmzentrum, das im Wortsinne sensibel – also auf sinnlich wahrnehmbare Signale – reagiert und zum Beispiel bei Müttern von Neugeborenen deren Lautäußerungen weiterleitet, auch wenn sie noch so leise sind. Die Forschung spricht hier vom Phänomen des Ammenschlafs, mit dessen Hilfe die ganze Nacht hindurch ein Kanal für den Säugling zum Schlafnetzwerk offen bleibt und selbst todmüde Mütter oder auch Väter permanent in Alarmbereitschaft hält, es sei denn, dass dem Schlaf mit Tabletten oder anderen Mitteln nachgeholfen wurde.

Vom Thalamus, dem Schlafgemach im Kopf, gehen auch die Signale aus, die in den mit Elektroenzephalogrammen erstellten Aufzeichnungen zu den auffälligen Spindeln führen. Diese Spindeln lassen erkennen, dass der Vermessene in den Tiefschlaf eingetreten ist. Wenn dies der Fall ist, verändern Zellen im Thalamus ihre neuronale Aktivität. Aus bislang regelmäßigen Signalen entwickeln sich Muster, die den langsamen Wellen entsprechen, die sich in einem EEG zeigen. Möglicherweise stammt der Rhythmus, den die Neuronen im Thalamus jetzt produzieren, aus Regionen in dem Teil des Großhirns, das in der Lage ist, seine Nervenzellen zu synchronisieren, und zwar dann, wenn es stark stimuliert worden ist, was aber gewöhnlich tagsüber geschieht.

Die Idee eines Kippschalters spielt auch eine Rolle, wenn man verstehen will, wie sich das Gehirn auf den Weg zur REM-Phase begibt. Es scheint nämlich ein Areal zu geben, das im Wachzustand permanent auf »Aus!« steht, während es beim Schlafen zu den geeigneten Stunden aktiv wird, um über Nervenknoten im Brückenhirn ein separates REM-Zentrum in Gang zu setzen, das dann die entsprechende Schlafphase auslöst. Dabei wird zugleich dafür gesorgt, dass die Nerven, die zu den Muskeln führen, blockiert werden und die Schlafenden ruhig liegen bleiben, auch wenn sie noch so aufregende Traumbilder geboten bekommen.

Innere Uhren

Wenn von Schlafrhythmen die Rede ist und zyklische Profile während der nächtlichen Stunden zu erkennen sind, dann wartet man gespannt auf Auskünfte über den dahintersteckenden Mechanismus, den man sich von seiner Funktion her leicht als biologischen Taktgeber vorstellen kann. Die Wissenschaft spricht von inneren Uhren, die dem Leben seinen regelmäßigen Gang geben, und alles, was kreucht und fleucht, scheint mit ihnen ausgestattet zu sein. Unter den Chronobiologen, die diese Eigenschaft von Organismen untersuchen, gibt es Witzbolde, die vielzellige Lebewesen als regelrechte »Uhrenläden« betrachten. In sehr vielen Zellen scheinen die dazu geeigneten Mechanismen zu ticken, die durch genetische Vorgaben zustande kommen.

Bei den Fruchtfliegen namens *Drosophila* konnten schon früh Gene identifiziert werden, die im zellulären Uhrengeschäft tätig sind und deren Produkte namens Proteine sich an dem Stellen oder Regulieren der inneren Zeitgeber beteiligen. Sie nehmen zum Beispiel die Information auf, dass die Sonne scheint und es also Tag ist, und richten die inneren Uhren entsprechend ein, wobei die Details schnell unendlich vertrackt werden. So gesehen hört es sich völlig plausibel an, wenn man erfährt, dass die biologischen Taktgeber und ihre Eigenschaften vererbt werden. Zum Beispiel merkt man es daran, dass Frühaufsteher oder Frühtypen keine oder kaum Kinder haben, die Spätaufsteher oder Spättypen sind. Umgekehrt verhält sich der Nachwuchs von Spättypen in der Regel nicht anders als die Eltern, die in der Frühe gerne länger schlafen. Die Morgenstunde hat auch Blei im Hintern, wie man früher zu sagen pflegte, und so bleibt man einfach liegen, bis die erste Hektik des Tages vorbei ist.

Bei Menschen befindet sich der Sitz der inneren Zentraluhr – wie fast zu erwarten – im Hypothalamus, und hier genauer in der als Suprachiasmatischer Nukleus (SCN) bezeichneten Region. Es geht dabei um etwa zwanzigtausend dicht gepackte Nervenzellen, die mit speziellen Lichtsensoren im Auge verbunden sind. Das Attribut »speziell« soll andeuten, dass es sich dabei nicht um die traditionellen Empfänger auf der Netzhaut handelt, die zum Sehen beitragen, sondern um besondere Rezeptoren, die das Licht zu anderen Zwecken empfangen, etwa die Helligkeit zu registrieren, um auf Grundlage dieser Information die innere Uhr entsprechend einzustellen. Es lässt sich nachweisen, dass die genannten Zeitgeber in regelmäßigen Abständen biochemische Signale an die oben erwähnten Erregungs- und Einschlafzonen senden, was letztlich für ein sinnvolles Verhalten sorgt, nämlich dafür, dass jemand dann schläft, wenn die geeignete Stunde gekommen ist, nach Einbruch der Dunkelheit.

Was die Zellen im SCN vor allem produzieren, scheinen Substanzen zu sein, die das Erregungszentrum im Zwischenhirn beeinflussen und dabei mehr oder weniger hemmen. Da die zum Menschen gehörende innere Uhr diese Blockademoleküle gewöhnlich in der Nacht aussendet, lässt sich verstehen, warum sich die Schlafneigung im Laufe des Tages als nicht übertrieben hoch erweist. (Für unsere frühen Vorfahren verstand es sich von selbst, dass die Nahrungsbeschaffung im Dunklen erstens wenig Erfolg haben und zweitens gefährlich sein würde. Also war es viel besser und vernünftiger, sich möglichst ausgiebig in der horizontalen Lage zu erholen.)

Nun gibt es neben dem gerade erläuterten hemmenden und ermüdenden Einfluss der inneren Uhr auch noch sein Gegenstück, wie die Schlafforschung nachweisen konnte, also etwas, das Menschen wachhält. Im Körper scheinen die beiden biochemischen Komponenten in der Lage zu sein, eine Art wechselndes Gleichgewicht zu bewahren, das sich offenbar selbst einstellen und regulieren kann. Die Wissenschaft spricht dann von »Homöostase« (vom griechischen Ausdruck für Gleichstand), und sie unterscheidet eine daran mitwirkende homöostatische Schläfrigkeitskomponente von einem chronobiologischen Faktor, dessen Menge im Tagesrhythmus schwankt und nachts besonders hohe Werte annimmt. Aus dem Wechselspiel der beiden molekularen Beiträger zum Schlaf lässt sich so etwas wie der Schlafdruck vorhersagen, der in einem Menschen wirksam wird. Dieser Schlafdruck erreicht sein Maximum, wenn die homöostatische und die chronobiologische Komponente der Schläfrigkeit gemeinsam ihren Höchststand erreichen. Durch den jetzt möglichen nachfolgenden Schlaf nimmt der Abstand zwischen der homöostatischen Komponente und einer bestimmbaren Aufwachschwelle so lange ab, bis er auf Null sinkt und die Nacht für den Schläfer oder die Schläferin vorbei ist. Dieses Modell einer Schlafhomöostase geht auf den aus Ungarn stammenden und jetzt in Zürich tätigen Pharmakologen Alexander Borbély (*1939) zurück, der das substanzielle Wechselspiel 1982 als Hypothese vorgeschlagen hat, um die Regulation des Schlafs innerhalb von physiologischen Grenzen zu verstehen. Wer längere Zeit auf seine Nachtruhe – aus welchen Gründen auch immer – verzichten muss, erfährt offenbar so etwas wie einen spürbaren Schlafdruck. Dieser Druck sollte nun durch eine Kombination aus homöostatischen und chronobiologischen Komponenten erklärt werden, die in zahlreichen Details allerdings noch ihrer Erkundung harren.

Der homöostatische Beitrag zur Schläfrigkeit wird vermutlich nicht durch eine einzelne Schlafsubstanz geliefert. Eher sollte man an viele Faktoren denken, die dynamisch zum Gleichstand beitragen. Einen Faktor scheint man bereits identifiziert zu haben: eine Biochemikalie namens Adenosin, die normalerweise als Bestandteil von energiereichen Verbindungen in den Zellen bekannt und in dieser Form ungeheuer wichtig für das Leben ist. Das Adenosin bildet sich, wenn Nervenzellen – vor allem im Wachzustand eines Menschen – Energie um- und einsetzen, wobei einleuchtet, dass im Zustand des Schlafens der umgekehrte Vorgang ablaufen und der Energievorrat wieder aufgefüllt werden muss.

Borbélys Modell bringt eine Empfehlung für Schichtarbeiter mit sich, also für Menschen, die zu ungewohnten Zeiten und vielfach nachts arbeiten müssen (oder wollen), während sie eigentlich schlafen sollten. Das Konzept der Homöostase deutet an, dass es für die von der Schicht Heimkehrenden nicht unbedingt ratsam ist, sich sofort zum Schlafen hinzulegen. Vielmehr sollten sie, falls dies möglich ist, bis zum Nachmittag damit warten, weil sie dann in das Tal ihrer Aufwachschwelle hineinschlafen können, was die dringend benötigte Schlafdauer verlängert und die geheimnisvolle Schläfrigkeitskomponente abbaut, soweit dies in den verfügbaren Stunden möglich ist.

Was dem Zweiprozessmodell der Schlafregulation entwischt, kennen viele Menschen als den manchmal überwältigenden Drang zu einem Nickerchen nach dem Mittagessen. Um diesen Drang zu verstehen, muss man möglicherweise den Einfluss der Verdauung und die dazugehörige Verteilung des Blutes berücksichtigen. Vielleicht ticken neben den genannten noch weitere Uhren, die das zweimal innerhalb von 24 Stunden zu beobachtende Absinken des Blutdrucks erklären würden. Dieses Absinken scheint ebenfalls für das Verlangen nach einem Mittagsschlaf von Bedeutung zu sein.

Offenkundig agiert eine Vielzahl von Rhythmen im menschlichen Körper, und es ist ihre jeweils aktuelle Summe, die entscheidet, ob jemand zu einer bestimmten Zeit einschläft oder wach bleibt. Falls dieser Jemand noch ein Kind ist, muss sich die innere Tagesuhr erst noch ausprägen, wie Eltern auch ohne eine wissenschaftliche Bestätigung allzu gut wissen. Außerdem unterliegen die lieben Kleinen eher einem fünfzig bis sechzig Minuten währenden Rhythmus, der sich erst später zu dem Wert von neunzig Minuten entwickelt, wie er bei Erwachsenen festzustellen ist.

Das Nachthormon

Wenn man einen Biochemiker fragt, wie der Tag- und Nacht-Rhythmus eines Menschen zustande kommt und reguliert wird, erhält man als Antwort einen Hinweis auf ein Hormon namens Melatonin, das auch als Nachthormon bezeichnet wird; sein Name ist vom griechischen Wort für Schwarz, also *melas*, abgeleitet. Es wird von der Zirbeldrüse des Gehirns ausgeschüttet – in die Blutbahn gebracht –, und zwar dann, wenn sich die Dunkelheit zeigt. Fällt im Laufe eines Tages das Licht der Sonne in die offenen Augen, wird diese Information nach innen weitergegeben und die Verfügbarkeit von Melatonin verringert.

Das Melatonin wirkt sich dadurch im Körper aus, dass es die Blutgefäße in den Extremitäten erweitert, die nun mehr von dem besonderen Saft aufnehmen und ihn woanders abziehen können, was insgesamt zu einem Absinken der Körpertemperatur führt. Übrigens steckt das beste Anzeichen dafür, dass jemand tatsächlich eingeschlafen ist und diesen Zustand der Abwesenheit nicht nur vortäuscht, in dem Verschwinden des Temperaturunterschiedes zwischen den Gliedmaßen (außen) und dem Körperrumpf (innen). Im Wachzustand liegt die Temperatur der Gliedmaßen unter der des Körpers, die normalerweise mit 37 Grad Celsius gemessen wird. Wenn die Differenz zwischen der Körper- und der Fußwärme zum Beispiel zu hoch ist – etwa bei jemandem, der leicht von kalten Extremitäten geplagt wird –, lohnt es sich, der Wirkung des Melatonins durch das Anziehen von Wollsocken oder das Verwenden von Wärmflaschen nachzuhelfen. Mit beiden Maßnahmen fällt das Einschlafen leichter, wie viele Menschen sicher aus eigener Erfahrung wissen.

Das Nachthormon wirkt übrigens als Gegenstück zu dem seit 1935 bekannten Hormon namens Cortison, das den Namen seinem Fundort in der Nebennierenrinde des Menschen verdankt. Das lateinische *cortex* meint eine Rinde und wird zum Beispiel auch für die Hirnrinde benutzt, wobei dann unter anderen vom Neocortex die Rede ist. Während Menschen müde werden und einschlafen, ihr Melatoninspiegel also steigt, muss das zirkulierende Cortison entsprechend abnehmen, um das Einschlafen nicht zu stören. Wenn es mehr von dem Melatonin gibt, bedeutet das zugleich, dass weniger von dem zu einem Wohlbefinden verhelfende Glückshormon Serotonin an den passenden Stellen im Körper zirkuliert, da dieser Stoff von den Zellen gebraucht wird, um das Nachthormon anzufertigen.

Gegen Morgen – in den meisten Fällen zwischen vier und fünf Uhr in der Frühe – muss der Körper allmählich eine andere Richtung einschlagen und sich langsam auf das Wachwerden vorbereiten. Dann regt sich unter anderem etwas im SCN, was konkret bedeutet, dass dort bislang nicht erwähnte Hormone mit komplizierten Namen, etwa Corticotropin, eine Signalkette in Gang setzen. An deren Ende wird in der Hypophyse ein weiteres Hormon freigesetzt, das schließlich zu den Nebennierenrinden wandert, um hier das Cortison für die Weckfunktion bereitzustellen.

Die genannten biochemischen und physiologischen Prozesse laufen zwar weitgehend ohne persönliches Zutun ab. Stückweise und gezielt können Menschen aber offenbar eingreifen, denn vielen ist die Fähigkeit vertraut, sich auch ohne Wecker – sozusagen durch eine innere Stimme – selbst zu ungewohnten Stunden aus dem Schlaf zu reißen, um dann wach zu werden, wenn sie es wollen.

Was noch so alles im Schlaf passiert

Zu den anregenden Dauerthemen der aktuellen biologisch-medizinischen Schlafforschung, die wie eine Art Basso continuo die physiologischen oder biochemischen Arbeiten begleiten, gehört die Frage, warum überhaupt geschlafen werden muss. Warum drängt das Gehirn mit seinen Zellverbänden und Eigenschaften auf diesen für den Körper schutzlosen und unter bestimmten Umständen gefährlichen Zustand hin? Um hier einer Antwort näher zu kommen, empfiehlt es sich, weitere Vorgänge, die zum Schlaf gehören, zusammenzustellen. So fängt das Gehirn auf dem Weg zum Tiefschlaf zum Beispiel damit an, ein Hormon freizusetzen, das seinerseits das als Somatotropin bekannte Wachstumshormon auf seinen Weg und zu seiner Funktion bringt. Es gibt Wissenschaftler, die der Ansicht sind, dass ausgerechnet dieses Wachstumshormon zu einem der wichtigsten Schlafboten wird. Dabei spielt die Beobachtung eine wichtige Rolle, dass Kinder mit Schlafstörungen nicht die Größe von Kindern erreichen, die friedlich und ruhig durchschlafen.

Was nicht überraschend sein sollte: Im Schlaf lässt das Hungergefühl von Menschen nach, wobei umgekehrt Schlafmangel dazu führt, dass ein im Körper tätiger Appetithemmer namens Leptin zu einer Mangelerscheinung wird, sodass übermüdete Menschen mehr Nahrung zu sich nehmen als nötig – mit den entsprechenden Folgen. Man kann jedoch auch die andere Erfahrung machen, nämlich die, dass der Schlafdruck durch Essen zu mildern ist.

Das Wachstumshormon Somatotropin sorgt bei Menschen auch für die Heilung von Wunden und das Wachsen der Haare –

was es deshalb im Normalfall wenig sinnvoll erscheinen lässt, sich vor dem Schlafengehen zu rasieren. Und während der Körper sich ausruht, wird das Immunsystem aktiv. Es fertigt jetzt neue Abwehrzellen, um für kommende Invasionen von Fremdkörpern, die überall lauern und ansteckende Krankheiten auslösen können, besser gerüstet zu sein. Im Knochenmark läuft die Produktion von Blutkörperchen auf Hochtouren, und so lassen sich noch viele weitere Arbeiten angeben, die nachts durchgeführt werden und dem Menschen das Leben am Tage erleichtern. Eindeutig festigt sich im Schlaf das Gedächtnis, ohne dass die dazugehörigen Mechanismen genutzt werden könnten, etwas von Grund auf Neues zu lernen. Bei diesen Aufräumarbeiten mit Einfluss auf die Sphäre der geistigen Welt stellt das Gehirn auch die Emotionen des Schläfers neu ein, und es kombiniert Informationen aus verschiedenen Quellen, was man vorsichtig als eine Form von Kreativität deuten kann. Die Evolution bringt ihre Kreativität auf ähnliche Weise zustande, nämlich durch das Rekombinieren, das Neuzusammensetzen von genetischen Informationen. Mit dessen Hilfe entwickelt sich etwas, das es zuvor nicht gegeben hat – so wie neue Sätze durch die Neukombination von bekannten Wörtern entstehen, mit oftmals überraschenden Bedeutungen. »Wie kann ich wissen, was ich denke, bevor ich höre, was ich sage«: So hat der englische Poet E. M. Forster (1879–1970) einmal beschrieben, was dem Gehirn zu tun gefällt. Es gefällt ihm aber offenbar nicht nur, bestimmte Gedächtnisinhalte in der Nacht zu bewahren, während es andere löscht. Es gefällt ihm auch, diese festgehaltenen Stücke in eine andere Ordnung zu bringen, aus der sich manchmal etwas völlig Neues ergeben kann. Wenn dieses Neue dem Schlafenden plötzlich zugänglich wird, erscheint es ihm wie ein »Geistesblitz«.

Wie Tiere schlafen

Natürlich steht hier der Mensch im Mittelpunkt. Aber das Leben mit Tag und Nacht muss allen Organismen gelingen, deshalb ist an dieser Stelle ein kurzer Blick auf das Schlafverhalten von Tieren nützlich.

Auffällig ist die Tatsache, dass größere Säugetiere weniger Schlaf benötigen als kleinere. Außerdem sinkt die Dauer des Schlummers, wenn die Tiere weniger Energie aufwenden müssen, um an ihr Fressen zu kommen. Alle Säugetiere tauchen in eine Phase des Tiefschlafs ein, wobei sich auf dem Weg dorthin – wie bei Vögeln, aber anders als bei Reptilien – auch REM-Phasen erkennen lassen (ohne dass sich sagen ließe, ob sich dabei Träume zeigen). Die Schlafprofile von Ratten und Menschen erweisen sich als ziemlich ähnlich, was auf einen alten evolutionären Ursprung von Leicht- und Tiefschlafphasen schließen lässt. Sie müssen für das Leben eine maßgebliche Bedeutung haben und zu den Selektionsbedingungen zählen, die es vorangebracht haben.

Eine häufig gestellte Frage ist die, ob auch Wale, Delfine und Robben, die doch ab und zu zum Atmen an die Wasseroberfläche kommen müssen, schlafen können. Sie sind zu dem imstande, was in der Wissenschaft »Halbseitenschlaf« heißt. Damit ist gemeint, dass nur eine der beiden Hirnhemisphären ab- oder umgeschaltet wird, während die andere ihre Wachtätigkeit fortführt. Robben können dabei sogar wählen. Sie schlafen an Land ganz normal und schalten unter Wasser auf die Halbseitenversion um. Als interessant für die Schlafforschung gelten von jeher die Albatrosse, die bei ihren Zügen tagelang in der Luft bleiben und sich dabei wohl nicht zur Ruhe betten können. Aber auch sie schlafen und haben dabei drei verschiedene Wege gefunden, ihr Ruhebedürfnis zu befriedigen. Zum Ersten können sie in lange Gleitflugphasen eintreten und dabei ausführliche Nickerchen machen. Zum Zweiten ist ihr Gehirn in der Lage, sogenannte Mikroschlafepisoden zu organisieren, also zwischendurch kurz einzunicken, wenn die Gelegenheit günstig ist. Und zum Dritten kennt auch der Albatros die Option des Halbseitenschlafs. Auf diese Weise kommen selbst diese Zugvögel »über die Runden«.

Bekanntlich verfügen Hunde, Katzen oder auch Schimpansen über regelrechte Einschlafrituale. Und Vögel erstarren im Schlaf, um nicht von dem Baum zu fallen, auf dem sie sich niedergelassen haben, doch das soll an dieser Stelle nicht vertieft werden. Aber schlafen auch Kleinstlebewesen wie zum Beispiel Fliegen? Bei Fliegen lassen sich Hirnströme finden, die sich so verändern, dass die Wissenschaft von »schlafähnlichen Zuständen« spricht. Die Nervenzellen der Winzlinge sind dann weniger leicht erregbar und leiten kaum noch Signale weiter. Es hat sich herausgestellt, dass junge Fliegen »tiefer« schlafen als ihre älteren Artgenossen und Männchen länger als Weibchen, nämlich 15 Stunden lang gegenüber den zehn Stunden der Frauchen.

Bei der Fruchtfliege Drosophila fand man zahlreiche Gene, die zum Ruheverhalten oder zu dem Verlangen danach beitragen. Eines dieser Gene sorgt für ein Produkt, das die Erregbarkeit von Nervenzellen ändert und auf diese Weise nur einen Kurzschlaf erlaubt. Bemerkenswert an diesem Befund ist die Tatsache, dass damit zugleich die Lebenserwartung sinkt. Wer am Tag länger schläft, kann dies auch im Leben länger tun.

Schlafen bei Vollmond

Viele Menschen schwören Stein und Bein darauf, dass ihr Schlafverhalten vom Mondzyklus beeinflusst wird. Genauer gesagt meinen sie damit, dass sie schlechter schlafen, wenn Vollmond herrscht. Sie können sich dazu sogar auf die wissenschaftliche Literatur berufen, in der immer mal wieder berichtet wird, dass zumindest die Zeit, die Menschen zum Einschlafen brauchen, so lange zunimmt, bis die Mondphasen den vollen Stand erreicht haben, und es bei Neumond weniger lange dauert, bis der Schlummer einen überwältigt. Die Wissenschaft meint dabei allerdings kein stundenlanges Wachliegen, sondern unterscheidet die Einschlafdauer in Minuten, wobei es kaum um eine Viertelstunde geht. Ebenfalls vermessen wurde die Art der Träume in Relation zur Mondphase. Wer unbedingt will, kann behaupten, dass in dem nächtlichen Kino im Kopf mehr los ist, wenn der Vollmond am Himmel steht.

Doch sobald eine Meldung über den Einfluss des Mondes auf das Schlafverhalten zu lesen war, tauchen Studien auf, die zu völlig anderen Schlüssen kommen. Insgesamt drängt sich der Eindruck auf, dass sich tatsächlich kaum signifikante Verbindungen (Korrelationen) zwischen dem Vollmond und menschlichen Verhaltensweisen aufspüren lassen. Dabei geht es nicht nur um das Schlafen oder Einschlafen, sondern auch um die Zahl von Verkehrsunfällen, Messerstechereien und Notrufen bei der Polizei, um nur einige Ärgernisse zu nennen.

Trotzdem ist der Glaube an die Rolle des Vollmondes ungebrochen, und wer dies verstehen will, kann bei Immanuel Kant Auskunft bekommen. Bereits 1766 schrieb er in den *Träumen eines Geistersehers:* »Denn es ist zu allen Zeiten so gewesen und wird auch wohl künftighin so bleiben, dass gewisse Dinge selbst bei Vernünftigen Eingang finden, bloß darum, weil allgemein davon gesprochen wird. Dahin gehören … die Einflüsse der Mondwechsel auf Tiere und Pflanzen« und dergleichen, also auch auf Menschen. Sie können sich beruhigen und zu jeder Mondphase gelassen auf den Schlaf warten. Das Gehirn nimmt sich, was es zum Leben braucht.

Welche Aufgaben erfüllt der Schlaf?

Mittlerweile häufen sich die empirischen Befunde, dass das Gehirn nach dieser Ruhephase lernbereiter ist und das, was es behalten soll oder will, besser organisiert und geordnet hat. Die Forschung spricht dabei von der (komplexen) Gedächtniskonsolidierung. Eine wichtige Rolle übernimmt der als Hippocampus bekannte Bereich des Gehirns. Er hilft offenbar, einige der tagsüber aufgenommenen Informationen auszuwählen und in einen Langzeitspeicher zu überführen, der im Neocortex angesiedelt ist. Dass im Schlaf Erfahrungen des Tages noch einmal bedacht und nachvollzogen werden, hat sicher schon jeder im Bett liegende und zur Ruhe kommende Mensch am eigenen Leib erfahren.

Experimente mit Ratten zeigen, dass sie dann, wenn sie im Hellen darauf trainiert worden sind, ein Labyrinth zu durchqueren, und dabei ein festes Muster an Hirnaktivität einsetzen, diese neuronale Aktivität in der Nacht wiederholen. Mit anderen Worten: Im Schlaf wandern die Ratten in Gedanken noch einmal durch das Labyrinth, in dem sie am Tage geübt haben. Auch Menschen schreiten in ihren träumerischen Gedanken häufig nochmals die Lösungswege ab, die sich bei Problemen des Tages als möglicherweise begehbar gezeigt haben oder bereits begangen worden sind.

Unabhängig von der nächtlichen Lösung solcher konkreten Aufgaben gilt heute die alte sozialkritische Vermutung als unzutreffend, dass der Schlaf nur dazu diene, die Arbeitskraft von Menschen zu regenerieren. Dagegen spricht schon die Tatsache, dass gerade Rentner auf die Nachtruhe weder verzichten wollen noch können.

Hier und da kann man immer noch lesen, man müsse den Schlaf als ein »Joch« betrachten, in das sich Menschen so zu fügen haben wie in den Kreislauf der Jahreszeiten. Hier wird, im Gegensatz dazu, die Ansicht vertreten, dass der Mensch den Schlaf als etwas Beglückendes, Schützendes und höchst Intimes erfahren kann.

Darüber hinaus unterstützt der Schlaf die Lösung von Aufgaben, denn in der Nacht arbeitet ein Mensch nicht zuletzt an seinem Gedächtnis. Längst vermutet die Forschung, dass darauf sowohl im Tiefschlaf als auch in der REM-Phase Mühe verwendet wird, wobei all das auch lokal begrenzt stattfinden kann. Schlaf ist kein einheitlicher Zustand, der das ganze Gehirn auf einmal erfasst. Es handelt sich um lokale Eigenschaften, die eigenständig gesteuert werden und sich unterschiedlich auswirken können, was die alte Frage in einer neuen Version aufkommen lässt, nämlich der, warum Menschen überhaupt schlafen.

Bei den hier angebotenen Antworten verzichten wir auf den Rückgriff auf Träume, denn sie sind Thema des Folgekapitels. Uns soll es an dieser Stelle vor allem um physiologische Antworten gehen, etwa um den Hinweis, dass im Schlaf der Kreislauf des Körpers und sein Stoffwechsel aufeinander abgestimmt und beide passend justiert werden. Eine wichtige Funktion steckt auch in der Aufrechterhaltung der Körpertemperatur, was man in heutigen Zeiten auch als »Energiesparmaßnahme« bezeichnen und auf diese Weise verstehen kann. Im Schlaf wird sicherlich die Lernfähigkeit des Denkorgans verbessert und geformt, und nachweislich kommt es zum Abbau von zahlreichen Verbindungen zwischen Nervenzellen mittels der als Synapsen bezeichneten Ausstülpungen. In diesen Synapsen ist stets der molekulare Teufel los, wenn das Gehirn Erfahrungen macht, die Wahrnehmungen seiner Sinnesorgane verarbeitet und speichert. Im Laufe der Nacht scheint es nötig, das Nervensystem von synaptischen Verbindungen zu befreien, die als überflüssig bewertet werden, wobei unklar bleibt, wie die Zellen des Gehirns diese Entscheidung treffen. Auf jeden Fall nimmt die sogenannte synaptische Last im

Schlaf ab, vor allem in den Teilen des Gehirns, die tagsüber eine Menge zu tun hatten und nachts jetzt tiefer schlafen müssen, um zu regenerieren und zu neuer Leistung befähigt zu sein.

Wenn sich der biologische oder evolutionär erfassbare Sinn des Schlafens als diese synaptische Formbarkeit der Nervenzellen erweist, »dann wissen wir, dass Schlafen für die Unterstützung des Lernens erfunden wurde«, wie Peter Spork in seinem *Schlafbuch* schreibt. Darin geht er sogar noch einen Schritt weiter, um der Frage nach dem Warum eine schöne Wendung zu geben. Zunächst gilt festzuhalten: Menschen »schlafen eindeutig nicht, weil sie ruhen müssen«. Sie »schlafen ein wenig, um Energie zu sparen ... und mit Sicherheit zur Erholung, für Wachstum und Regeneration«. Kinder schlafen besonders viel, weil sie noch wachsen müssen und ihr Gehirn seine Aufgabe noch finden muss. Menschen schlafen, um sich zu erinnern, wie Spork betont, und er meint damit den Geist und den Körper, da die Gedächtniszellen des Immunsystems diese Ruhephase brauchen und nutzen. Was dabei auch immer im Gehirn abläuft, passiert zwar unbewusst, stellt aber dem, was dem Bewusstsein des Tages zu verdanken ist, etwas gegenüber, mit dem ein Abgleichen möglich wird.

Im Schlaf kann man das gegenwärtige Empfinden mit dem vergangenen Erleben zusammen erfassen. Menschen können sich jetzt darüber klar werden, was der zurückliegende Tag für sie gebracht hat. Ohne Schlaf gäbe es dafür keine Gelegenheit. Oder mit den Worten von Peter Spork ausgedrückt: »Ohne Schlaf gibt es kein Bewusstsein.« Deshalb vielleicht kann Faust, aus seinem Heilschlaf erwachend, sich erneut dem Leben zuwenden und wieder Freude an der Schönheit der Natur empfinden. Im Regenbogen über einem Wasserfall erkennt er die Vielfalt der Welt, die ihn umgibt: »Der spiegelt ab das menschliche Bestreben./ Ihm sinne nach, und du begreifst genauer:/ Am farbigen Abglanz haben wir das Leben.« Gut möglich, dass ihn dieser Abglanz schon durch die Nacht begleitet und ihm im Schlaf – trotz aller Schuld – neue Kraft verliehen hat.

KAPITEL 5

Der Stoff, aus dem die Träume sind

Wir sind aus dem Stoff, aus dem Träume gemacht sind,
und unser kleines Leben umgibt ein Schlaf.

WILLIAM SHAKESPEARE

Man kann es sich leicht machen mit dem Traum und den Träumen und zum Beispiel sagen, dass das Gehirn einen Schlummernden oder eine Schlafende damit bedient, auf dass ihm oder ihr nicht langweilig werde. Ist doch angenehm, so ein Kino im Kopf zu haben, in dem so etwas wie ein Film aus dem eigenen Leben abläuft. Man kann aber als naturwissenschaftlich und empirisch orientierter Zeitgenosse auch meinen, dass es sich bei dem Geträumten wahrscheinlich nur um einen kleinen Teil aus dem umfangreichen nächtlichen Treiben der Neuronen im Kopf eines Schlafenden handelt, und zwar um die Aktivitäten, die ihm überhaupt bewusst und nur auf diese Weise im Gedächtnis gespeichert und als Erinnerung bewahrt werden können. Anders als der Besitzer eines Gehirns schläft das zentrale Denkorgan unter der Schädeldecke bekanntlich nicht. Es hat in der Zeit der vermeintlichen Ruhe vielmehr eine Fülle von überlebensnotwendigen Aufgaben zu erledigen. Und einige Prozente der dabei anfallenden und unvermeidlichen Hirnaktivität (so die ohne auf eine Deutung von Träumen abzielenden Hypothesen) erregen wahrscheinlich mehr oder weniger nebenbei einige Nervenzellen, die ihrerseits – auf bislang noch völlig unverstandene und höchst geheimnisvolle Weise – zum menschlichen Bewusstsein beitragen. Diese nervösen Erregungen werden dabei möglicherweise neu kombiniert und fügen sich insgesamt zu einem Traum zusammen, dessen Ablauf erst wahrgenommen, dann im Gedächtnis abgelegt und zuletzt berichtet wird.

Die physiologisch tätigen Hirnforscher konnten dabei zeigen, dass viele Träume über einen Ausgangspunkt im Vorderhirn eines Menschen verfügen, also dort, wo sie aufgrund experimenteller Erfahrungen die Fähigkeit zur Generation von Bildern im Wachzustand vermuten.

Mit anderen Worten: Was tatsächlich als Vorstellung in einem durch das Aufwachen gerade geschlossenen nächtlichen Kino im Kopf zu sehen war, kann niemand wissen, denn das Einzige, das von einem Traum bekannt wird und für die Mitwelt prüfbar bleibt, ist das, was der Träumer mit seinen Worten darüber berichtet. Träume gibt es nur als Erzählung, und jede solche Traumerzählung hat bereits einen langen Übertragungsweg zurückgelegt, ehe sie zu hören ist und bevor aus den inneren Bildern zuerst die Erinnerung und dann die verbindenden und verbindlich geäußerten Worte des Träumers werden können. Sie erzeugen in der Folge in den Zuhörern wiederum deren eigene innere Bilder, die alle zum Verständnis brauchen und schließlich für die Außenwelt den Traum ausmachen.

Traumforscher unterscheiden Träume während der REM-Phase von solchen außerhalb davon. Non-REM-Träume dauern kürzer und scheinen klarer und voller Gedanken zu sein, REM-Träume zeigen Bilder, wirken bizarrer und dauern länger. Daneben kennt die Wissenschaft noch luzide Träume, in denen man sich selber sieht, und Albträume, aus denen man voller Angst und schweißgebadet aufwacht. Albträume treten nach schlimmen Erfahrungen auf – Kriegserlebnissen, Naturkatastrophen, Misshandlungen, Unfällen –, aber nicht nach dem Betrachten von Filmen, die brutale Aktionen oder gefürchtete Tiere wie Schlangen zeigen.

Männer träumen anders als Frauen, nämlich eher sexuelle Themen mit aggressivem Charakter, während Frauen eher von Personen und den mit ihnen verbundenen Emotionen träumen. Im Schlaf bekommen Männer allemal eine Erektion, was sich bei erotischen Träumen verstärkt, wobei die möglichen feuchten Träume (die Samenergüsse) aber keine Verbindung mit dem Trauminhalt erkennen lassen. In Träumen alter Menschen geht es wie im Leben selbst ein wenig langsamer und gebrechlicher zu.

Was Träume nicht unterscheidet, sondern ihnen etwas Gemeinsames gibt, ist das unverkennbare Auftreten eines Ichs. Ein Traum-Ich tritt neben das Wach-Ich und beide zusammen können dann miteinander ausmachen, wer das wahre Ich ist, falls es das gibt. Vielleicht muss es ja nach jedem Traum und allen Tagen immer neu gefunden und zusammengestellt werden.

Eine Traummaschine

Nach einem Bericht des amerikanischen Wissenschaftsmagazins *Science* soll es japanischen Forschern am Computational Neuroscience Center in Kyoto gelungen sein, ein Computerprogramm zu entwickeln, das in der Lage ist, Aktivitätsmuster des Gehirns, die sich während einer Magnetresonanz-Untersuchung zeigten, mit visuellen Reizen zu assoziieren. Damit, so der Bericht, ließe sich mehr oder weniger feststellen, was Menschen sehen, wenn sie schlafen und träumen. Es klingt so, als ob die Wissenschaft eine Lesemaschine für Träume – für Traumbilder – in Händen hielte. Die ersten Lektüreergebnisse deuten darauf hin, dass Menschen tatsächlich das im Schlaf zu sehen bekommen, was sie nach dem Aufwachen erzählen. Träume stellen offenbar keine freien Erfindungen von Träumern dar. Es hat die dazugehörigen visuellen Reize im Nervensystem tatsächlich gegeben, wie die Maschine den Menschen zu sagen erlaubt. Was sich in den Träumen zeigt, kommt einem nur sehr bekannt vor, unter anderem zum Beispiel ein Baum, ein Mann oder eine Frau. Ein Trio fast wie im Garten Eden, könnte man meinen. Man sucht nach dem Apfel und der Schlange und wartet gespannt auf das nächste Bild.

Das Vergnügen am Erzählen

Wie gesagt, man kann es sich unter streng ausgelegten naturwissenschaftlichen Aspekten leicht machen mit dem Traum und sich das mit diesem Begriff bezeichnete bewegte und zugleich bewegende Geschehen als eigentümlich wilde Kombination von aktiven Neuronetzwerken im Gewimmel des Gehirns vorstellen, ohne dass sich dabei unbedingt ein Sinn zeigen oder finden lassen müsste. Träume entstehen, biologisch betrachtet, im Verlauf des Schlafs vielleicht bloß als vielfach chaotische Impulse von Nervenreizungen innerhalb von neuronalen Netzwerken, und diese Darstellung könnte sogar erklären, was ihr oft berichtetes, in der Literatur häufig erwähntes und ausführlich geschildertes Wesen mit all seinen bizarren Erscheinungsformen ausmacht.

Ein konsequent nüchterner Umgang mit den Träumen stellt eine solide Möglichkeit für einen wissenschaftlich orientierten Menschen dar, deren unbefriedigende Schwachstelle bei genauerem Nachdenken jedoch sofort ins Auge springt. Denn selbst wenn dieser strikt neurologisch argumentierende Ansatz einen Teil der materiellen oder zellulären Wahrheit von Träumen erfasst: Er könnte auf keinen Fall das uralte, traditionsreiche und unvermindert anhaltende Vergnügen vieler Völker und Kulturen mindern, weitreichende Deutungen der oft abenteuerlichen Traumgeschichten zu liefern, von denen die Literatur voll ist. Also wird auch weiterhin nach möglichen Traumbotschaften gefahndet, die von den himmlischen Göttern, vom eigenen Gewissen oder von wem auch immer kommen mögen, um für das Kommende und das Leben insgesamt gewappnet zu sein.

Bevor wir auf diese schwärmerische Traumkultur näher eingehen, soll auf eine besondere Qualität des humanen Hirns – genauer: des menschlichen Wachbewusstseins – hingewiesen werden, die zum Kapitel der inneren nächtlichen Szenarien gehört. Im Kopf der Träumenden zeigen sich diese Szenarien zwar als eine filmartige Folge von Bildern, können jedoch trotzdem nur als Erzählung mit Worten übermittelt werden, auch wenn ab und zu Skizzen des im Schlaf Gesehenen angefertigt und dem Deuter angeboten werden. Worauf es hier ankommt, kann man mit einem Satz ausdrücken: »Das Gehirn liebt es, Geschichten zu erfinden und zu erzählen.« Es hat dafür sogar eine besondere Form von Gedächtnis entwickelt, das sogenannte episodische Gedächtnis, mit dessen Hilfe Episoden aus dem Leben bewahrt und berichtet werden.

Vermutlich sagen diese Hinweise den meisten Menschen nichts Neues. Viele Leser werden die Einsicht von Max Frisch kennen, dass wir am Ende unseres Lebens die Geschichte erfinden, die wir dafür halten. Insofern könnte man die obige Behauptung eigentlich ohne Beweis durchwinken. Es gibt aber ein wissenschaftliches Experiment mit einer entsprechenden Beobachtung, durch die das eingeborene menschliche Bedürfnis zum Erzählen sozusagen wissenschaftlich präzise demonstriert werden kann, und davon soll jetzt die Rede sein.

Im Mittelpunkt stehen dabei Menschen, die in der Medizin als »Split-Brain-Patienten« bekannt und berühmt geworden sind. Konkret ist ihnen in einer aufwendigen Operation der Balken durchtrennt worden, der im Normalfall die linke und die rechte Hemisphäre eines menschlichen Gehirns verbindet und im Fachjargon Corpus callosum heißt. Die Ärzte haben sich zum ersten Mal in den Sechzigerjahren zu diesem heute nicht weiter durchgeführten schwerwiegenden Eingriff gezwungen gesehen, um die Betroffenen vor weiteren epileptischen Anfällen zu bewahren, unter denen sie enorm litten und die oftmals lebensgefährlich sein konnten. Wie sich herausstellte, gehört es grundlegend zu einem solchen Krampfanfall, dass es dabei zu ungeheuren Nervenströmen kommt, die sich aufschaukeln und durch den Balken von einer Hirnhälfte in die andere gejagt werden. Die Hoffnung bestand darin, mit dem Durchtrennen dieser Brücke die massiven epileptischen Stürme im Hirn stoppen zu können, und diese Hoffnung hat sich auf eindrucksvolle Weise erfüllt. Als Konsequenz liefen dann einige Menschen umher, die ohne eine anatomische Verbindung zwischen ihren Hemisphären lebten. Offenbar kamen sie damit gut und problemlos zurecht, und niemand bemerkte irgendwelche Besonderheiten. Ihnen ging es allein schon deshalb gut, weil sie nun von den epileptischen Anfällen verschont blieben.

Auch wenn die Split-Brain-Patienten ihren Alltag – zum Glück – gut bewältigen konnten, so stellten sich einige Wissenschaftler unabhängig davon die Frage, ob sich nach der Durchtrennung des Balkens nicht doch Besonderheiten in der Wahrnehmung und Handhabung der Wirklichkeit zeigen ließen. Wer sich ein wenig in der Anatomie des menschlichen Gehirns auskennt, wird wissen, dass zum Beispiel die rechte Hand von der linken und die linke Hand von der rechten Seite des Denkorgans aus gesteuert wird und es funktionelle Bereiche unter der Schädeldecke gibt, die asymmetrisch eingerichtet und verteilt sind. So steckt die Fähigkeit zur

Sprache (nicht völlig, aber zum überwiegenden Teil) in der linken Hemisphäre, und das brachte die Neurowissenschaftler auf eine Idee für ein Experiment. Sie wussten, wie man bewerkstelligen kann, dass etwas Wahrgenommenes nur in der rechten (oder linken) Hirnhälfte registriert wird. Dazu präsentiert man einem Probanden ein Bild in einer geeigneten Apparatur derart, dass es nur von der linken (oder rechten) Hälfte seiner Augen gesehen werden kann, die dann nur die rechte (oder linke) Hälfte im Gehirn informiert.

In einem berühmten Experiment wurde einem Split-Brain-Patienten eine Schneelandschaft so dargeboten, dass sie für ihn nur in der rechten Hemisphäre auftauchte. Dann wurde er gebeten, mit der linken Hand unter einer Reihe von Gegenständen diejenigen zu wählen, die dazu passten. Als die Entscheidung auf eine Schaufel fiel, mit der sich der Schnee wegräumen ließ, wurde der Patient aufgefordert, seine Wahl zu begründen, was er natürlich nur mit seiner linken Hemisphäre erfüllen konnte. Sie hatte aber keine Schneelandschaft, sondern stattdessen eine Hühnerkralle zu Gesicht bekommen. Das Sprachzentrum scherte sich jedoch nicht um seine fehlenden oder unzusammenhängenden Informationen und plapperte sofort und ganz selbstverständlich los. Es antwortete, dass mit der Schaufel der Hühnerstall gereinigt werden könne.

Mit anderen Worten (die natürlich nicht nur mit diesem, sondern mit vergleichbaren anderen Versuchsaufbauten zu begründen sind) und in aller Kürze: Wenn ein Gehirn zahlreiche Bilder aufgenommen und zu verarbeiten hat, versucht es sie in einen Zusammenhang zu bringen und daraus eine Geschichte zu formen, die sich erzählen lässt. Möglicherweise stellen die erinnerten und berichteten Träume genau solch eine sprachliche Verknüpfung von erinnerten Bildern dar, was einen Traum erst im Moment seiner Erzählung entstehen lässt. Aber selbst wenn dies der Fall ist, sind die dazugehörigen Geschichten nicht weniger spannend. In ihnen zeigt sich etwas – drückt sich etwas aus –, das aus dem Innern eines Menschen kommt und bislang im Dunkel lag. Man kann sich über die Traumerzählung wundern und mit ihrer Hilfe vielleicht verstehen, was Menschen fesselt und ausmacht.

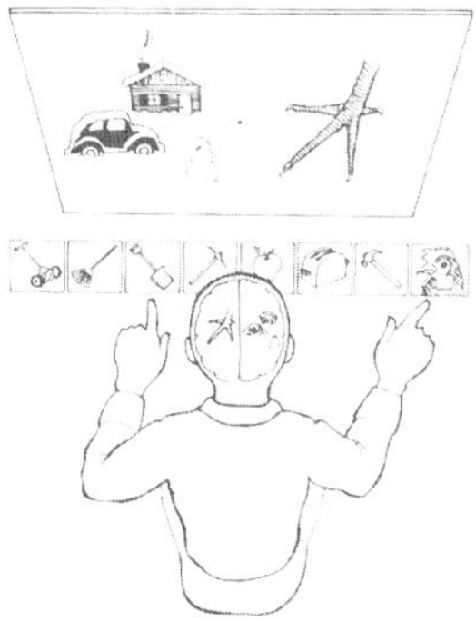

Ein Versuch mit einem Split-Brain-Patienten (Gehirn ohne Balken), der mit einer Gehirnhälfte Dinge sieht, die die andere nicht wahrnehmen kann, und anfängt, Geschichten zu erzählen, um sich ein Bild zu machen.

Erzählungen der Kulturen

Zu einem Problem bei Träumen gehört die Schwierigkeit festzustellen, wo die Bilder der Nacht in die Wirklichkeit des Tages übergehen und ob und wie man unterscheiden kann, welcher Teil des Bewusstseins einem Traum und welcher einer erlebten Erfahrung entsprungen ist. Dazu gibt es eine Geschichte; sie entstammt der chinesischen Denktradition, die nach dem rechten Weg von Menschen – dem *Dao* – fragt und in abendländischen Darstellungen entsprechend Daoismus (früher Taoismus) genannt wird. Sie erzählt von einem zufriedenen Menschen und einem unschuldigen Schmetterling: »Einst träumte Zhuang Zhou, dass er ein Schmetterling sei, ein flatternder Schmetterling, der sich wohl und glücklich fühlte und nichts wusste von Zhuang Zhou. Plötzlich wachte er auf. Da war er wieder wirklich und wahrhaftig Zhuang Zhou. Nun weiß ich nicht, ob Zhuang Zhou geträumt hat, dass er ein Schmetterling sei, oder ob der Schmetterling geträumt hat, dass er Zhuang Zhou sei, obwohl doch zwischen Zhuang Zhou und dem Schmetterling sicher ein Unterschied ist. So ist es mit der Wandlung der Dinge.«

Die Wandlung der Dinge gehört zu den großen Themen im fernöstlichen Denken, das sich auf diese Weise deutlich von seinem europäischen Gegenstück abhebt, in dem Jahrtausende hindurch das

Unveränderliche und Unverrückbare im Mittelpunkt standen; etwa Ideen des Philosophen Plato oder die Vorstellung vom ewigen Bestehen der von Gott geschaffenen Arten im Christentum. Bis ins 19. Jahrhundert hinein haben solche Ideen und Vorstellungen verhindert, dass die eigentlich ins Auge springende Evolution des Lebens gesehen und erkundet wurde.

Um die fortlaufenden Wandlungen deutlich zu machen, stellen sich Anhänger des Daoismus ein permanentes Wechselspiel zwischen unterschiedlichen Kräften vor, was in Form des bekannten und bereits angeführten Yin-Yang-Symbols ausgedrückt wird. Darin stehen sich ein helles männliches und ein dunkles weibliches Prinzip gegenüber, die gemeinsam den dynamischen Kreis der Schöpfung ausfüllen. Mit seinen hellen und dunklen Hälften fängt das Yin-Yang-Symbol auch das Wechselspiel von Tag und Nacht ein und ist dadurch dem westlichen Denken leicht verständlich.

Es mag nun überraschen, dass eine der ersten Darstellungen von Träumen in der europäischen Literatur ebenfalls auf eine Zweiteilung hinweist, die sorgfältig zwischen dunklen und hellen Anteilen unterscheidet. In der *Odyssee* des Homer träumt Penelope von der ersehnten Rückkehr ihres Gatten Odysseus, fragt sich jedoch, ob sie der Eingebung trauen kann. Sie spricht einen Mann an, der neben ihr steht und bei dem es sich pikanterweise um den inkognito eingetroffenen Odysseus selbst handelt:

> Fremdling, es gibt doch dunkle und unerklärbare Träume. Denn es sind, wie man sagt, zwei Pforten der nichtigen Träume: Eine aus Elfenbein, die andere von Horne gebauet. Welche nun aus der Pforte von Elfenbeine herausgehn, diese täuschen den Geist durch lügenhafte Verkündung. Andere, die aus der Pforte vom glatten Horne hervorgehn, deuten Wirklichkeit an, wenn sie den Menschen erscheinen.

Mit diesem Zwiespalt spricht Penelope ein Problem an, das die gelehrten Traumforscher bis in die Neuzeit beschäftigt und das sich durch die folgenden Fragen ausdrücken lässt: Haben im nächtlichen

Kopfkino Dämonen und andere Verführer das Sagen und leiten den Schlafenden in die Irre? Oder belästigen den Ruhesuchenden dabei banale Dinge wie verdorbenes Essen oder auch fehlerhaftes Verhalten im Laufe des vergangenen Tages?

Eine entsprechende Traumforschung etabliert sich im Laufe des 19. Jahrhunderts, wie sich am Erscheinen von Büchern mit Titeln wie *Das Leben des Traums* (1861) und *Der Traum als Naturnotwendigkeit erklärt* (1886) zeigt. Wer einen Überblick darüber gewinnen möchte, findet ihn in der berühmten Abhandlung *Die Traumdeutung*, die Sigmund Freud (1856–1939) im Jahre 1900 vorlegt und der er eine Betrachtung über die Bemühungen seiner Vorgänger voranstellt.

Im letzten Jahrzehnt des 19. Jahrhunderts wird daneben das begründet, was man als exakte, naturwissenschaftlich vorgehende Traumforschung bezeichnen könnte. Die Amerikanerin Mary Whiton Calkins (1863–1930) machte sich als Erste daran, knapp vierhundert Träume statistisch auszuwerten, in denen es sich offenbar um das Nach- oder Nachterleben von alltäglichen Dingen handelte, wie sie einem Menschen im Laufe der wachen Stunden passieren.

Eine kleine Kulturgeschichte des Traums

Bevor wir uns wieder den Naturwissenschaften zuwenden, soll auf den folgenden Seiten vom Traum in der Literatur- und Kulturgeschichte berichtet werden (mit Bezug vor allem auf *Der Schlaf der Vernunft* von Peter-André Alt). Wie die Wissenschaft mitzuteilen weiß, gibt es seit dem 5. Jahrhundert vor Christus eine ausgeprägte Oneirologie, wie die Traumdeutung in der Sprache der Wissenschaft heißt. Träume galten zunächst als Spiegelungen sowohl körperlicher als auch seelischer Dispositionen und wurden nicht zuletzt prophetisch verstanden.

Dank Galen, dem Leibarzt Marc Aurels, wird seit dem 2. Jahrhundert christlicher Zeitrechnung den Säften im Körperinneren (den sogenannten *Humores*) eine besondere Rolle zugeschrieben. Den Träumen ist demnach zu entnehmen, in welchem Zustand sich das physiologische System eines Träumers befindet. Dabei blieb ihre Fähigkeit zur Weissagung (der *Somnia*) erhalten, auch wenn nicht alle dazu dienten. Wie Penelope in dem oben zitierten Beispiel angedeutet hat, kannten die Menschen auch natürliche Träume, die ohne Bedeutung blieben (die sogenannten *Insomnia*). Alle Traumdeutung der Antike wusste, dass die Bilder der Nacht nur durch Sprache vermittelt werden können, was manche ihrer Vertreter, etwa Seneca, dazu brachte, den Traum als leeres Gaukelwerk der Imagination zu betrachten – ein Gedanke, der ebenfalls bis heute vertreten wird und keinesfalls von der Hand zu weisen ist.

Der legendäre Philosoph Heraklit dachte im 6. Jahrhundert vor Christus über den Selbstbezug des Schlafens nach und traf die folgende Unterscheidung, die von Traumdeutern berücksichtigt werden sollte: »Die Wachen haben eine einzige gemeinsame Welt, im Schlaf wendet sich jeder der eigenen zu.« Platon unterschied in seinen Schriften göttliche und natürliche Träume. Er vermutete, dass die zweite Sorte durch innere Unruhe, zu fette Speisen oder sexuelle Zügellosigkeit ausgelöst werden kann, wobei zu bedauern bleibt, dass er keine Beispiele anführt, um seine These zu illustrieren. Göttliche Träume hat dem Philosophen zufolge derjenige, der seine Triebe beschwichtigt, wobei erneut offenbleibt, welche Erfahrungen zu dieser Behauptung geführt haben.

Cicero schreibt um 44 vor Christus, dass seinem Verständnis nach die Seele im Schlaf frei von den Lasten des Tages wird und in diesem Zustand alltägliche Erfahrungen neu arrangieren kann – was die moderne Schlafforschung auf ihre Weise bestätigt. Der Römer dachte dabei an das auch im Traum fortgesetzte mühsame Werden der Psyche eines Individuums, und er meinte und hoffte, dieser Prozess könne ohne besondere metaphysische Steuerung auskommen.

Aus dem 2. Jahrhundert v. Chr. ist das Traumbuch eines Artemidor von Daldis erhalten. Er versucht darin, Hinweise auf die Gestaltung der persönlichen Existenz zu finden. Artemidor führt zu diesem Zweck Traumklassen mit sexuellen Phantasien ein und betont die Bedeutung des Gedächtnisses für die Traumerzählung. Bereits um 210 vor Christus schlägt Tertullian eine Dreiteilung der Traumwelten in dämonische, göttliche und natürliche Bereiche vor, weil er von der Existenz eines Teufels überzeugt ist. Die Schriften des Artemidor werden 1540 neu aufgelegt, allerdings bleiben die sexuellen Träume ausgespart. 1562 veröffentlicht Giralomo Cardano in Mailand ein Buch zur Traumdeutung, in dem von Warn- und Mahnträumen die Rede ist, die bei therapeutischen und anderen Entscheidungen helfen. Cardano unterscheidet in seinen Schriften natürliche und übersinnliche Träume; Letztere können als Weissagung gedeutet werden.

In seiner *Anatomie der Melancholie* (1621) macht der englische Schriftsteller, Geistliche und Gelehrte Robert Burton drei Formen von Träumen aus, nämlich »natürliche, göttliche, dämonische Träume«, wobei er an der antiken »Humoral-Pathologie« festhält und den Körpersäften großen Einfluss auf die Phantasie einräumt.

In dieser Anfangszeit des 17. Jahrhunderts beginnt sich die moderne Wissenschaft zu rühren und eher im Experiment konkret zu beobachten als im Kopf abstrakt zu spekulieren. Ein erstes Traumwissen entsteht, das sich von den traditionellen Traumlehren ablöst. Man schaut auf das Gehirn und sucht die Orte, an denen der Gemeinsinn – der *Senso commune* –, die Imagination und das Gedächtnis zu finden sind. Die Anatomen unterscheiden Gehirnkammern, die im Modell des Theaters verstanden werden. Träume werden in den dazugehörigen Theorien durch Einbildungskräfte hervorgebracht, die dann in poetischer Form formuliert (erzählt) werden. Die Einsicht macht sich breit, dass dann, wenn ein Traum über den Vorgang der Erzählung allgemein zugänglich werden soll, die Psyche eines Menschen sprachlich gegliedert und einem kulturellen Normensystem eingepasst werden muss.

Im barocken Theaterspiel des 17. und 18. Jahrhunderts kommen »Wahrträume« und mit ihnen das alte griechische Orakel auf die deutsche Bühne. Traumwahrheiten gibt es auch in Romanen der Zeit – etwa in Grimmelshausens Schelmenroman *Der abenteuerliche Simplicissimus* (1668) –, so wie sie schon Homer in seinen Werken genutzt hat.

In Shakespeares Dramen erfüllen Träume vornehmlich prophetische Funktionen. Sie tun es dreimal in *Richard III.*, und in der

Komödie *Ein Sommernachtstraum* bringt der Schlaf eine von der Vernunft nicht zu steuernde Welt der Gefühle mit der subversiven Kraft des Verwandlungszaubers hervor. Die Grenzen zwischen Traum und Wirklichkeit verschwimmen, aber nicht als Indiz für das Wirken höherer Mächte, sondern als Resultat eines Spiels, das einige Menschen unter- und miteinander spielen und bei dem andere zusehen können.

Ein großes Thema der Literatur stellen galante Träume von Liebenden dar. Liebe und Traum bilden in der Frühen Neuzeit so etwas wie eine ausbalancierte Einheit. In Shakespeares 43. Sonett kann man zum Beispiel lesen: »Der Tag scheint Nacht, erscheinest *du* mir nicht,/ Nacht heller Tag, bist *du* mein Traumgesicht«. »Glücklich im Träumen, genügsam im Sehnen« – so drückt sich Petrarca in einem Sonett aus dem 14. Jahrhundert aus. Das Glück der Liebenden bleibt in der Poesie damals auf den Traum beschränkt, in dem sich aber die Verheißungen der Sexualität erfüllen können.

Mit der aufkommenden Wissenschaft und den Anfängen der Aufklärung beginnt das Projekt »Entwurf des Individuums«, das auch dunkle Seiten in seiner Seele erkundet. Die Aufklärer wollen den Menschen als Vernunftwesen sehen und stehen doch seinen Leidenschaften als dunklen Mächten gegenüber. Sie kommen mit den Träumen nicht gut zurecht – weder humoralpathologisch, also im Umgang mit den eigenen »Körpersäften«, noch übersinnlich. »Über die Träume bricht die Nacht herein«, wie Historiker festzuhalten wissen; im Traum zeigt sich so etwas wie die Abwesenheit der Vernunft. Dass der Philosoph René Descartes seine wissenschaftliche Berufung 1619 durch eine Traumbotschaft erfährt, gilt dabei nicht als Widerspruch. Für ihn sind Träume Schatten der Seele ohne bestimmbare Ursache. Für Gottfried Wilhelm Leibniz setzt die Seele im Schlaf ihre Arbeit fort, wie der Blutkreislauf, der als selbstständiges Gefüge operiert.

Im 18. Jahrhundert taucht unter anderem die Idee auf, der Traum verschaffe der Seele Entspannung und Unterhaltung. Jean Jacques Rousseau schreibt 1782: »Ich träume nie angenehmer, als wenn ich mich selbst vergesse.« Für das Theater empfiehlt Gotthold Ephraim

Lessing, die Götterfiguren des antiken Dramas durch die Darstellung von Träumen zu ersetzen, in denen es »orakelmäßig« zugeht. Lessing sieht Träume als Erscheinungen an, die sich im »unvollkommenen Schlaf« zeigen. In seinem Trauerspiel *Miss Sara Sampson*, uraufgeführt 1755, stellt der Traum so etwas wie kulturelle Identitätsbildung dar. Das Individuum entsteht durch Verdopplung der Beobachtung – Sara beobachtet sich im Traum und in dessen Erzählung. Der Philosoph Denis Diderot nutzt das Medium des Traums 1769, um Gedanken vorzutragen, die man im normalen Diskurs für verrückt erklären würde – Exkurse über Zeugung und Moral. Der Traum bekommt ein Doppelgesicht: einmal als Medium eines letztlich geordneten Denkens, dann als Ausdruck der Leidenschaft und des Triebbegehrens.

Um 1750 gerät der Traum in das Zentrum der medizinischen Forschung, die nach der seelischen Energie hinter oder in ihm sucht. Erneut sorgen Säfte – diesmal Nervensäfte – für den Traum, und die können von der damaligen Zauberwissenschaft des Magnetismus verstärkt werden. Jacob Friedrich Abel, der philosophische Lehrer Schillers, will genauer wissen, aus welchen Quellen sich das Traummaterial speist und verweist auf Lustgefühle der Kindheit. Er zitiert aus Sophokles' *König Ödipus*: »Denn viele Menschen haben wohl in Träumen der Mutter beigelegen.« Aus dem dämonischen ist der erotische Traum geworden, den man jetzt einzuschließen und damit zu verbergen sucht.

Im ausgehenden 18. Jahrhundert beginnen Verbrecher damit, sich zur Rechtfertigung ihrer Taten auf Träume berufen. Dies bringt erste Ansätze einer Kriminalpsychologie hervor. 1798 zeigt Goya mit seinem Kupferstich *Der Schlaf der Vernunft gebiert Ungeheuer*, was die Philosophie verschweigt, die Kehrseite der Vernunft. Schlafend erfährt die Vernunft, dass sie nicht Herrin im eigenen Haus ist.

Johann Wolfgang von Goethe hält seine Träume seit den 1770er-Jahren in Traumprotokollen fest, die offensichtlich von der sanften Kunst des Verbergens sexueller Motive handeln und Elemente seiner seelischen Autobiografie aufweisen. Der Traum übermittelt die Bildersprache verborgener Wünsche. Goethe sieht den Traum auch als Quelle der literarischen Arbeit an. Im nächtlichen Erwachen kommen ihm poetische Entwürfe zu Bewusstsein. Für Johann Gottfried Herder enthält der Traum Erinnerungsspuren aus der Kindheit (dem Paradies) und zeigt sie dem schlafenden Bewusstsein in archaischen Symbolen. Im Traum, so meint Herder, verfüge die Menschheit über ein Medium des Wissens, in dem sie Erkenntnisse über die Natur gesammelt hat, bevor Johannes Kepler und Isaac Newton kamen. Für Herder zeigt sich in der Nacht nirgendwo eine dunkle Seite von Trieben. Die sieht umso mehr Jean Paul (1763–1825), der von sexuellen Wunschbildern spricht, die sich im Schlaf offenbaren. Er hält den Sexus für dunkel, unvernünftig und bedrohlich und redet dabei eher nebenbei von »unbewussten Seelenkräften« und einem »ungeheuren Reich des Unbewussten«, was die Psychoanalyse ein knappes Jahrhundert später dankbar übernimmt.

Die Rolle der Romantik

Die oben skizzierte wissenschaftliche Hinwendung zu den Träumen verdankt sich nicht zuletzt dem Aufkommen des romantischen Denkens, das sich in Europa als Reaktion auf die Aufklärung zum Ende des 18. Jahrhunderts hin zunehmend bemerkbar macht. Mit der Romantik kommt die Spiegelwelt einer erfundenen Wirklichkeit zum Vorschein. Der Weg geht nach Innen als Weg zum Traum, der zum Schauplatz einer Universalisierung des Menschen wird, wie man emphatisch sagen kann. Im Schlaf ist die Zeit zwar aufgehoben, aber Welterfahrung wird nur durch den Traum vermittelt, was im Hintergrund zu bedenken bleibt. Indem der Traum eine zweite Version der Welt entwirft, wird die Verbindlichkeit der ersten, die man oft als Wirklichkeit kennt, in Zweifel gezogen. Das Material des Unbewussten entstammt der Einbildungskraft im Traum. »Die Welt wird Traum, der Traum wird Welt«, schreibt Novalis (1772–1801). Oder auch: »Einst wird der Mensch beständig zugleich wachen und schlafen.« Den Gelehrten Georg Christoph Lichtenberg veranlasst es in seinen *Sudelbüchern* um 1777 zu der Bemerkung: »Ich empfehle Träume nochmals; wir leben und empfinden so gut im Traum als im

Wachen und sind jenes so gut als dieses, es gehört mit unter die Vorzüge des Menschen, dass er träumt und es weiß. Man hat schwerlich den rechten Gebrauch davon gemacht. Der Traum ist ein Leben, das, mit unserm übrigen zusammengesetzt, das wird, was wir menschliches Leben nennen.« Ein Gedanke, der im 20. Jahrhundert erneut vorgetragen wird, und zwar von dem in Basel tätigen Zoologen Adolf Portmann (1897–1982). Er hält 1949 in dem Essay »Biologisches zur ästhetischen Erziehung« fest: »Unser geistiges Leben wird nur dann eine neue, glücklichere Form finden, wenn der Mensch ebenso sehr erstrebt, stark und groß zu sein im Denken wie im Träumen.« Und weiter heißt es bei ihm: »Die Einsicht in die Notwendigkeit einer Stärkung der ästhetischen Position ist nicht gerade weit verbreitet – allzu viele machen noch immer die bloße Entwicklung der logischen Seite des Denkens zur wichtigsten Aufgabe unserer Menschenerziehung. Wer so denkt, vergisst, dass das wirklich produktive Denken selbst in den exaktesten Forschungsgebieten der intuitiven, spontanen Schöpferarbeit und damit der ästhetischen Funktion bedarf; dass das Träumen und Wachträumen, wie jedes Erleben der Sinne, unschätzbare Möglichkeiten öffnet ... Die Stärkung des sinnfälligen Erlebens der Natur – das ist eine der großen Aufgaben aller Menschenbildung.«

Der Schlafende erlebt also kein isoliertes Ich, sondern seine Gemeinschaft mit der Schöpfung. Oder, um den Bogen zur chinesischen Kultur zu schlagen: Für einen Romantiker stellt sich die Welt so dar, wie es im Yin-Yang-Symbol zu sehen ist, nämlich als etwas, das trotz des Auftretens von Gegensätzen wie Tag und Nacht, Sinn und Seele oder Leben und Tod von den Menschen als ein Ganzes erlebt und erfahren wird. Wie die Germanistin und Autorin Jutta Osinski zu dieser Epoche bemerkt, hat die Romantik offenbar vereinigt, »was der moderne Theoretiker trennt: Es geht in den Texten im Grunde *nicht* um *zwei* Welten und den Zweifel daran, welche denn nun gültig sei; es geht auch nicht um Differenzen zwischen dem Poetischen, dem Phantastischen und dem Allegorischen. Für die deutschen Romantiker ist das Phantastische vielmehr Produkt einer dichterischen Phantasie, die Imaginiertes und Reales miteinander vermischt und auf das Wesen der Wirklichkeit verweist.« Im Traum zeigt sich eine Natursprache, die Offenbarungswissen mitteilt. Schopenhauer lokalisiert um 1850 ein »Traumorgan« im Kopf, mit dem er versucht, die Lücke zwischen physiologischem Traumursprung und philosophischer Traumsymbolik zu schließen.

Die romantische Medizin fügt den Traum in die universelle Natur des Menschen ein und verortet ihn transindividuell. Die phantastische Literatur geht den entgegengesetzten Weg. 1818 veröffentlicht Mary Shelley, zunächst anonym, ihren Roman *Frankenstein oder Der moderne Prometheus*. Er behandelt den Traum vom künstlichen Menschen, anders ausgedrückt: den Traum des Wissenschaftlers, ein Schöpfer zu sein. Victor Frankenstein sieht im Schlaf die Geheimnisse der menschlichen Existenz. Sein Experiment scheitert, weil sein Monster auch träumen und also begehren kann. Am Ende heißt es, »die Geschichte ist zu folgerichtig, um als Traum missverstanden zu werden.«

In den Werken von E.T.A. Hoffmann beschreiben zahlreiche Träume die Triebe, die Menschen auf vielerlei Weise beherrschen. Der Traum wird zum Schauplatz von »dunklen Mächten«, die sich im Rahmen der Vernunft nicht erfassen lassen. Vielfach werden in der Romantik Angstträume dargestellt, unter anderem auch auf Johann Heinrich Füßlis Bild *Der Nachtmahr* (1781), das Freud an der Eingangstür seines Behandlungszimmers in Wien anbrachte. Die Erkenntnis der Angst öffnet die Pforte zum Verständnis des Traums.

Das Böse lässt sich seit dem Ende des 18. Jahrhunderts (am Ende der christlichen Metaphysik) nicht mehr metaphysisch erklären, sondern ist im Menschen selbst verortet, wie in Robert Louis Stevensons bereits erwähnter Novelle *Der seltsame Fall des Dr. Jekyll und Mr. Hyde* (1886). In dieser Ausformung des Doppelgänger-Motivs sitzt das Böse in Form des von Trieben beherrschten »Mr. Hyde« als zweite Persönlichkeit im Körper des allseits geachteten Dr. Jekyll. 1897 erscheint der Schauerroman *Dracula* von Bram Stoker; darin ist der Schlaf der Zustand, in dem Menschen mit dem Vampir in Kontakt treten. In seinem Dunkel kommt das Geheimnis Draculas ans Licht, mit dessen Lösung er letztendlich vernichtet werden kann.

Die Träume des Joseph

Als ich ein kleiner Junge war, las man in der Schule noch in der Bibel, und besonders in Erinnerung geblieben sind mir die Geschichten von Joseph und seinen Brüdern, die im ersten Buch Mose erzählt werden. Der etwas geschwätzige Joseph deutet lieber Träume, als seine Schafe zu hüten, und weil er damit bei seinem Vater Jacob gut ankommt, rotten sich seine Brüder zusammen und werfen ihn in eine Grube. Die Josephlegende handelt davon, wie der Traumdeuter es schafft, von der Grube aus bis vor den Pharao zu kommen, der ihn schließlich sogar zum Ernährer des Landes Ägypten aufsteigen lässt.

Zwischenzeitlich verbringt Joseph einige Zeit in einem Gefängnis, in das auch zwei Hofbeamte des Pharao, der Obermundschenk und der Oberbäcker, geworfen werden. Beide haben dort einen Traum, und über den des Obermundschenks berichtet die Bibel mit den folgenden Worten: »Mir träumte, ich sehe einen Weinstock vor mir und an dem Weinstock drei Schosse, und sobald er trieb, stand er auch schon in voller Blüte und seine Trauben hatten reife Beeren. Ich aber hielt den Becher des Pharao in der Hand, und ich nahm die Beeren und zerdrückte sie in den Becher des Pharao und gab dem Pharao den Becher in die Hand.«

Joseph analysiert den Traum nun wie folgt: »Dies ist die Bedeutung: die drei Schosse sind drei Tage; in drei Tagen wird der Pharao dein Haupt erhöhen und dich wieder in dein Amt einsetzen, dass du dem Pharao den Becher reichen darfst wie früher, als du sein Mundschenk warst.« Joseph bittet den gefallenen Obermundschenk noch, für ihn ein gutes Wort beim Pharao einzulegen, wenn sich die Dinge so entwickeln, wie er es vorhergesagt hat.

Obwohl jedoch alles so geschieht, wie Joseph prophezeit hat, unternimmt der glückliche Beamte nichts. Das heißt, er unternimmt nichts, bis der Pharao seinen berühmten Traum hat und alle seine Wahrsager und Weisen nicht sagen können, welche Deutung die angemessene ist. In dieser beschämenden Ratlosigkeit erinnert sich der Obermundschenk an den Deuter seines Glücks im Gefängnis, und Joseph wird vor den Pharao geholt. Dort erfährt er von dessen

Traum: Der Pharao »stand am Nil und sah sieben schöne, fette Kühe aus dem Nil hervorsteigen: die weideten im Grase. Nach ihm sah er aus dem Nil sieben andere Kühe steigen, hässlich und mager; die traten neben die Kühe am Ufer des Nil. Und die sieben hässlichen und mageren Kühe fraßen die sieben schönen, fetten Kühe. Da erwachte der Pharao. Dann schlief er wieder ein und träumte abermals: sieben Ähren wuchsen auf einem Halme, dick und schön; nach ihnen sah er sieben dünne Ähren sprossen, die der Ostwind versengt hatte. Und die sieben dünnen Ähren verschlangen die sieben dicken, vollen Ähren. Da erwachte der Pharao, und siehe, es war ein Traum.«

Nachdem Joseph die Geschichte aus dem Mund des Herrschers selbst vernommen hat, kommt er zu folgender Deutung: »Beide Träume des Pharao bedeuten dasselbe. Gott hat dem Pharao verkündet, was er tun will. Die sieben schönen Kühe sind sieben Jahre, und die sieben schönen Ähren sind sieben Jahre; es ist ein und derselbe Traum. Die sieben mageren, hässlichen Kühe, die nach ihnen hinaufstiegen, sind sieben Jahre; und die sieben leeren, vom Ostwind versengten Ähren werden sieben Hungerjahre sein. Das meinte ich, als ich zum Pharao sagte: ›Gott hat dem Pharao gezeigt, was er tun will. Siehe, es werden sieben Jahre kommen mit großer Fülle in ganz Ägypten. Und nach ihnen werden sieben Hungerjahre kommen; da wird all die Fülle vergessen sein: der Hunger wird das Land verzehren, dass man nichts mehr spüren wird von der Fülle im Land ob der Hungersnot, die hernach kommt; denn sie wird sehr schwer sein. Dass aber dem Pharao zweimal geträumt hat, das bedeutet, dass die Sache bei Gott fest beschlossen ist und dass Gott es alsbald tun wird.‹«

Joseph beendet seine Antwort an den Pharao mit dem Vorschlag, einen verständigen und weisen Mann zu suchen, den er über das Land schicken soll, um Ägypten und seine Bewohner in den fetten Jahren auf die Hungerzeit vorzubereiten. Der Pharao zögert nicht, Joseph selbst mit dieser Aufgabe zu betrauen.

Der lange Rest ist die Geschichte, die vielen bekannt und nicht zuletzt von Thomas Mann in seinem Roman *Joseph und seine Brüder* ausführlich erzählt worden ist. In dieser weltlichen Erzählung der biblischen Geschichte heißt es, dass Joseph dem Pharao lauschte, während »er die Augen geschlossen hielt«. Das »war alles, wodurch er Verinnerlichung und tiefe Versammlung seines Wesens auf das Erzählte merken ließ; und er tat ein übriges, indem er seine Augen noch eine Weile geschlossen hielt«, nachdem der Pharao geendet hatte. Joseph sieht das Wesentliche mit seinem zweiten (inneren) Augenpaar, die im Dunklen sehen, ganz so, wie es sich die Romantiker vorgestellt haben.

Die Rolle des Unbewussten

Die wissenschaftliche Psychologie und Physiologie des ausgehenden 19. Jahrhunderts (etwa Wilhelm Wundt, 1832–1920, der sich eingehend mit der Psychophysik der Sinnesempfindungen, mit Aufmerksamkeit und Bewusstsein und der Psychophysiologie der Emotionen befasst hat) entzieht sich der Beschäftigung mit dem Traum. Der Traum wird weitgehend als verminderte Nervenerregung des Gehirns betrachtet, bei dem ein Individuum keine Leistung erbringt.

1899 erscheint dann Sigmund Freuds Abhandlung *Die Traumdeutung*. Träume sind fortan nicht mehr triviale oder göttliche Eingebungen, sondern lassen das neue Ordnungssystem des Unbewussten erkennen und erlangen den Charakter eines autonomen Erkenntnisobjektes. Freud war überzeugt, mit seiner Lehre »am Schlaf der Welt gerührt« zu haben. Während Kant den Menschen durch die Schule des Bewusstseins geführt hat, in der er lernt, dass die Welt seiner Erfahrung *a priori* geschaffen wird, setzt ihn Freud der unerfreulichen Einsicht aus, dass dieses Bewusstsein eine Ergänzung im Unbewussten hat, ohne die er als psychisches Einzelwesen nicht existieren kann. Tatsächlich bringt seine Psychoanalyse eine Kultur der Selbstbeobachtung mit sich, die das Seelenleben dadurch aufwertet, dass es unter Aufsicht gestellt wird. Das Individuum wird erhöht. Das Wissen wird narzisstisch.

»Das Unbewusste ist das eigentlich reale Psychische, und nach der inneren Natur so unbekannt wie das Reale der Außenwelt, und uns durch die Daten des Bewusstseins ebenso unvollständig gegeben wie die Außenwelt durch die Angaben unserer Sinnesorgane«, heißt es bei Freud. Für ihn sind die Elemente des Traums nicht nach ihrem Bilderwert, sondern nach ihrer Zeichenbeziehung zu lesen, und es gilt, nach den Gesetzen der Assoziation zu suchen, die sich im Traum bekunden.

Mit seiner These, der überwiegende Teil menschlicher Entscheidungen sei *unbewusst* motiviert, hat Sigmund Freud jahrzehntelange Kontroversen und ständige wissenschaftliche Neubewertungen ausgelöst. Scharfe Kritik haben Freuds psychoanalytische Befunde vor allem aus den Reihen der modernen Neurowissenschaft erfahren. Moderne Traumforscher wie der Amerikaner J. Allan Hobson (*1933) halten Freuds Traumtheorie für wenig wissenschaftlich (wobei anzumerken ist, dass die neurobiologische Traumforschung auf die Analyse der sinnerzeugenden Prozesse verzichtet).

Eine andere Bewertung hat jüngst der Neurowissenschaftler Eric Kandel, im Jahr 2000 mit dem Nobelpreis für Physiologie oder Medizin ausgezeichnet, in seinem Buch *Das Zeitalter der Erkenntnis* (2012) festgehalten. Gestützt auf die Forschungen des südafrikanischen Neuropsychoanalytikers Mark Solms wirft Kandel die Frage auf, welche Überlegungen Freuds für die gegenwärtige Wissenschaft des Geistes noch relevant sind. Er kommt dabei zu dem Schluss, dass die »moderne Forschung … die Vorstellung von unbewussten geistigen Prozessen durchgängig gestützt« hat. Dazu heißt es in *Das Zeitalter der Erkenntnis*: »Laut Solms stimmen neurologische Hirnkartierungen …, wenn auch nur sehr allgemein, mit Freuds Darstellung [von Ich, Es und Über-Ich] überein. Der Input von der ventromedialen Region des präfrontalen Cortex … entspricht im Groben der Funktion des Über-Ich. Die dorsolaterale Region des präfrontalen Cortex, die selbst-bewusstes Denken steuert, und der hintere sensorische Cortex, der die Außenwelt repräsentiert, entsprechen ungefähr dem Ich. Demzufolge ist Solms der Meinung, dass der Kernpunkt des von Freud entwickelten dynamischen Modells im Wesentlichen recht überzeugend bestätigt wurde: Die primitiven, instinktiven emotionalen Systeme werden von höheren ausführenden Systemen im präfrontalen Cortex gesteuert und gehemmt.«

»Entscheidend für die moderne Biologie des Geistes«, schreibt Kandel am Schluss dieses Abschnitts, »ist nicht, ob Freud recht hatte oder nicht. Seine größte Leistung für die Psychologie an sich bestand darin, mithilfe sorgfältiger Beobachtungen eine Menge kognitiv-perzeptueller und emotionaler Prozesse zu beschreiben, die als Grundlage für spätere Entwicklungen in der Hirnforschung dienen konnten.«

Biologisch entsteht ein Traum aus verwilderten Kombinationen von aktiven Neuronen, denen jeglicher Sinn fehlt. Im Gehirn funktionieren ein sogenanntes monoaminerges und ein cholinerges System. Das Erstgenannte bündelt Reizimpluse, während das zweite Netzwerke chaotisiert. Träume entstehen zufällig, was zumindest ihre bizarre Beschaffenheit verständlich macht. Freud hingegen hielt Träume für keineswegs zufällig, sondern sah darin verborgene Bedeutungen – Projektionen geheimer Ängste, Wünsche und Hoffnungen, verpackt in Symbole, die es nun zu entschlüsseln galt.

Heftige Kritik erfuhr Freuds Lehre von der Traumdeutung vonseiten von Psychologen und Neurowissenschaftlern in den letzten Jahrzehnten aber vor allem wegen ihrer einseitigen Fokussierung auf die Sexualität und auf unterdrückte Kindheitstriebe (bekannte Stichwörter sind hier »Penisneid« und »Ödipuskomplex«).* Was Freud in seinem Buch *Die Traumdeutung* niedergelegt hat, lässt sich in aller Kürze so darstellen: Der Vater der Psychoanalyse sieht im Traum eine Botschaft über die von den Erfahrungen der Kindheit bedingte Lage des Träumenden. Es geht bei diesen Phantasien um

* Diese Kritik gilt auch den Analytikern, die in Nachfolge Freuds in den Traumbildern fast ausschließlich sexuelle Symbole ausmachen konnten. So hält David K. Randall in seinem Buch *Im Reich der Träume. Die rätselhafte Welt des Schlafes* (2014) fest: »Eine Übersicht über Freuds Literatur konstatierte, bis zur Mitte des 20. Jahrhunderts hätten Analytiker in Träumen 102 Stellvertreter für den Penis und 95 Symbole für die Vagina identifiziert. Selbst Gegensatzpaare – Fliegen und Fallen – wurden als Symbole für Sex bezeichnet. Freuds Anhänger bezifferten 55 Bilder für den sexuellen Akt als solchen, 25 für Masturbation, 13 für Brüste und zwölf für Kastration.« Was die leicht ironische Frage aufwirft, wieso das Unbewusste all diese Mühen der Verschleierung auf sich nimmt.

die Befriedigung eines verdrängten Triebwunsches, wobei der Traum dadurch wirkt, dass er bestimmte psychische Inhalte daran hindert, aus dem Unbewussten aufsteigend das Bewusstsein zu erreichen. Der Traum ist in diesem Sinne sowohl der Hüter des Schlafs als auch der Königsweg des Psychoanalytikers zum Unbewussten des Patienten. Und dieses Unbewusste besteht aus vielfachen Verdrängungen von (vor allem sexuellen) Wünschen, die von der Gesellschaft der jeweiligen Zeit als unangemessen bewertet werden. Der Traum erlaubt es unter dieser Vorgabe, das an sich unzugängliche Reich des Unbewussten dennoch zu betreten und über eine Traumdeutung vielleicht sogar zu entschlüsseln.

Diese strenge Konzentration auf die vom libidinösen Antrieb gesteuerte Individualgrammatik der Traumsprache wird ab 1910 von dem Wiener Psychiater Carl Gustav Jung verworfen. Mit Freud teilt er zwar die Auffassung: »Das Problem der Traumanalyse steht und fällt mit der Hypothese des Unbewussten.« Doch nach anfänglich enger Zusammenarbeit und Freundschaft zwischen Jung und Freud kommt es wegen unterschiedlicher theoretischer Ansätze zum Zerwürfnis zwischen beiden. Jung hatte in seinem Buch *Wandlungen und Symbole der Libido* unter anderem Freuds Libido-Begriff kritisiert, »der von der vorrangigen Bedeutung des Geschlechtstriebes ausging, welche aus der Kindheit des jeweiligen Individuums herrühre«. Jung plädierte für eine Erweiterung des Begriffs, »sodass auch universelle Verhaltensmuster, die vielen unterschiedlichen Kulturen in unterschiedlichen geschichtlichen Perioden gemein waren, von ihm erfasst würden«. In diesem Zusammenhang führt er den Begriff des »kollektiven Unbewussten« ein, in dem enthalten ist, was nicht aus der persönlichen Erfahrung des Träumers stammt, sondern dem menschlichen Geist als angeboren zugewiesen werden kann. Das kollektive Unbewusste ist allen Menschen eigen; in ihren Träumen speist es Motivbilder (Archetypen), die sich im Bewusstsein des Träumers als Symbole niederschlagen. »Das kollektive Unbewusste besteht aus präexistenten Formen, Archetypen, die erst sekundär bewußt werden können und den Inhalten des Bewußtseins festumrissene Formen verleihen«, heißt es bei Jung.

Jung denkt dabei unter anderem an Zahlen oder geometrische Formen, die schon im altgriechischen Denken oder in alchemistischen Texten als grundlegend für das Erkennen angesehen wurden. Archetypen können bei Jung variable Vorstellungen erzeugen, ohne ihr Grundmuster aufzugeben, was natürlich dem Erwerb von Wissen äußerst zuträglich ist. Im kollektiven Unbewussten sind beispielsweise die vier Elemente der Antike zu finden, die sich deuten lassen – das Wasser als Hinweis auf ein tiefes Unbewusstes, die Erde als Sicherheit, das Feuer als Wandlung und die Luft als Freiheit. Zu den Archetypen gehören auch die inneren (unbewussten) Bilder, die Menschen sich vom anderen Geschlecht machen und als *Anima* oder *Animus* in sich tragen.

Zur Evolution von Archetypen

Das Wort »Archetyp« weist auf so etwas wie ein Urbild hin, was auf Anhieb möglicherweise ebenso wenig verständlich ist wie die griechisch angehauchte Variante, auch wenn einem dabei leicht die Urpflanze einfallen kann, die Goethe auf seiner Italienreise gesehen haben will. Die Vorsilbe »Ur-« deutet an, dass sich andere und sinnlich präsente Bilder aus ihm entwickelt haben, so wie die Physik heute die verschiedenen in der Natur wirkenden Kräfte aus einer Urkraft ableiten möchte. Der Urzustand meint eine Situation am Anfang einer Entwicklung, und Urbilder – Archetypen – finden sich am Anfang einer Reihe von Ansichten. Solche Konstruktionen sind in der Zeit der Romantik aufgekommen, in der man zudem Ausschau nach Urphänomenen hielt, wie sie sich etwa als Teilung einer Zelle in zwei im Leben findet.

Urbilder enthalten Urformen, und sie sind vielleicht noch als gerade Linien, Rechtecke oder Kreise aus dem Geometrieunterricht bekannt. Mit diesen Grundmustern lassen sich alle anderen geometrischen Gebilde konstruieren, wobei auffallen wird, dass es sie in der Natur überhaupt nicht gibt.

Die Natur zeigt sich überall krumm, was Kant dazu gebracht hat, vom »krummen Holz« zu sprechen, aus dem der Mensch geschnitzt ist. Wenn man sich trotzdem vorstellt, dass die geometrischen Urformen zu den Archetypen im kollektiven Unbewussten gehören, dann wird die Frage kniffig, wie sie es durch evolutionäre Vorgänge geschafft haben sollen, sich im menschlichen Geist anzusiedeln.

Die moderne Physiologie des Sehens kann tatsächlich zeigen, dass das Auge das Angeschaute mit gradlinigen und kreisförmigen Urbildern konstruiert, was aber die oben gestellte Frage nur schärfer stellt. Eine Antwort kann gegeben werden, indem man das Argument umkehrt. Denn dadurch, dass die Grundformen der Geometrie in der krummen Natur nicht erscheinen und also reines Menschenwerk sind, konnte die Beobachtung von solchen Gebilden zu dem Schluss führen, dass es irgendwo Menschen gibt, die sie hergestellt haben. Und damit war die Aufmerksamkeit des Sehenden geweckt, der nun nach ihnen Ausschau halten und dabei prüfen konnte, ob es sich um Freunde oder Feinde handelte. Mit anderen Worten: Geometrische Formen als Archetypen konnten dem Überleben zuträglich sein, und genau damit lässt sich ihr evolutionäres Entstehen verständlich machen.

Das entscheidende Konzept, mit dem spätestens seit Freud und Jung das Traumgeschehen auf unterschiedliche Weise gedeutet wird, ist also das Unbewusste. Wer sich mit Träumen befasst, muss auf dessen Rolle eingehen, und dabei lohnt es sich, in Grundzügen seine Geschichte zu kennen. Die Darstellung derselben greift dabei weitgehend auf einen Klassiker der Fachliteratur zurück, Henry F. Ellenbergers Buch über *Die Entdeckung des Unbewußten* (in englischer Sprache erstmals 1970 veröffentlicht), in der der Schweizer Psychiater und Wissenschaftshistoriker die »Geschichte und Entwicklung der dynamischen Psychiatrie« von ihren Anfängen bis zu den Tagen von Freud und Jung erzählt.

Zu den kulturellen Voraussetzungen dieser Entdeckung gehört die Aufklärung des 18. Jahrhunderts mit ihren rationalen Zügen und ihrer humanen »Psychohygiene«, zu denen etwa die Umdeutung von dämonischer Besessenheit in eine medizinisch erklärbare Geisteskrankheit zählt und bei der die Leidenschaft der Vernunft untergeordnet wird.

Während für die Aufklärung gilt, was sich auch Goethe auf die Fahnen schreibt, dass es nämlich um das Verstehen des Menschen geht, steht für die Romantik das tiefe Gefühl für die Natur und ihre Zusammenhänge im Zentrum des Denkens. Dazu heißt es bei Ellenberger: »Hinter der sichtbaren Natur sucht der Romantiker in die Geheimnisse des Grundes der Natur einzudringen, den er zugleich für das Fundament seiner eigenen Seele hält. Die Mittel, um zu diesem ›Grund‹ zu gelangen, liegen nicht nur im Intellekt, sondern auch im Gemüt, das heißt in der innersten Eigenschaft des emotionalen Lebens. Daher rührt das Interesse der Romantik an allen Manifestationen des Unbewußten: an Träumen, am Genie, an Geisteskrankheiten, Parapsychologie, an der verborgenen Macht des Schicksals, an der Tierpsychologie ... Darum beschäftigt sie sich mit Volksmärchen, Volksbräuchen und den spontanen Ausdrucksformen des Volksgeistes. Daher rührt auch ihre Begeisterung für den Magnetismus. Dieser Grund, auch *die Nachtseite der Natur* genannt, enthält sowohl die universalen Symbole als auch den Keim künftiger Dinge.« Die Romantiker, so Ellenberger, suchen nach einer Verbindung des Menschen mit seinem Kosmos und entdecken sie im Unbewussten: »Das Unbewußte war das Fundament des im unsichtbaren Leben des Universums verwurzelten Menschen.«

Jungs theoretische Vorstellungen stützen sich vor allem auf Gotthilf Heinrich von Schuberts Werk *Die Symbolik des Traums*. Dieser vertritt die Ansicht, der Mensch habe sich aus dem zunächst erfahrenen Uranfang, der ihn mit der Natur in Harmonie leben sah, gelöst. Durch seine Ich-Sucht habe er sich von der Natur getrennt und stehe ihr als »Umwelt« nun eher feindlich gegenüber. In seinem Hauptwerk *Die Symbolik des Traums* schreibt von Schubert, die Seele eines Menschen beginne zu sprechen, wenn er eingeschlafen ist, und benutze dabei im Gegensatz zu der Wortsprache des Tages die Bildersprache der Nacht. Nach von Schubert wird die menschliche Seele im Schlaf auch fähig, das Kommende in Bildern vorauszusehen, dies passiere jedoch nur selten. Häufiger nähmen Träume amoralischen und dämonischen Charakter an, mit denen die vernachlässigten, verdrängten und vergewaltigten Aspekte der Persönlichkeit des Träumenden zum Vorschein kämen.

Die Verbindung zwischen der romantischen und der modernen Traumdeutung gelingt, wenn man die archetypischen Bilder des Psychologen Jung mit der universellen Symbolsprache des Philosophen von Schubert vergleicht; Archetypen wie Symbolsprache lassen sich auch in den Mythen aller Völker aufspüren. Nur versieht Jung seine

Archetypen zusätzlich mit einer psychischen Energie, sodass sie sich bei passenden Gelegenheiten manifestieren können, was er in seinen Büchern anhand verschiedener Beispiele beschreibt. Ihre Bedeutung für die Entwicklung der Naturwissenschaften wird vielfach übersehen und ist Thema des folgenden Kapitels.

KAPITEL 6
Die Nachtseite der Naturwissenschaft

Mein Denken ist ein Strom unter der Erde.
Wo kommt er her und wohin geht sein Lauf?
Wer weiß? Nachts wenn ich seiner inne werde,
dann steigt aus ihm ein jähes Rauschen auf.

FERNANDO PESSOA

Zu den durchgängigen Dummheiten der abendländischen Kultur gehört die Gewohnheit, sich das Fortschreiten der Naturwissenschaften von Leuten erklären zu lassen, die sie selbst nicht betreiben und nur wenig – höchstens den Teil einer Disziplin – von ihr kennen. Philosophen, die zwischen Leibniz und Newton oder zwischen Newton und Einstein unterscheiden können und Physik wichtig finden, stellen sich vor, sie könnten unter diesen Vorgaben eine »Logik der Forschung«, die »Wege der Wissenschaft« oder, allgemeiner, eine rationale Theorie des Erkennens entwerfen, ohne selbst jemals über ein naturwissenschaftliches Thema geforscht zu haben. Sie selbst haben in der Regel niemals eine Einsicht gehabt, die von Physikern, Chemikern, Biologen oder anderen Wissenschaftlern als etwas betrachtet wird, mit dem das Wissen über das Funktionieren und Wirken der Natur zugenommen hat.

Mir ist bekannt, dass Lessing gesagt hat, er könne zwar kein Ei legen, wohl aber sagen, ob es ihm schmecke. Entsprechend wird niemand etwas dagegen einwenden, wenn Philosophen erläutern, welche Theorien ihnen zusagen und welche ihnen missfallen. Sie sollen sich nur zurückhalten, wenn sie deren Entstehen erläutern und dem Gesagten einen Hauch von Wahrheit verleihen wollen. Wir wollen hier aber nicht allzu hart über einen bestimmten Berufsstand urteilen, deshalb sei an dieser Stelle an den umtriebigen Wiener Wissenschaftsphilosophen Paul Feyerabend (1924–1994) erinnert, der 1975 sein Buch *Wider den Methodenzwang* vorgelegt hat. Darin verkündete er seine kuriose und provokativ gemeinte Maxime *anything goes*, womit er den Forschern zurief: »Macht, was ihr wollt.« Gemeint ist damit, dass sich keine universellen und ewig gültigen wissenschaftlichen Methoden formulieren lassen. Vielmehr plädiert Feyerabend hier wie auch in seinem Buch *Wissenschaft als Kunst* für einen wissenschaftsphilosophischen Relativismus: Wissenschaftliche Methoden müssen für Veränderungen offen sein, Neues darf eingeführt, Altes aufgegeben werden. Einen Anspruch auf absolute Wahrheiten gibt es nicht.

Doch leider hilft das fröhliche Leugnen einer Systematik, das breite Bemitleiden von Sorgfalt und Sauberkeit, das gefährliche Geringschätzen des Bemühens um Genauigkeit, die lässige Ermutigung zum freien Phantasieren mit ungenauen Daten und der saloppe Umgang mit unklaren Ergebnissen nicht unbedingt weiter, wenn man verstehen will, wie etwa Teilchenphysiker und Genbiologen vorgehen und dabei mit Standardmodellen und molekularen Dogmen den Erfolg haben, von dem das Wohlergehen der Zivilgesellschaft nicht nur nebenbei abhängen kann.

Was sich stattdessen lohnt und auszahlt, ist ein Blick in die Berichte der Naturwissenschaftler, in denen sie Auskunft über ihr Tun geben, vor allem wenn sie sich dabei über die eigenen Fähigkeiten wundern und stolz und staunend zugleich auf das Erreichte zurückblicken.

Zu den in dieser Hinsicht bedeutenden Dokumenten zählt die von den Theoretikern der Wissenschaft – und leider auch vom allgemeinen Publikum – viel zu wenig beachtete Autobiografie des französischen Molekularbiologen François Jacob (1920–2013), die 1988 unter dem Titel *Die innere Statue* erschienen ist. Das Buch schildert tatsächlich, wie in Jacobs Denken die innere Statue geworden und gewachsen ist, die den dazugehörigen Menschen ausmacht. Ein Teil des Buches handelt von der Naturwissenschaft seiner Zeit, womit die Jahre nach dem Zweiten Weltkrieg gemeint sind. Damals ist das entstanden, was als molekulare Genforschung eine neue Biologie ermöglicht hat, die immer noch Überraschungen liefert und mit einer großen Zukunft rechnen kann.

Hier soll und kann es natürlich nicht um die Details der seinerzeit mit Bakterien und Viren durchgeführten Experimente gehen, zu denen unter anderem eine erotische Induktion mit zellulärem Coitus interruptus gehörte, was nicht nur die beteiligten Franzosen amüsierte. Hier geht es vielmehr darum, wie der 1965 mit dem Nobelpreis für Physiologie oder Medizin ausgezeichnete Jacob sein wissenschaftliches Tun empfindet und erlebt. Anders ausgedrückt: Wie er die markanten Momente solcher Einsichten und Erkenntnisse rekapituliert, die heute im Lehrbuch stehen – Wissen, auf das andere bauen können. Jacob erzählt zunächst, wie er nach 1945 zögernd Zugang zu einem Laboratorium sucht und, nachdem er in einem angekommen ist, dort »in aller Unschuld« seine Versuche ausbrütet. Doch bald ändert sich der Umgang mit den Experimenten und ihren Resultaten, denn »nach und nach wurde ich süchtig«, wie Jacob gesteht: »Das Experiment wurde zur Manie, zur Droge, die ich nicht mehr entbehren konnte«.

Damit illustriert und bestätigt der Franzose einen Sachverhalt, den Robert Musil in seinem Roman *Mann ohne Eigenschaften* (1940) durch die Formulierung ausdrückt, es sei nicht der Wissenschaftler, der hinter der Wahrheit her ist, sondern umgekehrt die Wahrheit, die den Wissenschaftler vor sich her treibe, wobei es auch vorkommen könne, dass er unter ihr leidet.

Jacob leidet nicht. Vielmehr fragt er sich im Laufe seiner Karriere mehrfach: »Aus welchem Bedürfnis versuchen die Menschen immer wieder so leidenschaftlich die Welt zu erforschen, sie zu befragen, und weshalb macht es ihnen so viel Vergnügen?« Dabei fällt auf, dass in dem Zitat zwei Vokabeln – leidenschaftlich und Vergnügen – auftauchen, die man in wissenschaftstheoretischen Schriften von Philosophen der Rationalität vergeblich sucht. Sie wissen und spüren davon offenbar nichts, womit ihnen mehr als die Hälfte der Aktivität entgeht, die sie erläutern wollen. Jacob stellt aber nicht nur die oben zitierten persönlichen und allgemeinen Fragen, er schlägt auch eine Palette von Antworten vor, in denen Begriffe wie »Ehrgeiz«, »Habsucht« und »Wille zur Macht« auftauchen. Nicht zuletzt ist von einer »Auflehnung gegen die Einsamkeit, gegen eine Wirklichkeit, die unfassbar ist«, die Rede.

Insgesamt kommt Jacob zu dem schönen Schluss, dass die Wissenschaft »das wirksamste Mittel [ist], das der Mensch gefunden hat, um neben Gott bestehen zu können; um unermüdlich neue Welten aufzubauen, ohne dabei die Wirklichkeit zu übergehen«. Und während er wissenschaftlich arbeitet und mit Bakterien und deren Sexualität experimentiert, fällt ihm in seinem täglichen Treiben etwas auf: »Anders als ich lange geglaubt habe, geht die experimentelle Wissenschaft nicht in der Weise vor, dass sie das Unbekannte aus dem Bekannten erklärt ... Vielmehr trachtet sie danach, über das Beobachtete mittels vorgestellter Eigenschaften Klarheit zu gewinnen: das Sichtbare durch das Unsichtbare zu erklären.«

Zuletzt kommt dabei möglicherweise ein Wissen heraus, das im Lehrbuch steht, den Studenten vermittelt und von ihnen abgefragt wird. Doch in dieser steifen Form, so Jacob, »ist die Wissenschaft kalt. Kalt wie die Techniken, die aus ihr entstehen. Kalt wie die Handbücher, die ihren Stoff darstellen, oder wie die Lehrbücher, die ihre Geschichte zusammenfassen.«

Die im Entstehen begriffene und im Laboratorium betriebene Wissenschaft ist nach Jacob etwas völlig anderes. Sie zeigt zwei Seiten: »Man könnte sie als Tag- und als Nachtwissenschaft bezeichnen«, wie Jacob schreibt, um dann zu unterscheiden: »Die Tagwissenschaft ist ein denkerischer Versuch, bei dem die Beweisschritte wie ein Räderwerk ineinandergreifen und die Erkenntnisse die Kraft der Gewissheit haben. Solche majestätischen Lehrgebäude sind bewundernswert wie ein Bild Leonardos oder eine Fuge Bachs. Man ergeht sich darin wie in einem französischen Garten. Ihrer Vorgehensweise bewusst, stolz auf ihre Vergangenheit, der Zukunft sicher, schreitet die Tagwissenschaft ruhm- und glanzumwoben voran.«

Die Nachtwissenschaft hingegen ist in Jacobs Worten »ein blindes Irren. Sie zögert, stolpert, stößt an, kommt ins Schwitzen, schreckt auf. An allem zweifelnd, sucht sie sich, befragt sich, setzt unaufhörlich neu an. Sie ist eine Art Werkstätte des Möglichen ... in der die Hypothesen bloße Ahnungen, dunkle Vorgefühle bleiben.« Und während man forscht und »das Denken wie ein Gefangener in seiner Zelle ... einen Lichtschein sucht«, überfällt einen Forscher die Sorge, »ob die Nachtwissenschaft je das Tagstadium erreichen« kann, ob also »der Gefangene je aus dem Schatten treten wird«. Schließlich schafft er es doch, und zwar durch einen unvermuteten und überraschenden Zufall, der so wirkt, »wie wenn ein Blitz einschlägt«.

Bei Jacob kommt es zu diesem Blitz Ende Juli 1958, als er sich nach zahlreichen Experimenten daranmacht, die Ergebnisse für einen Vortrag zusammenzustellen und dabei merkt, wie ihm die Lust dazu schwindet. Etwas verdrossen geht er ins Kino, um sich irgendeinen Film anzusehen. Und dann passiert im dunklen Zuschauerraum Folgendes:

> In meinem Sessel zurücklehnend, spüre ich, wie meine Gedankengänge sich wie von selbst weiterstricken, Ideen sich in mir Wege bahnen. Ein dumpfes Gedankengeschiebe, das ich sich selbst überlasse. Auf der Leinwand schemenhafte Gestalten. Ich schließe die Augen, gespannt darauf, was in meinem Inneren vorgeht. Plötzlich spüre ich eine freudige Erregung in mir wach werden, die mich aus dem Kino wegreißt und von den anderen Zuschauern trennt, deren Augen auf die Leinwand geheftet sind. Und jäh ein Gedankenblitz. Es ist so offensichtlich! Weshalb bin ich nicht früher darauf gekommen?

Jacob sieht in der äußeren Dunkelheit und im inneren Licht blitzartig, dass verschiedene Experimente, die er mit seinen Bakterien unternommen hat, auf denselben Sachverhalt hinführen, mit dem heute verstanden wird, wie Gene in einer Zelle ein- und abgeschaltet, also reguliert werden. Jacob erkennt, dass es ein Gen gibt, dessen Produkt andere Gene blockieren kann, und dieser Repressor, wie er heute genannt wird, seine Aufgabe erfüllt, indem er die zu steuernden Gene selbst besetzt.

Ein Kreis wird geschlossen. Jacob ergreift »eine ungeheure, unbändige Freude«, er fühlt sich wie im Rausch und »das Gefühl der Mittelmäßigkeit, ja sogar das der Sterblichkeit ist von mir gewichen«. Er will sofort seine Kollegen informieren, doch die sind in den Sommerferien, und so kann Jacob nur durchatmen und zur Ruhe kommen. »Ich bleibe mit meinem Traum allein«, wie er schreibt. Dieses Gedankenspiel, das ihm im Dunkel eines Kinosaals eingefallen ist, bringt jedoch das erste Licht in die genetische Regulation von Lebewesen und seinem Überbringer später eine Einladung nach Stockholm ein, wo er den Nobelpreis entgegennehmen wird.

Weniger Logik und mehr Träume

Vielleicht ist dem Leser aufgefallen, dass Jacob vor dem Experiment dasselbe macht wie Joseph vor dem Pharao, um das Wesentliche des Erfahrenen zu sehen: Beide, der Träumer und der Traumdeuter, schließen ihre Augen. Die moderne Hirnforschung kann die Bedeutung dieses Tuns nur unterstreichen und präzisieren. Sie konnte nämlich nachweisen, dass diejenigen, die den visuellen Cortex (den die sichtbaren Informationen verarbeitenden Teil des Gehirns) zum Schweigen bringen können – etwa indem sie sich die Hände vor die Augen halten oder diese Fenster zur Welt schließen –, besser in der Lage sind, inneren Assoziationen zu folgen. Diese inneren Assoziationen gelten mittlerweile als Voraussetzung für kreative Einfälle (wobei diese Ideen eigentlich *Aus*fälle heißen müssten, da sie nicht äußeren Anstößen geschuldet sind und dann nach innen gehen, sondern, umgekehrt, von innen kommen und in die Welt hinauswollen).

Wenn die vorgestellte Vorgehensweise des großen Wissenschaftlers François Jacob einen deutlichen Schluss zulässt, dann den, dass in der Nachtwissenschaft keine nachprüfbare Logik waltet und kaum etwas von kalter Rationalität zu spüren ist, die in der Tagwissenschaft das Kommando übernehmen – und das auch tun müssen, denn dann kommt das Erkannte auf den Prüfstand und muss seine

Belastbarkeit erweisen. Allerdings kann man dabei auch etwas von der lodernden Leidenschaft und der freudigen Nervosität gebrauchen, die in der Nacht zu spüren war, als sich der Forscher auf dunklen Pfaden der Wahrheit näherte und der ersehnte Durchblick auf das Wirken der Natur vor den inneren Augen auftauchte.

Die Tagwissenschaft mit ihrer soliden Systematik und ihrem Ringen um Präzision wird in den Darstellungen der Theoretiker gerne als »Normalwissenschaft« bezeichnet, und es ist festzuhalten, dass sich der bei weitem größte Teil von naturwissenschaftlichen Forschern auf diesem Terrain bewegt. Wer seine Diplomarbeit anfertigt oder an einer Promotion herumdoktert, wird kaum auf revolutionäre Nachtgedanken warten und sich eher um Messmethoden, viele Details des Versuchsaufbaus und geeignete Verfahren zur statistischen Auswertung und Deutung der Daten kümmern. Doch bei allem Verdienst der Normalwissenschaft: Das Treiben ihrer Vertreter steht in den folgenden Abschnitten nicht im Vordergrund. Vielmehr geht es hier um das nächtliche Geschehen, seine Hervorbringungen und die Frage, ob man etwas über seine Herkunft sagen und es vielleicht sogar fördern kann.

Um zu zeigen, dass sich nicht nur dem Molekularbiologen Jacob die Nachtseite der Wissenschaft offenbart hat, werden im Folgenden einige Träume von Forschern vorgestellt, die in der Literatur zu finden sind. Leider werden sie meistens wenig beachtet.

Den vielleicht bekanntesten Traum hat der Chemiker August Kekulé erzählt. Im Jahr 1865 rätselt er an den Verbindungen herum, die Kohlenstoff- und Wasserstoffatome miteinander eingehen können. Die konventionelle Weisheit bindet sie zu Ketten zusammen, was aber im Fall des flüssigen Stoffes mit Namen Benzol nicht zutreffen kann. Dessen molekulare Bausteine bestehen aus jeweils sechs Wasserstoff- und sechs Kohlenstoffatomen, wie mühselige und sorgsame Analysen von Chemikern unbestreitbar ergeben haben. Ein Kohlenstoffatom kann vier Wasserstoffe binden, wie ebenfalls bekannt ist, während Kohlenstoffe sich untereinander natürlich ebenfalls verknüpfen können. Wenn man sechs Kohlenstoffe aneinander reiht und sie mit Wasserstoffen versorgt, bleiben am Anfang und am Ende einer solchen Kette offene Bindungsplätze, die in der Natur instabil sein und so reagieren würden, dass sich Änderungen zeigten. Das Benzol bleibt aber stabil, und so muss es eine besondere Struktur haben. Aber welche?

Eines Abends – nach einem langen Tag des Nachdenkens über mögliche Kohlenwasserstoffketten – döst Kekulé vor einem Kamin ein, als das Folgende passiert: »Wieder gaukelten die Atome vor meinen Augen. Kleinere Gruppen hielten sich diesmal bescheiden im Hintergrund ... Lange Reihen, vielfach dichter zusammengefügt; alles in Bewegung, schlangenartig sich windend. Und siehe, was war das? Eine der Schlangen erfasste den eigenen Schwanz und höhnisch wirbelte das Gebilde vor meinen Augen. Wie durch einen Blitzstrahl erwachte ich. Und auch diesmal verbrachte ich den Rest der Nacht, um die Konsequenzen der Hypothese auszuarbeiten.«

Was der Chemiker mit seinen geschlossenen Augen vor oder in dem Feuer sieht, kennt man heute als Ringstruktur des Benzols, mit dessen Hilfe die chemische Industrie im weiteren Verlauf des 19. Jahrhunderts einen ungeheuren Aufschwung nehmen konnte. Das wird hier vor allem erwähnt, damit der praktische Nutzen von Träumen nicht unberücksichtigt bleibt. Denn die Traumerzählung erhält auch einen Hinweis auf die Tagwissenschaft, die das Ergebnis der Nachtwissenschaft – das Bild innerer Phantasie - selbstverständlich prüfen muss.

Dieses Bild - es besteht aus einer Schlange, die sich in den Schwanz beißt - ist sowohl den Wissenschaftshistorikern als auch den Psychologen vertraut. Sie bezeichnen es als *Ouroboros*, wie das griechische Wort für »Selbstverzehrer« lautet. Die frühen Alchemisten haben es als Symbol für die Wandlung oder den Kreislauf der Materie benutzt, den man etwa vom Wasser her kennt: Auf der Erde verdunstet es, am Himmel bildet es Wolken, als Regen kehrt es wieder zurück. Für einen Psychologen wie C. G. Jung stellt der geträumte Ouroboros ein als Symbol erfahrenes Urbild, einen Archetypus dar, der im kollektiven Unbewussten verortet ist und durch sein Erscheinen im Bewusstsein des Träumers zur Erkenntnis von Welt führen kann. Dieses Konzept wird im Verlauf des Kapitels noch genauer behandelt. Doch zunächst soll ein weiterer Traum aus dem 19. Jahrhundert vorgestellt werden.

Der Naturforscher Alfred Wallace, der 1858 bei Forschungen im Malaiischen Archipel an Fieber erkrankte, berichtet Folgendes: »Während ich mit Schüttelfrost eingehüllt in Decken (bei Außentemperaturen von 48 Grad) lag, stand mir das Problem wieder einmal vor Augen, und irgendetwas bewog mich, an die positiven Hemmnisse zu denken, die Malthus in seinem *Essay on Population* beschreibt. Diese Hemmnisse – Krieg, Seuchen – mussten bei Tieren ebenso wie beim Menschen ihre Wirkung tun … Dann dachte ich an die ungeheuer rasante Vermehrung von Tieren, die zur Folge haben musste, dass diese Hemmnisse sich bei ihnen viel nachdrücklicher auswirkten als im Falle des Menschen; und während ich vage über diesen Zustand nachsann, kam mir blitzartig die Idee vom Überleben des Tüchtigsten.«

Das Problem, das Wallace anspricht, bestand darin, die beobachtete Vielfalt der Arten und ihren Variantenreichtum zu verstehen und den alten Gedanken von ihrer Konstanz aufzugeben. Er dachte dabei nicht als Einziger über dieses Thema nach. Während er sein Fieber im asiatischen Teil der Welt kurierte, grübelte in England Charles Darwin über vergleichbare Beobachtungen nach. Beide stützten sich auf dieselbe Gedankenquelle, nämlich das Buch von Thomas Malthus, in dem dieser um 1800 die Frage aufwirft, was passiert, wenn die Zahl der Menschen ungeheuer rasch wächst, während die Produktion von Lebensmitteln immer langsamer nachkommt. Malthus prophezeit einen Überlebenskampf unter den Menschen, und die beiden Naturforscher verfügen plötzlich über einen Mechanismus, um den von ihnen konstatierten Wandel der Arten zu verstehen. Wallace kommt die entscheidende Einsicht, als sich seine Augen nur nach innen richten, und Darwin schildert, dass er das Grundprinzip der Evolution zu fassen bekommt, als er sich zur Unterhaltung mit dem Text von Malthus befasst und ganz entspannt auf einem Sofa sitzt – aber nur, um danach hektische Aktivität zu entfalten und viele Hundert Seiten über die Entstehung der Arten zu schreiben, die 1859 als Buch erscheinen.

Ein unter Physikern höchst berühmter Zeitgenosse der Naturforscher Wallace und Darwin, der Schotte James Clerk Maxwell, der als Erster das Licht als elektromagnetische Welle deuten und berechnen konnte, hat sich im 19. Jahrhundert ebenfalls Gedanken über die Frage gemacht, wo die Ideen oder Einsichten herkommen, mit denen sich die Wirklichkeit erfassen und verstehen lässt. Und er hat seine Ansicht dazu in Form eines Gedichts zusammengestellt, das er mit »Erinnerungen an ein Traumland« (im Original »Recollections of a Dreamland«) überschrieben hat. Die Verse lauten sinngemäß übersetzt wie folgt: »In uns gibt es Mächte und Gedanken,/ die wir nicht kennen, bis sie auftauchen/ mitten im Strom bewusster Handlung,/ von dorther, wo das Selbst im Verborgenen liegt./ Wenn aber Gedanken, die kommen und gehen,/ Wille und Vernunft schweigen lassen,/ dann können wir in den geheimen Tiefen/ die Felsen und Wirbel aufspüren.«

Abschließend soll nun noch von den Erfahrungen des Physikers Alex Müller erzählt werden, der 1988 die nobelpreiswürdige Entwicklung von Substanzen auf den Weg gebracht hat, die das vermögen, was Fachleute »Hochtemperatur-Supraleitung« nennen. Das Phänomen der Supraleitung war in den ersten Jahrzehnten des 20. Jahrhunderts bei Untersuchungen beobachtet worden, die zum Ziel hatten, den Verlauf des elektrischen Widerstandes bei abnehmenden Temperaturen zu messen. Bei sehr tiefen Temperaturen nahe am absoluten Nullpunkt geschah etwas Überraschendes: Der Widerstand ging auf Null. Ein einmal angestoßener Strom kreiste ewig in einem geschlossenen Draht, wenn es nur kalt genug war. Die Physiker brauchten Jahrzehnte, um zu verstehen, was da passierte, und sie brauchten weitere Jahrzehnte, um sinnvoll und erfolgversprechend untersuchen zu können, ob es auch Materialien gab, die bei höheren Temperaturen supraleitend wurden.

Alex Müller machte sich in den Achtzigerjahren ebenfalls Gedanken zu diesem Thema, und dabei ließen ihn bestimmte Mineralien nicht in Ruhe, die wegen ihrer besonderen Aufbauweise als Perowskite bekannt sind. Der Name leitet sich von dem russischen Mineralogen Lew Perowski (1792–1856) ab, der ein Gestein untersucht hatte, in dem Titanoxid und Calcium vertreten waren. Seine Kristallstruktur zeigt eine attraktive Gestalt, die Müller ungemein fesselte und die er als Drucke überall dort anbrachte, wo er sich aufhielt – im Labor und in seiner Küche zum Beispiel. Müller meditierte quasi mit den Kristallen, und das hatte Konsequenzen: »Die Perowskitstruktur hat viele Jahre meiner wissenschaftlichen Anstrengungen bestimmt, ja dominiert ... Als Symbol hat sie für mich unzweifelhaft Mandala-Charakter, was auch durch frühe, wesentliche Träume zu belegen ist.« Und weiter heißt es: »Der über so viele Jahre mit Erfolg beschrittene Weg, das Zur-Deckung-Bringen vieler, ja fast aller innerer Erwartungen mit objektiven Experimenten unter Benutzung des Perowskitgitters war beglückend. Es ließ mich sogar an die Möglichkeit denken, ja sogar erwarten, auf dem Gebiet der Supraleitung mit oxydischen Perowskiten wissenschaftlich beizutragen.«

Was Müller beschreibt, ist eingetreten, wobei zum Verständnis dessen, was Müller erfahren hat, eine knappe Erläuterung des Begriffs Mandala nötig ist. Unter Mandala versteht man Meditationsbilder mit geeigneten Symmetrien, die im Hinduismus und Buddhismus religiöse Bedeutung besitzen und in der Psychologie als Darstellung eines Archetypus betrachtet werden. Bei C. G. Jung kann ein Mandala als Symbol aufgefasst und verwendet werden, das aus dem Unbewussten aufgestiegen ist und in einer Person Faszination und Neugierde erzeugt. Beides zusammen kann dann den Weg zur wissenschaftlichen Einsicht bereiten.

Das Unzureichende der Tagwissenschaft

Es ist offensichtlich, dass große Wissenschaft nicht ohne ihre Nachtseite vorankommt, auch wenn viele Einzelheiten der nächtlichen Wirkungen – ebenso wie die Verwendung des Geträumten im weiteren Verlauf des Tages – noch zu klären sind. Bevor dies passiert, lohnt es sich, etwas Aufmerksamkeit der Frage zu widmen, was allgemein unter Wissenschaft zu verstehen ist und wie man dieses Abenteuer des Denkens etwa von philosophischen Bemühungen unterscheiden kann. Zwar sollten die Werke und Arbeiten von Wissenschaftlern Klarheit darüber schaffen, was Wissenschaft konkret ist, doch sie werden kaum zur Kenntnis genommen. Was wissenschaftlich ist, bestimmen hierzulande im Verständnis gerade des gebildeten Publikums immer noch vor allem die Worte der Wissenschaftsphilosophen, auch wenn sie noch so schief liegen, wie gleich zu lesen sein wird.

Wenn hier von Wissenschaft geredet wird, soll von praktischen und technischen Anwendungen abgesehen und das Augenmerk nur auf den erkenntnistheoretischen Aspekt dieses uralten Unternehmens gelenkt werden. In diesem eingeschränkten Sinne lässt sich Wissenschaft als der unter erschwerten Bedingungen stattfindende Versuch verstehen, die Welt, ihre Wirklichkeit und ihre Wirkungsweise zu erklären, ohne dafür auf Wunder zurückgreifen zu müssen. Mit »erschwerten Bedingungen« sind die Fragen an die Natur gemeint, die allgemein als Experimente bekannt sind und ihre besondere Qualität haben. In der Tat stellt das Experiment das Markenzeichen der Wissenschaft dar, und die Frage der Wissenschaftlichkeit müsste sich daran entscheiden, ob zu einem gestellten Problem ein passendes Experiment gemacht werden kann oder ob dies nicht der Fall ist.

Unter dieser Vorgabe haben viele Philosophen vernünftigerweise vorgeschlagen, den Begriff »wissenschaftlich« über den experimentellen Zugang zu definieren, und inzwischen sind selbst viele Wissenschaftler merkwürdigerweise der Überzeugung, dass die Frage auf diese Weise längst geklärt ist: Kunst kommt von Können, und Wissenschaft auch, nämlich vom experimentellen Können.

Als mustergültig gilt der Philosoph Karl Popper, der die wissenschaftlich zu nennende Vorgehensweise in seinem erkenntnistheoretischen Hauptwerk *Logik der Forschung* in übersichtliche Schritte zerlegt hat. Man beginnt mit einer Hypothese – zum Beispiel der, dass alle materiellen Körper sich ausdehnen, wenn die Temperatur erhöht wird – und macht dazu ein Experiment. Bei der anschließenden Messung stellt man entweder fest, dass die Hypothese zutrifft – dann spricht der Philosoph von ihrer Verifikation –, oder man muss einsehen, dass sie nicht zutrifft. In diesem Fall muss man ihre Falsifikation verzeichnen. So schön der erste Fall zu sein scheint: Er hilft paradoxerweise nicht weiter, denn mit ihrer Bestätigung bleibt man auf der Ausgangshypothese sitzen – etwa wenn ermittelt wird, dass sich Wasser oder Luft auf den ersten Blick tatsächlich ausdehnen, wenn es wärmer wird. Erst wenn eine Messung zeigt, dass die Hypothese nicht stimmt – was zum Beispiel bei Gummi der Fall ist oder bei gefrierendem Wasser, das sich bekanntlich ausdehnt, wenn die Temperatur in einem bestimmten Bereich um den Nullpunkt herum sinkt –, besteht für die Wissenschaft die Möglichkeit, einen Fortschritt zu erzielen. Denn nun darf sie eine neue Hypothese aufstellen, die dann allerdings längst nicht mehr so einfach wie die alte ausfallen wird, wie man am exerzierten Beispiel merken kann.

Viele Menschen akzeptieren diese Festlegung von »wissenschaftlich«, ohne sich zu fragen, ob darin auch nur ein kleines Stück Wahrheit zu finden ist. Mir jedenfalls scheint diese Definition nahezu vollständig an jeder Sache vorbeizugehen. Zum einen sind mir keine Forscher bekannt, die ihre Hypothesen geändert haben, nur weil bei einem Versuch einmal etwas anderes herausgekommen ist. Viel wahrscheinlicher reagieren sie so, dass sie nach Unstimmigkeiten im technischen Ablauf suchen, so wie es zum Beispiel der Nobelpreisträger Robert Millikan getan hat, als er mit seinem berühmten »Öltröpfchenversuch« die Größe der Elementarladung bestimmen wollte. Alle Messungen, die zu weit von seinem erwarteten Wert entfernt lagen, hat Millikan nicht berücksichtigt, und zwar nicht durch Hinweise auf konkrete Umstände, sondern weil er das Gefühl hatte, mit der Messung sei etwas nicht in Ordnung. Ich vermute, dass Millikan als erfahrener Experimentator erstens allen Grund und zweitens jedes Recht dazu hatte, misslungene Messungen zu identifizieren, so wie ein guter Koch auch spürt, ob ihm ein kompliziertes Gericht gelingt oder nicht. Kein Philosoph sollte dem Physiker den Anspruch streitig machen, das Experiment in seinem Sinne ordentlich durchgeführt zu haben.

Millikan vertraute neben seiner Erfahrung auch seiner Ahnung, dass es so etwas wie eine Elementarladung gibt. Konkret hieß das in seinen Versuchen, dass sich der dazugehörende Zahlenwert auch bestimmen lassen musste.

Ähnlich hat sich Albert Einstein verhalten, der in jungen Jahren – neben der Relativitätstheorie – auch eine Gleichung für die Diffusion von Partikeln angab, mit deren Hilfe sich Auskünfte über Atome einholen ließen. Als ihm der französische Nobelpreisträger Jean Perrin schrieb, dass seine zu diesem Zweck ausgeführten Messungen nicht mit Einsteins Theorien übereinstimmten, antwortete der heute zwar berühmte, damals aber weitgehend noch unbekannte Angestellte im Berner Patentamt, Professor Perrin solle doch bitte noch einmal nachprüfen, was er da gefunden habe. An der Theorie sei nichts zu ändern, sie sei zu schön und zufriedenstellend, um nicht zutreffen zu können. Tatsächlich hatte Perrin sich vermessen, wie sich bald herausstellte. Er musste Einstein Recht geben und unternahm dies mit dem Vergnügen, das jeden großen Forscher auszeichnet.

Neben diesen Schwachstellen bringt Poppers plattes Schema der Wissenschaftlichkeit viele andere Probleme mit sich. Es fällt zum Beispiel extrem schwer (wenn es überhaupt möglich ist), eine nichttriviale Hypothese zu formulieren, die in einem Experiment falsifiziert werden kann. Natürlich gibt es keine Schwierigkeit, wenn etwa behauptet wird, Schwäne seien weiß oder die Samen von Männern mit dunkler Hautfarbe seien dunkel (was beides nicht zutrifft und falsifiziert werden kann). Aber wie sehen die experimentellen Chancen aus, wenn jemand behauptet: »Die Welt setzt sich aus Atomen zusammen« oder »Es gibt Gene für Aggressivität« oder »Die Krankheit AIDS wird von einem Virus verursacht«?

Das vorgestellte Konzept von leicht reproduzierbarer Wissenschaftlichkeit gerät noch weiter ins Wanken, wenn man sich klarmacht, dass es weite Zonen der Erkenntnissuche gibt, in denen man entweder gar nicht experimentieren kann (zum Beispiel bei Schwarzen Löchern oder im Falle des Urknalls) oder auf keinen Fall experimentieren darf (etwa mit dem Ozonloch oder mit den *El Niño*-Bedingungen im Pazifik).

Es bleibt also immer noch offen, was »wissenschaftlich« genau meint, und erst recht und vor allem dann, wenn man sich auf die Nachtseite begibt, die erstens existiert und zweitens unersetzbar bleibt. Das eigentliche Problem der Beschreibung von Wissenschaft steckt dabei auch gar nicht in einer strengen Logik der Forschung im Tageslicht, sondern in der Frage, wie während der Nachtwissenschaft der Schritt nicht nur zu einer neuen, sondern zu einer angemessenen und relevanten Hypothese gelingt. Wie kommt jemand jemals zu einer Idee wie der des Atoms oder zu einer Theorie wie der des Kosmos, an denen die Menschen interessiert sind und mit denen die Wissenschaften wirklich Wissen für die Menschen schaffen?

»Ich hoffe, dass niemand mehr der Meinung ist, dass Theorien durch zwingende logische Schlüsse aus Protokollbüchern abgeleitet werden, eine Ansicht, die in meinen Studententagen noch sehr in Mode war.« Diese (nach den hier geschilderten Traumerfahrungen unmittelbar einsichtige und zugleich grundlegende) Feststellung stammt von dem bereits erwähnten Wolfgang Pauli (1900–1958), einem der großen theoretisch arbeitenden Physiker des 20. Jahrhunderts, der 1945 mit dem Nobelpreis für sein Fach ausgezeichnet wurde. Mit seinen Studententagen meint Pauli zwar die frühen Zwanzigerjahre, aber viel geändert hat sich an den philosophisch allzu schlichten Vorstellungen vom wissenschaftlichen Vorgehen nicht. Immer noch denken selbst viele Lehrstuhlinhaber, dass in ihrer Disziplin und ihrem Umfeld rationale Schritte in logisch anmutender Weise unternommen werden, um die Erkenntnisse voranzubringen. Das stimmt sicher für die normale Form der Wissenschaft, wie oben eingeräumt. Es stimmt aber nicht mehr, wenn sie kreativ und innovativ vorgeht. Für das, was dann passieren muss, kann man bei Pauli in dem Text »Phänomen und physikalischer Wirklichkeit« aus dem Jahr 1957 schon einen viel besseren Vorschlag finden. Hier und in ähnlicher Form in seinem »Wissenschaftlichen Briefwechsel« kann man lesen: »Theorien kommen zustande durch ein vom empirischen Material inspiriertes Verstehen, welches … als zur Deckung kommen von inneren Bildern mit äußeren Objekten und ihrem Verhalten zu deuten ist.«

Diese inneren Bilder kann man auch Archetypen nennen, wie es auf psychologischer Basis schon geschehen ist. Hier ist das gemeint, was man im Dunklen sehen kann, bevor man sein Bild der Welt gestaltet und den Kollegen zeigt.

Bemerkt hatte Pauli das erwähnte Zusammenpassen und Übereinstimmen nicht nur durch Analyse eigener wissenschaftlicher Hervorbringungen, sondern vor allem bei einer Analyse der Ergebnisse und Einsichten von Johannes Kepler. Dem im 17. Jahrhundert revolutionären Vorschlag des Kopernikus, die Sonne in die Mitte der Welt zu setzen und die Erde darum kreisen zu lassen, schloss sich Kepler nicht aus wissenschaftlich nachprüfbaren Gründen an, sondern allein deshalb, weil er den Himmel mit dem archetypischen Bild des dreieinigen Gottes ansah und diese Trinität im heliozentrischen Modell perfekt gespiegelt und repräsentiert fand. Entsprechend hatte Kepler im frühen 17. Jahrhundert geschrieben:* »Erkennen heißt, das äußerlich Wahrgenommene mit den inneren Ideen zusammenzubringen und ihre Übereinstimmung zu beurteilen, was man sehr schön ausgedrückt hat mit dem Wort ›Erwachen‹ wie aus einem Schlaf. Wie nämlich das uns außen Begegnende uns erinnern macht an das, was wir vorher wussten, so locken die Sinneserfahrungen, wenn sie erkannt werden, die intellektuellen und innen vorhandenen

* Pauli erklärt in seiner Kepler-Studie mit psychologischen Argumenten – mehr oder weniger als bekennender Jungianer, wenn man es so ausdrücken will – ein Phänomen, dass zwar bemerkenswert ist, von Wissenschaftsphilosophen jedoch nicht zur Kenntnis genommen wurde und leider zu wenig bekannt ist. Gemeint ist der Tatbestand, dass der Vorschlag des Kopernikus, die Sonne in die Mitte des Universums zu stellen und der Erde die Bewegung zu überlassen, weder zu seinen Tagen im 16. noch zu Keplers Zeiten im 17. Jahrhundert wissenschaftlich zu begründen war. Dass sich die Idee des Kopernikus durchgesetzt hat, und zwar allgemein, hat nichts mit empirischer Evidenz oder astronomischen Beweisen zu tun. Zum einen gab es diese Beweise vor dem 19. Jahrhundert gar nicht, zum anderen hat sich eigentlich niemand mehr dafür interessiert, als sie schließlich vorlagen. Die Hinwendung zum heliozentrischen Modell der Welt kam also nicht von außen, vielmehr muss sie von innen her verstanden werden, und genau dies unternimmt Pauli mit seiner Analyse.

Gegebenheiten hervor, so dass sie dann in der Seele aufleuchten.« Diese inneren Gegebenheiten nennt Kepler selbst Archetypen, weil sie die Urbilder ausmachen, mit denen Menschen ihr Sehen zustande bringen.

Es ist vermutlich nicht zu weit hergeholt, wenn man annimmt, dass dieses Aufleuchten der Seele zu einem Gefühl der Zufriedenheit und des Glücks in dem betroffenen Menschen führt, und es ist wahrscheinlich genau diese Befriedigung und Sicherheit, die Jacob, Einstein, Millikan, Müller und viele andere nicht weiter zweifeln lassen über das, was sie wissen. Es wäre keine schlechte Idee, den so erzeugten Gefühlen einen Beitrag zur Erkenntnis zuzutrauen und dem rationalen und kühlen *Cogito ergo sum* das schönere und lebenswärmere *Amo ergo sum* an die Seite zu stellen. Vielleicht gibt es ja wissenschaftlich wertvolle Einsichten in die Natur, die ohne Gefühl überhaupt nicht möglich sind. Auf jeden Fall spüren es viele Forscher, wenn sie etwas wissen.

Die ganzheitliche Sicht

Die Frage, die in diesem Zusammenhang aufscheint und sich vor dem emotionalen Aspekt eher drückt, will vorrangig wissen, wie die Verbindung zwischen Innen und Außen hergestellt wird. Wer hier eine Antwort zu geben versucht, wird auf Schwierigkeiten stoßen, die alle ausschließlich rational argumentierenden Theorien der Erkenntnis kaum behandeln und als »unwissenschaftliche« verworfen haben. Schließlich geht es um den Anfang des Erkennens, um die Stelle, die Rationalität ermöglicht, ohne selbst von dieser Qualität berührt zu werden oder betroffen zu sein. Es geht um die irrationale oder imaginative Herkunft der Rationalität. (Wolfgang Pauli spricht vom Vorhandensein »regulierender typischer Anordnungen, denen sowohl das Innen wie das Außen des Menschen unterworfen ist«.)

Wer sich im Sprachgebrauch innerhalb der Psychologie auskennt, wird merken, dass damit die kollektive, archaische Quelle des

Denkens gemeint ist, die als Archetypus bezeichnet wird. Die Schwierigkeit des sprachlich-logischen Umgehens mit diesem Konzept liegt darin, dass sich der Archetypus nicht der Unterscheidung fügt, der wir dank René Descartes seit fast 400 Jahren alles unterwerfen: Körperwelt versus Geisteswelt, beziehungsweise Physis versus Psyche oder *res extensa* versus *res cogitans*.

Die oben erwähnten inneren Bilder – Imaginationen – kann man sich als psychische Manifestationen der Archetypen vorstellen, deren äußeres Auftreten in Form der physikalischen Gesetze spürbar wird. Beide zusammen schaffen eine ganzheitliche Verbindung; fehlt diese, wird sie von der Seele vermisst, weil sie der Ort ist, an dem sich – einer poetischen Einsicht von Novalis zufolge – Innen und Außen begegnen. Unzufriedenheit und Unbehagen sind die vorhersagbare Folge, so wie wir sie heute spüren.

Die sich auf Archetypen einlassende Vorstellung von Erkenntnis hat den Vorteil, eine ganzheitliche Sicht zu liefern. Diese kann womöglich zu guter Letzt den oben genannten Schnitt zwischen Körper und Geist reparieren, sodass auf diese Weise auch im materialistisch-naturwissenschaftlichen Rahmen erneut die Frage nach dem Sinn gestellt werden kann, die in unseren Tagen voller Ethikdebatten immer schmerzlicher vermisst wird. Ohne Sinne können Menschen nicht leben, und ohne Sinn wollen sie nicht leben.

Der Nachteil dieses Modells liegt in der Schwierigkeit, dass damit der Boden der Rationalität verlassen wird. Das stellt hierzulande deshalb ein großes Risiko dar, weil zum einen das Rationale vielfach immer noch mit dem Guten gleichgestellt wird (das die rationale Wissenschaft bringen sollte), und weil zum anderen die Quelle des Denkens unserer Willkür (Macht) entzogen wird. Alle Philosophie basiert – spätestens seit den Tagen der Aufklärung – auf dem unerschütterlich scheinenden Glaubenssatz, dass nicht nur alles Denken rational ist, sondern dessen Voraussetzungen und Anfänge ebenso rational sind. Gerade Immanuel Kant entdeckt oder erfindet überall Rationalität, sogar vor aller wirkenden Verstandeskraft. Seit seinen Tagen zieht sich die westliche Wissenschaft in die sterile und seelenlose Kammer des Rationalismus zurück, die leider dadurch nicht erträglicher und lebhafter wird, dass man ihr das Beiwort »kritisch« voranstellt.

Die allgemeine Unzufriedenheit mit diesem Zustand drückt sich unter anderem in vielen dunklen und mystisch verklärten Bemühungen um Erkenntnis aus, die oft nur durch ihre Banalität auffallen und den traditionellen Bemühungen der Wissenschaft kaum das Wasser reichen können. Wissenschaft kommt weder rein rational noch ausschließlich meditativ mystisch voran. Wer verstehen will, was sich in der Welt des Wissens wissenschaftlich ereignet, muss eine sorgfältig balancierte Passage finden, die zwischen der Skylla des trockenen Rationalismus und der Charybdis des schwärmenden Mystizismus hindurchführt. Nur wenn auch irrationale Quellen wie Träume und Visionen akzeptiert werden, denen ein logisch-rationales Vorgehen zu folgen hat, kann die Durchfahrt gelingen.

Die heutige Wissenschaft sollte ihn übrigens längst geschafft haben. Der Weg, den viele noch suchen, liegt bereits hinter uns. Die erlebte Geschichte der Wissenschaft – nicht ihre rationale Karikatur – ist dieser Weg. Die großen Forscher und Forscherinnen sind nie einen anderen gegangen. Es lohnt sich, ihren Spuren zu folgen.

Wissenschaft und Archetypus

Die Verbindung der Wissenschaft mit Archetypen erlaubt es, mehrere auffällige Aspekte der Wissenschaftsgeschichte zu verstehen. Gemeint ist zum Beispiel die Tatsache, dass grundlegende Begriffe der Wissenschaft nie aufgegeben wurden, obwohl sie ihre Bedeutung vielfach vollständig verändert haben und im Grunde nicht mehr präzise zu definieren sind. Zu diesen fundamentalen Konzepten gehören Atom, Feld, Energie, Evolution, Gen, Welle, um nur ein paar Beispiele zu nennen. Wie sehr die alten Begriffe mit neuen Bedeutungen belegt worden sind, zeigt am besten das Atom, das trotz seiner Bedeutung – *Das Unteilbare*, aus dem Griechischen – nicht nur längst teilbar geworden, sondern so genau von der Physik analysiert ist, dass von einem teilbaren Ding überhaupt nicht mehr die Rede sein kann. Trotzdem spricht man von Atomen, wie man von Genen spricht, die doch auch längst aufgehört haben, dinghafte Strukturen mit festen Orten in Zellen zu sein.

Die hartnäckige Vorliebe der Forscher für diese Begriffe kann man erklären, wenn man für sie einen archetypischen Hintergrund postuliert, vor dem sich das bewusste Erkennen abspielt. In diesem Zusammenhang hat Wolfgang Pauli den Hinweis gegeben, dass eine wissenschaftliche Methode darin zu bestehen scheint, »eine Sache immer wieder vorzunehmen, über den Gegenstand nachzudenken, sie dann wieder beiseite zu legen, dann wieder neues empirisches Material zu sammeln, und dies, wenn nötig, Jahre fortzusetzen. Auf diese Weise wird das Unbewusste durch das Bewusstsein angekurbelt, und wenn überhaupt, kann nur so etwas dabei herauskommen.« Mit anderen Worten: Erst wenn es gelingt, die Teile unseres Inneren, die nicht im Licht des Bewusstseins erkennbar sind, zu aktivieren, kann Erkenntnis gelingen. Das Glück des Findens setzt eine Balance zwischen der Tag- und der Nachtseite des Menschen voraus, so wie es das uralte chinesische Yin-Yang-Symbol erfasst. Wichtig ist dabei die Einsicht, dass es nur um *einen* »Inhalt« und *eine* »Realität« geht, die in Abhängigkeit von den Lichtverhältnissen in unserem Bewusstsein in Erscheinung tritt.

Wichtiger noch als die Frage, wie wissenschaftlich die Wissenschaft ist, scheint ein anderes Problem zu sein, das mit dem Stichwort »Faszination« angesprochen wird. Wissenschaft mag nicht immer so wissenschaftlich sein, wie es im Buch der Philosophie steht. Doch sie ist auf jeden Fall faszinierend für diejenigen, die sie ausüben. Viele Forscher sind besessen von ihrem Gegenstand. Wissenschaft wird von kreativen Köpfen obsessiv betrieben, und wenn dies auch gerne akzeptiert wird, so bleibt es nicht problemlos. »Die Besessenheit durch archetypische Inhalte ist eine der Hauptgefahren der modernen Naturwissenschaft«, wie es Hans Primas von der ETH Zürich in einem Vortrag einmal formuliert hat, »denn Faszination ist intellektuell unangreifbar«.

Diese schlichte Tatsache wirkt sich nun in der westlichen Gesellschaft besonders deutlich aus, da wir »kein Ritual für den Umgang mit Fascinosa entwickelt« haben, wie Primas bemerkt. Uns steht zum Beispiel kein Rückgriff auf Gott mehr offen, wie er in früheren Zeiten noch möglich war. Eine Folge davon ist, dass viele Forscher aufgeblasen umherlaufen und verkünden, die Rätsel der Welt gelöst zu haben. Und eine zweite Folge drückt sich in der Gesellschaft durch die viel zu schnelle Akzeptanz neuer und noch nicht erprobter Ideen aus. So redet etwa von einem bestimmten Zeitpunkt an plötzlich jeder vom Chaos und meint, die Gesetze der Natur damit verstanden zu haben.

Wir alle wissen, dass es die individuelle und kollektive Besessenheit gibt, vor allem in unserer Gesellschaft, die sich so gerne informiert und aufgeklärt gibt. In ihrer rationalen Beschränkung übersieht sie vielleicht das Wichtigste, das in ihr wirkt, das demnach – wörtlich verstanden – das Wirkliche ist und ihre Wirklichkeit ausmacht. Darin liegt eine Gefahr, vor allem im Zeitalter der Wissenschaft, und vor allem dann, wenn dieses Abenteuer ausschließlich rational gesehen und vorangetrieben wird.

Was die Träume zeigen

Wer sich das Leben des Physikers Wolfgang Pauli anschaut, wird feststellen, dass seine durchgehenden wissenschaftlichen Themen das umfassen, was Fachleute als die Verdopplung der Spektrallinien, die Dualität von Welle und Teilchen, die ihr zugehörende Idee der Komplementarität und eine klassisch nicht beschreibbare Zweiwertigkeit namens Spin bezeichnen (für deren Erfindung Pauli 1945 den Nobelpreis erhielt). Man gewinnt dabei den Eindruck, dass es bei aller Variation in den Einzelthemen eine grundlegende Invariante gibt. Gemeint ist die Zweiteilung oder Dualität, die sich vielfach im Bereich menschlichen Denkens und Tuns zeigt. Wer diese Zweiteilung für grundlegend hält – wie Pauli es ganz sicher getan hat –, und wer darüber hinaus mit einem Verlangen nach Symmetrie ausgestattet ist und einen komplementären Ausgleich als bewegtes Gleichgewicht anstrebt – wie Pauli es ebenfalls ganz sicher getan hat –, der darf vor dem eigenen Leben und dem eigenen Denken nicht haltmachen. Konkret heißt das, dass er neben der vom Bewusstsein erhellten und der Rationalität zugänglichen Tagseite der menschlichen Erkenntnistätigkeit auch die im Dunkeln verbleibende Nachtseite akzeptieren muss, wenn sie sich in irgendeiner Form zu Wort meldet.

Pauli lässt sich erzählerisch sehr ausführlich und theoretisch außerordentlich gründlich auf seine Träume ein, zahlreiche Beschreibungen lassen sich in seinem wissenschaftlichen Briefwechsel nachlesen. Pauli interpretiert seine Träume gerne und bereitwillig als spontane Manifestationen und Äußerungen des persönlichen Unbewussten, und er hält an dieser Orientierung aus zwei Gründen fest. Zum einen taucht in seinen Nachtphantasien oft eine Figur auf, die als »dunkle Unbekannte« oder als »Chinesin« beschrieben wird. Sie stellt für Pauli dar, was C.G. Jung als unbewusste Seite einer Person beschrieben und im Falle eines Mannes als *Anima* bezeichnet hat.

Zum anderen ist das erwähnte Konzept des persönlichen Unbewussten für Pauli nicht irgendein psychologisch angehauchter Fachausdruck, sondern ein großes erkenntnistheoretisches Potenzial. Es steht jedem Menschen zur Verfügung, weil es – in der Sicht Paulis, der ein großer Bewunderer Darwins und seiner Idee der Evolution war – Teil unserer Stammesgeschichte ist und schon bei unseren Vorfahren wirksam war. Erkenntnisse werden demjenigen möglich, dem es gelingt, sich dieses innere Reservoir zu erschließen, dessen Inhalte die Urformen menschlicher Erfahrung ausmachen. Allerdings liefern der Traum selbst und seine Bilder die Einsicht noch lange nicht, denn »das Bewusstsein muss wissenschaftlich modern sein«, wie Pauli häufig betont hat, während »der Traum archaisch bleibt« und die deutende Betrachtung als Ergänzung benötigt.

Die Akzeptanz der Zweiteilung verbindet er mit einem Verlangen nach Symmetrie; vielfach hat er erläutert, dass es für ihn »fast ein Dogma [ist], dass Gegensatzpaare symmetrisch behandelt werden müssen (wie in China durch Laotse)«, und nachdrücklich hat er auf die Folgen hingewiesen, die auf eine Zeit oder eine Gesellschaft zukommen, die diesen Grundsatz missachtet und zum Beispiel »das Paar Geist-Materie« einseitig bewertet.

Er führt diesen Punkt zum Beispiel in einem sehr langen Brief an Carl Friedrich von Weizsäcker aus, den er im Juni 1954 schreibt. Hier beklagt sich Pauli unter anderem darüber, dass durch die Schriften und Gedanken der frühchristlichen Theologen wie Augustinus »im Abendland das Gleichgewicht zwischen Geist und Materie gestört« sei, was konkret bedeutet, dass das Materielle oft mit dem Bösen identifiziert wird. Als Folge dieser Fehlzuweisung wird nicht mehr bemerkt, dass »in ihr [der Materie] ein Geist« wohnt. Da die Natur selbst aber nicht so einseitig ausgerichtet, sondern vielmehr symmetrisch angelegt sei, lasse sich verstehen, dass »es im Christentum seit seiner Entstehung *häretische* materiefreundliche Unterströmungen« gebe, »zu denen auch die hermetische« – das heißt alchemistische – Richtung gehöre, ebenso die Kombination aus »Marxismus und Kommunismus«.

Pauli ist offenbar sehr konsequent in seiner Suche nach und dem Festhalten an Symmetrie. Er deutet nicht nur individuelle Lebensläufe durch Abweichungen von dieser regulierenden Vorgabe, sondern auch umfassende historische Prozesse. Dabei kommt er zu der Ansicht, dass Symmetrie die Vorbedingung geistiger Entwicklungen ist. Pauli zufolge kann eine Kultur nur florieren, wenn sie ein Gleichgewicht »zwischen dem Geist und der stofflichen Materie« herstellt. Konkret mache dies »eine Rangerhöhung des weiblichen Prinzips … erforderlich«. Nur so ließen sich »die Einseitigkeiten eines rein patriarchalischen Zeitalters korrigieren«, wie wir es leider erleben müssten. »In diesem Zeichen scheint mir unsere Zeit zu stehen (von der man wohl auch sagen kann, dass es in ihr keine Ritterlichkeit gibt).«

Pauli fordert nicht mehr und nicht weniger als eine neue Form der Wissenschaft, die er bislang überwiegend als »ein Produkt des männlichen Bewusstseins« betrachtet. Seiner Ansicht nach benötigt diese Wissenschaft dringend eine Ergänzung, die man als »weiblich« bezeichnen könnte.

Die weitreichende Forderung nach einer ausgleichenden Symmetrie hat Pauli in seinem Leben und Denken umgesetzt. Er hat seine Traumprotokolle so ernst genommen wie die Überlegungen, die zu seinen wissenschaftlichen Arbeiten geführt haben, hütete sich jedoch davor, »die ratio ganz [zu] opfern«. Dies ist deshalb so wichtig, weil »ohne Denken [...] ein mystisch-sektiererisches-heroisches Fühlen« entsteht, das noch schneller zum Absturz führt als die steril-logische Vorgehensweise der gegenwärtigen wissenschaftlich-technischen Praxis.

Pauli machte sich häufig lustig über Leute, die spontane Phantasien aus unbewussten Sphären »für eine fertige und über alle Zweifel erhabene Naturphilosophie« hielten. Darüber hinaus ahnte er zumindest etwas von der Gefahr, dass Menschen mit prophetischen Ansprüchen und anti-wissenschaftlichen Neigungen seine Träume gegen ihn (und die positive Rolle der Wissenschaft) verwenden könnten. So veröffentlichte er im Laufe seines Lebens fast ausschließlich seine physikalischen Arbeiten, während er seine Traumprotokolle nur privat mitteilte – etwa in Briefen an C. G. Jung und dessen Mitarbeiterinnen oder auch an den Biologen Max Delbrück. Delbrück hat zu Beginn der Dreißigerjahre bei Pauli gearbeitet, dann unter dessen Einfluss die Disziplin gewechselt und sich der Biologie gewidmet. 1969 wurde er mit dem Nobelpreis für Physiologie oder Medizin ausgezeichnet; heute gilt er als Wegbereiter der Molekularbiologie.

Physikalische Träume

Wolfgang Paulis Biografie ist in der Lebensmitte durch eine Krise gekennzeichnet, die ihn Kontakt zu C. G Jung suchen lässt, und dieser Einschnitt wirkt sich auch auf die Traumfiguren aus, die sein Bewusstsein erreichen. Im Verständnis von C. G. Jung, dem Pauli weitgehend zustimmt, zeigen sich in Träumen symbolische Figuren oder Personen, in denen unbewusste Manifestationen der Seele eine Form bekommen.

Natürlich können Träumer ihre »Gesichte« nicht als Bilder kommunizieren. Sie müssen beschreiben, was sie im Dunkel des Schlafs gesehen haben, und damit fangen die großen Schwierigkeiten an. Zur Beschreibung von Träumen besitzen wir »keine in unserem Sinne gerichtete und angepasste Sprache«, wie Jung und Pauli sich einig sind, sodass ihre Deutung nur indirekt durch Untersuchung des Kontextes erfolgen kann. Jung empfiehlt deshalb im Rahmen seiner Psychologie, »den Sinn der Träume durch Amplifikation zu erschließen, d. h. durch Aufzeigen ihrer Parallelen zu Mythen, Märchen, Phantasien, Malereien und anderen symbolisch ausgedrückten Erlebnissen«. Bei seiner Traumdeutung ist aber auch die Mitbeteiligung der Patienten erwünscht, die »ihrem Mitteilungstrieb freien Lauf lassen sollen«, wie Karl von Meyenn in einer Einleitung zum vierten Band des *Wissenschaftlichen Briefwechsels* von Pauli erläuternd schreibt. Weiter stellt er fest: »Über alle diese Methoden informierte sich Pauli in kürzester Zeit durch den Besuch von Jungs Vorträgen und die Lektüre seiner Schriften, um sie dann – ›als gelehriger Schüler‹ – zur Lösung seiner eigenen Probleme einzusetzen.«

Pauli macht dabei Erfahrungen, die für einen physikalisch denkenden und mathematisch geschulten Menschen nicht nur neu und unerwartet, sondern vor allem schwer verdaulich sind. Er lässt sich aber darauf ein und schreibt 1938: »Nach sorgfältiger kritischer Erwägung vieler Erfahrungen kam ich dazu, die Existenz tieferer seelischer Schichten zu acceptieren, die durch den gewöhnlichen Zeitbegriff nicht adäquat beschreibbar sind … Infolge Fehlens geeigneter Begriffe werden diese seelischen Bereiche durch Symbole dargestellt; und zwar bei mir besonders häufig durch Wellen- oder Schwingungssymbole.«

Der Physiker Pauli träumt also physikalisch (und nicht psychologisch), was von ihm so verstanden wird, dass seine Träume »oft moderne physikalische Begriffe benützen, um psychologische Sachverhalte und Prozesse auszudrücken« – wobei nicht zu erwarten ist, dass es »eine endgültige Deutung« gibt. Einige Träume handeln unmittelbar von physikalischen Problemen, wie das folgende Beispiel belegt: »Ein holländischer Physiker macht Experimente über den gyromagnetischen Effekt. Manchmal ergeben sich halb-ganze und manchmal ganze Zahlen. Es ist sehr wichtig, wann das eine und wann das andere stattfindet, aber ich kann die Kriterien dafür nicht herausfinden. Je mehr ich darüber nachdenke, desto mystischer wird die Atmosphäre.«

Andere Träume enthalten nur die Symbole aus Paulis professioneller Tätigkeit, etwa der vom 23. Januar 1938: »Oben ist ein Fenster, rechts davon eine Uhr. Im Traum zeichne ich unterhalb des Fensters einen Schwingungsvorgang an u[nd] zwar zwei Schwingungen untereinander. Dadurch, dass ich von den Kurven aus nach rechts gehe, versuche ich, an der Uhr einen Zeitpunkt dazu abzulesen. Aber die Uhr ist höher und deshalb geht das nicht. Nun geht der Traum weiter. Die ›dunkle Unbekannte‹ erscheint. Sie weint, denn sie will ein Buch schreiben, kann aber keinen Verleger für ihr Buch finden. In diesem Buch soll sehr viel über Zeitsymbolik stehen, z. B. wie eine Zeit beschaffen ist, wenn bestimmte Symbole in ihr auftreten können. Und am Ende einer Seite des Buches steht folgender Spruch, der laut von der ›Stimme‹ gelesen wird: ›Für die gewissen Stunden muss man mit dem gewissen Leben bezahlen, für die noch ungewissen Stunden muss man mit dem unbestimmten Leben bezahlen.‹«

Mit diesem Traum haben wir die zweite Lebensphase Paulis erreicht, die auch durch eine zweite Traumphase gekennzeichnet ist. Der entscheidende Einschnitt ist dabei Paulis (zweite) Heirat im Jahre 1934. Vor diesem Zeitpunkt liegen die ersten Jahre in der Obhut von C.G. Jung, der Pauli zunächst empfiehlt, sich an die junge Analytikerin Erna Rosenbaum zu wenden. Mit ihr nimmt Pauli im Februar 1932 brieflich Kontakt auf und erwähnt, er habe gewisse neurotische Erscheinungen, »die unter anderem auch damit zusammenhängen, dass es mir leichter ist, akademische Erfolge als Erfolge bei den Frauen zu erringen«.

Im Frühling 1932 beginnen Paulis Sitzungen bei Erna Rosenbaum. Er berichtet kontinuierlich über seine seelische Verfassung, hält die Träume fest, die ihm regelmäßig nächtliche Erlebnisse verschaffen, füllt viele Seiten mit gewissenhaften Notizen. In den Monaten März bis Juli des Jahres 1932 scheint Pauli rund tausend Träume und andere »visuelle Eindrücke« gehabt und notiert zu haben, die Wissenschaftshistoriker bislang nur begrenzt einsehen konnten.

Umfassend informiert wird C.G. Jung, der 1936 – mit Paulis Einverständnis und bei Wahrung seiner Anonymität – einen Aufsatz über »Traumsymbole des Individuationsprozesses« verfasst und sich dabei auf eine aus über vierhundert Träumen bestehende Traumserie von Pauli stützt. Jung betrachtet diese Serien als »Symbole eines Individuationsprozesses«, denn sie lassen Vorgänge erkennen, die der »Herstellung eines neuen Persönlichkeitszentrums« dienen.

Als Pauli Jung die Verwendung seiner Traumbilder im Oktober 1935 zusagt, hat er seine Lebenskrise zwar überwunden – es treten zum Beispiel keine Depressionen mehr auf, die vordem seine Arbeitsfähigkeit häufig eingeschränkt haben –, von einer nächtlichen Ruhe seiner Phantasie kann jedoch keine Rede sein. Im Gegenteil! Nach der zweiten Eheschließung erlebt Pauli eine neue Dimension des Unbewussten, und es kommt abermals zu zahlreichen Traumserien, selbst als er weder in ärztlicher Behandlung ist noch unmittelbaren persönlichen Kontakt zu Jung hat. Im Jahre 1936, als Jung seine psychologische Deutung der Traumsymbole veröffentlicht, findet bei Pauli »eine längere Traumserie statt, in welcher ein radioaktiver Kern, der erzeugt werden soll, eine ähnliche Rolle spielte wie der lapis philosophorum [der Stein der Weisen] bei den Alchemisten«.

Pauli hat sich sehr ausführlich mit dem Denken der Alchemisten beschäftigt, und zwar unter anderem deshalb, weil ihre Hinwendung zum Materiellen für ihn das komplementäre Gegenstück zu den Traditionen des westlichen Abendlandes darstellte, die diesen Teil des Wirklichen meinten verachten zu können.

In einem erst 1953 geschriebenen und sehr ausführlichen Brief an Jung stellt Pauli einen Traum aus dieser ersten neurosefreien Zeit vor. Dem Traum vorangegangen ist eine schwierige und intensive Diskussion mit Albert Einstein. Pauli schildert zunächst die physikalische Thematik: »Als im Jahre 1927 die neue Theorie der Quantenmechanik vollendet wurde, die eine Lösung der alten Widersprüche betreffend Wellen und Teilchen im Sinne eines neuen komplementären Denkens brachte, wollte Einstein sich mit dieser Lösung nicht recht zufrieden geben. Er vertrat seither immer wieder mit sehr geistreichen Argumenten die These, dass die neue Theorie zwar richtig, aber unvollständig sei. Demgegenüber zeigte Bohr, dass die neue Theorie alle Gesetzmäßigkeiten enthielt, die innerhalb ihres

Gültigkeitsbereiches überhaupt sinnvoll formulierbar sind. Dem objektiven Aspekt der in der Quantenmechanik angenommenen physikalischen Realität und ihrer statistischen Naturgesetze war dabei mit Hilfe folgender Voraussetzungen Rechnung getragen worden, die allen Physikern als selbstverständlich erschienen: 1. Individuelle Eigenschaften des Beobachters kommen in der Physik nicht vor. 2. Die Meßresultate sind vom Beobachter nicht beeinflußbar, nachdem er einmal die Versuchsanordnung gewählt hat.«

Pauli vertrat in Diskussionen mit Niels Bohr und Albert Einstein die Ansicht, »Einstein halte für eine Unvollständigkeit der Quantenmechanik innerhalb der Physik, was in Wahrheit eine Unvollständigkeit der Physik innerhalb des Lebens sei«. Und auch wenn Bohr dieser zugleich wunderbaren und wundersamen Formulierung sofort zustimmte, musste Pauli für seinen Sieg einen hohen Preis bezahlen, denn: »Ich hatte damit ... zugegeben, dass irgendwo doch eine Unvollständigkeit vorhanden war, wenn auch außerhalb der Physik, und Einstein hat seither immer wieder versucht, mich auf seine Seite zu ziehen. Heute weiß ich, dass es sich hier um das Gegensatzpaar Vollständigkeit versus Objektivität handelt, und dass man ... nicht, wie Einstein will, beides zugleich haben könne ... Dass eine prinzipiell statistische Beschreibungsweise der Natur komplementär nach der Erfassung des Einzelfalls verlangt, konnte ich auch nicht leugnen; aber zugleich sah ich ein, dass die Wahrscheinlichkeitsgesetze der neuen Theorie das äußerste waren, was innerhalb eines objektiven (d.h. nicht psychologischen) Rahmens der Naturgesetze überhaupt erhofft werden konnte.«

Damit ist die Szene bereitet für den folgenden Traum, über den Pauli berichtet: »Ein Einstein ähnlich sehender Mann zeichnet folgende Figur an die Tafel (siehe Abbildung). Dies stand in offenbarem Zusammenhang mit der geschilderten Kontroverse und schien eine Art Antwort des Unbewussten auf sie zu enthalten. Es zeigte mir die Quantenmechanik, und damit die offizielle Physik überhaupt, als eindimensionalen Ausschnitt einer zweidimensionalen sinnvolleren Welt, deren zweite Dimension wohl nur das Unbewusste und die Archetypen sein konnten.«

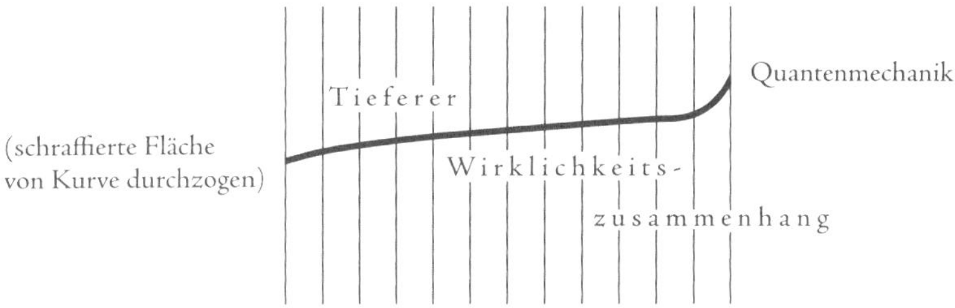

In einem der Träume von Wolfgang Pauli erscheint Albert Einstein und zeichnet die abgebildete Kurve an die Tafel.

Das Prinzip der Komplementarität

Der oben ausführlich zitierte physikalische Traum, der Pauli einen »tieferen Wirklichkeitszusammenhang« zeigte, hat für seine Gedankenwelt weitreichende Folgen, wie er im Fortlauf des Briefes an C.G. Jung ausführt:

> Seit dieser Zeit baute mir das Unbewusste, anfangs gegen außerordentlich starke bewusste Widerstände, eine correspondentia zwischen Physik (mit Mathematik) und Psychologie synthetisch auf. Umgekehrt wie die jetzige Physik und komplementär zu ihr opfert der Standpunkt des Unbewussten die genannten traditionellen Voraussetzungen der Objektivität (die es im Gegenteil als störend empfindet) und wählt stattdessen (im Einklang mit der Natur!) die Vollständigkeit*... Es ist das unausweichliche Schicksal der mit statistischen Naturgesetzen operierenden Physik, nach Vollständigkeit suchen zu müssen. Dabei wird sie aber notwendig auf die Psychologie des Unbewußten stoßen müssen, da eben dieses und

* Die Formulierung von einem Opfer und seiner Wahl geht auf den französischen Philosophen Charles de Montet (1880–1951) zurück. Er bezeichnete den Einfluss, den ein Beobachter durch eine Messung auf ein physikalisches System hat, durch diese Begriffskombination (Pauli hat sie häufig verwendet). Wer eine Wahl hat, entscheidet sich nicht nur für, sondern auch gegen etwas. Dies ist das Opfer.

> die Psyche des Beobachters das ihr Fehlende ist. So wie nun die Physik nach Vollständigkeit sucht, so sucht Ihre analytische Psychologie nach Heimat. Denn es lässt sich nicht leugnen, dass diese wie ein illegitimes Kind außerhalb der allgemein anerkannten akademischen Welt ein esoterisches Sonderdasein führt. Hierdurch ist aber der Archetypus der Coniunction konstelliert. Ob und wann diese Coniunction sich realisieren lässt, weiß ich nicht, aber ich habe keinen Zweifel, dass dies das schönste Schicksal wäre, was der Physik wie der Psychologie widerfahren könnte.

Die zuletzt genannten Hoffnungen stellen einen zentralen Punkt in Paulis Weltbild dar. Immer wieder betont er, »es wäre am meisten befriedigend, wenn sich Physis und Psyche als komplementäre Aspekte derselben Wirklichkeit auffassen ließen«, wie es etwa in seiner bereits erwähnten Arbeit über Johannes Kepler heißt.

Ähnliche Überlegungen hat vor Pauli schon der deutsche Psychologe, Physiker und Naturphilosoph Gustav Adolf Fechner (1801–1887) angestellt, beispielsweise in seinen Versuchen, in einer »Psychophysik« eine Beziehung zwischen Objekt, physikalischem Reiz und Sinnesempfindung herzustellen und ein allgemeines Gesetz des ästhetischen Empfindens aufzustellen. In seiner Abhandlung *Die Tagesansicht gegenüber der Nachtansicht* (1879) heißt es zur Komplementarität beider Ansätze der Wirklichkeitsdeutung:

> Ein Pendel schwingt erst nach einer Seite, hebt schwach damit an, die Schwingung wird allmählich stärker, reißt alles mit sich fort in ihrer Bahn, erlahmt wieder, stockt endlich; und das Pendel denkt, eine Bewegung, die endlich stockt, kann nicht die rechte Richtung haben; also kehrt es um, hebt wieder schwach an, die Bewegung wird wieder stärker, reißt alles mit sich fort in ihrer Bahn, erlahmt und stockt endlich wieder; und so kommt das Pendel endlich zur Besinnung, daß beide Richtungen gleiches Recht haben; und nach welcher von beiden es fortan schwinge, es weiß in jedem Moment, die

> Schwingung ist erst mit der Erfüllung von beiden voll. So hat die Weltansicht nacheinander in zwei Richtungen geschwungen; die zweite ist dem Stocken wieder nahe und damit naht sich auch der Zeitpunkt der endlichen Besinnung.

Pauli hat versucht, sein Traummaterial konsequent unter dieser Vorgabe der Komplementarität zu deuten, die verlangt, »die Vereinbarkeit der sich zunächst scheinbar widersprechenden Aspekte der Wirklichkeit zu erkennen«. Er merkt dazu an:

> Diese Situation betrifft sowohl die Vereinbarkeit der Anwendung anschaulicher Vorstellungen wie ›Welle‹ und ›Teilchen‹ innerhalb der Physik, die durch die Einsicht in die prinzipiellen Begrenzungen ihrer Prüfbarkeit durch Messungen erzielt wird, als auch die Vereinbarkeit der psychologischen Begriffe wie Leben und Seele mit der Annahme der ausnahmslosen Gültigkeit der physikalischen Gesetze, wo immer physikalische Messungen ausführbar sind. Da in der Physik die deterministische Auffassung verlassen ist, besteht auch keinerlei Grund mehr, eine vitalistische Auffassung aufrecht zu erhalten, gemäß welcher die Seele physikalische Gesetze ›durchbrechen‹ könne oder müsse. Es scheint vielmehr ein wesentlicher Teil der ›Weltharmonie‹ zu sein, dass die physikalischen Gesetze für die Möglichkeit einer anderen Beobachtungs- oder Betrachtungsweise (Biologie und Psychologie) gerade so viel Spielraum lassen, dass die Seele alle ihre ›Zwecke‹ erreichen kann, ohne physikalische Gesetze zu durchbrechen.

Pauli bezeichnet die deterministische und die vitalistische Auffassung als »zu einander komplementäre Irrtümer«. Stattdessen bekennt er sich zu dem Bohr'schen Gedanken von den »zwei Qualitäten«, die sich etwa der Energie zuschreiben lassen, aber auch für die Deutung seiner Träume relevant sind. Da ist zum einen »die Unzerstörbarkeit der Energie, welche ihre zeitlose Existenz zum Ausdruck bringt«, und zum anderen »das Erscheinen der Energie in Raum und Zeit ... Der Gegensatz, der hier in Erscheinung tritt, ist nicht mehr derjenige zwischen Materie ... und Dynamik ..., sondern zwischen der Unzerstörbarkeit (Energie) und der Zeit.«

Pauli kommt dabei zu einem wichtigen Schluss, dessen Umsetzung aber erst am Anfang steht: »An die Stelle der alten Idee der polaren Gegensätze, wie z. B. des chinesischen Yang und Yin, tritt daher beim Modernen die Idee der komplementären (einander ausschließenden) Aspekte der Phänomene. Wegen der Analogie zur Mikrophysik scheint es mir eine der wichtigsten Aufgaben des abendländischen Geistes, auch in der Psychologie die alte Idee in die neue Form zu übersetzen.«

Diese Aufgabe besteht bis heute.

KAPITEL 7
Das Böse im Menschen

Wenn es doch nur irgendwo böse Leute wären,
die voller Tücke Böses tun,
und man nichts weiter tun müsste,
als sie von den übrigen abzusondern und zu vernichten.
Aber die Scheidelinie zwischen Gut und Böse läuft durch das
Herz eines jeden Menschen.
Und wer will schon ein Stück von seinem eigenen Herzen
vernichten?

ALEXANDER SOLSCHENIZYN

Zumindest in der *Zauberflöte* von Wolfgang Amadeus Mozart scheinen die Rollen eindeutig verteilt zu sein. Auf der einen Seite kämpft eine offenkundig böse Königin der Nacht – also eine Frau im furchteinflößenden Schwarz, in deren Herzen »der Hölle Rache kocht«, wie sie in ihrer berühmten Koloratur-Arie singt –, auf der anderen Seite ein ebenso offenkundig guter Fürst Sarastro – also ein Mann im leuchtend weißen Gewand und strahlend hellen Licht, der das dazugehörige hohe Lied der gütigen Vernunft zu singen scheint. Dabei verziert er »die Schönheit und Weisheit mit ewiger Kron« und führt zuletzt das Happy End der Oper herbei, indem er die finsteren und in einem Fall sogar mit schwarzer Haut ausgestatteten und hinterhältig agierenden Verschwörer gegen sein Reich des gnadenvoll Guten mit all seiner Macht in die »ewige Nacht« stürzt.

»In diesen heil'gen Hallen kennt man die Rache nicht«, verkündet der weise Fürst im Anblick seines Siegens anschließend mit sonorem Bass in einer triumphierenden Arie, die mit den berühmten Worten schließt: »Wen solche Lehren nicht erfreu'n, verdienet nicht, ein Mensch zu sein.« Doch bevor man jetzt zu dem in Kürze fälligen Schlussapplaus ansetzt und sich auf der sicheren Seite der Humanität wähnt, sollte man versuchsweise anfangen, sich über die vorgetragene Bestimmung eines Menschen zu wundern, um sich danach daran zu machen, die bisherigen moralischen Zuweisungen des Zauberflötenpersonals zu bedenken und zuletzt vielleicht sogar seine Sympathien umzudrehen und anders zu verteilen. »Wen solche Lehren nicht erfreu'n, verdienet nicht, ein Mensch zu sein.« Das klingt spätestens beim zweiten Hinhören höchst merkwürdig und unerfreulich. Stattdessen kann man nämlich auch sagen: »Und willst du nicht mein Bruder sein, so schlag ich dir den Schädel ein«, wie es ein viel zitierter Spottvers des Revolutionsjahres 1848 ausdrückte.

Die zwei populären Zeilen spielen auf die zuerst in Frankreich formulierte Alternative *La fraternité ou le mort* (»Brüderlichkeit oder Tod«) von revolutionären Garden an, und es ist nicht zu übersehen, dass darin eine gnadenlose Doppelmoral enthalten ist, die mehr meint als die billige bürgerliche Form, in der Wasser gepredigt und Wein getrunken wird. Es handelt sich vielmehr um eine existenzielle Form der Doppelmoral, bei der eine freundliche Binnenmoral, die Stammesbrüder oder Familienmitglieder erfasst, einer nach außen gerichteten aggressiven Form gegenübersteht, die sich gegen Fremde oder Feinde richtet. Und erst diese Doppelmoral erfasst den Menschen in seinen Handlungen einigermaßen ausreichend, wie in diesem Kapitel vertreten wird. Menschliche Moral ist nur mit ihrem Schatten – mit ihrer Nachtseite – zu verstehen und zu haben, und in der *Zauberflöte* führt die angeblich reine Lichtgestalt Sarastro genau diesen Punkt anschaulich vor. Die ganze Geschichte um die »Zauberflöte« kommt doch nur zustande, weil der Fürst zuerst ein Verbrechen anordnet, indem er Pamina, die Tochter der Königin der Nacht, entführen oder rauben lässt. Die bestohlene Mutter sendet daraufhin erstens den Prinzen Tamino mit dem Auftrag aus, das unschuldige Mädchen zu retten, und sinnt zweitens auf Rache, was man einer Mutter und Königin nicht verdenken sollte.

Als sich Tamino im Rahmen der sich insgesamt etwas märchenhaft, aber durchschaubar entwickelnden Bühnenhandlung schließlich nicht als Gast, sondern zunächst als Gefangener im Reich Sarastros wiederfindet, leuchtet dem längst verliebten Prinzen überhaupt nicht ein, dass der so edel agierende Fürst nur gute Absichten verfolgt. »So ist denn alles Heuchelei«, wie ihm das Libretto zu sagen erlaubt, und so ist es tatsächlich, Doppelmoral wohin man kommt und schaut. Wohlgemerkt – Sarastro begeht zuerst zwei Straftaten und zwingt Tamino zudem noch, sich einem (dunklen) Prüfungstempel auszusetzen. Nach dessen Durchlaufen darf er sich endlich zu den sogenannten Eingeweihten zählen, was deshalb von Bedeutung ist, weil nur sie es sind, die vor Sarastros Augen Anerkennung als Mensch finden. Tamino kann in Sarastros Reich auf keinen Fall als freier Mann agieren, denn wie gesagt, allen betörenden Tönen zum Trotz lautet die eigentliche Botschaft des Fürsten und das Grundgesetz in seinen heiligen Mauern: »Und willst du nicht mein Bruder sein, so schlag ich dir den Schädel ein.«

Die Moral des Menschen zeigt sich in der *Zauberflöte* unweigerlich als Doppelmoral, die scharf zwischen Freund und Feind unterscheidet und keine Bedenken hat, gnadenlos gegen Gegner vorzugehen, wie es allgemein zum Verhalten von Menschen gehört. Das wird auch in dem gern benutzten und positiv gemeinten Ausdruck der »Kampfmoral« deutlich, mit dem Kriegskameraden sich schmücken. Es leuchtet ein, dass es tatsächlich keine einfache Aufgabe darstellt, das Gute vom Bösen und den Guten von dem Bösen zu unterscheiden, auch wenn dies beim ersten Lesen oder Hören noch so unwahrscheinlich erscheint. Es stimmt vielmehr auffällig, was Mark Twain ausdrücken wollte, als er sagte, ein Mensch sei wie der Mond, der eine dunkle Seite habe und sie vor den anderen verberge. Sie kommt aber trotzdem immer mal wieder an den Tag.

Im Rahmen der Geschichte

Das Gute hat es schwer in dem Sinne, dass es nicht so leicht in die Medien und noch viel schwerer in die Schlagzeilen gelangt. Das Böse als Mord und Totschlag und Kriegsgeschehen dominiert die öffentliche Aufmerksamkeit. Das hängt unter anderem damit zusammen, dass auf der einen Seite das Gute sogar für die Wissenschaft langweilig wirkt. Lieber kümmert sie sich um die Aggression als um die Versöhnung. Und wenn sie ein Buch über *Krieg und Frieden* schreibt, wie es der Verhaltensforscher Irenäus Eibl-Eibesfeldt getan hat, widmet sie sich nur auf ein paar spärlichen Seiten dem Frieden, während sie sich beim weitaus größeren Rest voller Engagement auf den Krieg konzentriert. Auch gut meinende Philosophen, die persönlich sicherlich niemandem etwas zuleide tun könnten, sind der Auffassung, dass es eine Neigung zum Bösen gibt. Offenbar ist sie tief in den Menschen verwurzelt und in diesem Sinne genetisch in unserer Art angelegt, wie man heute in der Sprache eines biologisch vorangekommenen Zeitalters wohl sagen würde.

Wer das Wort »verwurzelt« mit seiner lateinischen Entsprechung *radix* verwenden möchte, kann in unserem Zusammenhang sagen, dass Menschen radikal böse sind, und genau dies hat Immanuel Kant 1792 in einem Aufsatz getan, in dem er sich »Über das radikal Böse in der menschlichen Natur« geäußert hat. Für den kritischen Philosophen stellte das Böse dabei kein theologisches Rätsel im Angesicht eines gütigen Schöpfergottes dar, sondern eine Option für das Vorgehen freier Menschen, die autonom über ihre Handlungen und Vorgehensweisen entscheiden können und dabei sicher etwas Gutes für sich, aber nicht unbedingt für die gesamte Menschheit erreichen wollen. Die philosophische Idee mit der Freiheit klingt zwar eindeutig und einleuchtend, insgesamt gesehen ist die Frage nach dem richtigen Tun jedoch leider nicht so einfach, wie eben angedeutet.

Auf der einen Seite verhindert die Komplexität des modernen Lebens mit seinen verzweigten Wechselwirkungen die Möglichkeit, sämtliche Folgen einer Handlung vorherzusehen, sodass selbst derjenige, der seiner Absicht nach etwas Gutes will, im Verlauf seines Vorgehens auch etwas Böses bewirken kann. Als einfaches Beispiel können die Bemühungen genannt werden, die von fleißigen und unermüdlichen Mitarbeitern der Gesundheitsdienste in den Fünfzigerjahren unternommen wurden, um durch erhöhte Hygiene in den

Nachkriegshaushalten dem damals aufkommenden Poliovirus Herr zu werden. Dies hat auch gut funktioniert, nur dass es nun Kinder gab, die das Virus nicht bereits im Krabbelalter aufnahmen, wo es in dem noch wenig entwickelten Nervensystem nur geringen Schaden angerichtet hätte, sondern die ihm erst später in einem differenzierteren Stadium begegneten und somit Kinderlähmung bekamen.

Auf der anderen – eher noch unangenehmeren – Seite gibt es Menschen, die von der medizinischen Wissenschaft als Psychopathen eingestuft werden, weil sie ohne jedes Mitgefühl Menschen quälen und töten können und sich von der krankhaften Veranlagung dazu offenbar nicht frei machen können. In dem Buch *Psychopathen,* in dem der amerikanische Psychologe Kevin Dutton berichtet, »was man von Heiligen, Anwälten und Serienmördern lernen kann« (so der Untertitel), zitiert der Autor einen erfolgreichen Juristen mit den Sätzen: »Tief in mir lauert ein Serienmörder.« Damit hat der Mann zu leben, ob er will oder nicht. Er kann sein Verlangen nur abfedern, und dies gelingt, in dem er seinen Schatten bei Laune hält, und zwar »mit Koks, Formel 1, One-Night-Stands und brillanten Kreuzverhören«.

Diese Nachtseite von Menschen, diese finstere Veranlagung in der Tiefe ihres Wesens, kann man – wie Kant es getan hat – das radikal Böse nennen. Im 20. Jahrhundert fragt sich die Philosophin Hannah Arendt zwar in ihrem *Denktagebuch 1950–1973,* warum Kant nicht auch vom radikal Guten spricht – zum Beispiel von der christlichen Aufforderung »Liebet eure Feinde«. Ansonsten schließt sie sich aber der Ansicht einer aufgeklärten Grundhaltung an und hält in dem Zusammenhang eine weitergehende Ansicht zu dem Thema in einer Eintragung vom April 1953 mit den Worten fest: »Es gibt das radikal Böse, aber nicht das radikal Gute.« Sie formuliert ihre Überzeugung ohne irgendeine Begründung, um der Feststellung den folgenden etwas paradox klingenden Gedanken hinzuzufügen: »Das radikal Böse entsteht immer, wenn ein radikal Gutes gewollt wird.«

Das sind selbst radikale Sätze, die man umstritten nennen könnte und die sicherlich viel Stoff für Anmerkungen bieten. An dieser Stelle sollen nur zwei gemacht werden. Der erste Hinweis hat mit

Arendts Werk *Die Banalität des Bösen* aus dem Jahr 1963 zu tun, in dem sie über den Jerusalemer Prozess gegen Adolf Eichmann berichtet hat, einen der Hauptverantwortlichen des NS-Regimes für die Deportation und Ermordung von Juden. Das Beobachten von Eichmann hat Hannah Arendt zu der Ansicht gebracht, dass in der Herrschaftsstruktur der Nazis das Böse allgegenwärtig zu finden war und deren Regime das übergeordnete Ziel verfolgte, Menschen im Namen abstrakter Ziele zu vernichten und abzuschaffen – die Juden brutal auf leibliche und die eigenen Leute auf subtilere Weise. Von Menschen wie Eichmann blieb während der Nazidiktatur nur die Eigenschaft übrig, Träger einer Funktion zu sein, die in seinem Fall darin bestand, Todestransporte zu organisieren. Eichmanns Bösartigkeit verliert dadurch ihre Radikalität. Sie wird zu etwas Banalem.

Der zweite Hinweis bezieht sich auf Hannah Arendts Satz: »Das radikal Böse entsteht immer, wenn ein radikal Gutes gewollt wird.« Vielleicht spielt sie hier auf den berühmten Satz an, mit dem sich Mephisto in Goethes *Faust* dem Gelehrten vorstellt: »Ich bin ein Teil von jener Kraft,/ die stets das Böse will, und stets das Gute schafft.« Mephisto geht bekanntlich noch einen Schritt weiter, wenn er von Faust um Auskunft gebeten wird, was mit dem Rätselwort gemeint ist, und erwidert: »Ich bin der Geist, der stets verneint,/ und das mit Recht, denn alles was entsteht,/ ist wert, dass es zugrunde geht./ Drum besser wär's, das nichts entstünde./ So ist denn alles, was ihr Sünde,/ Zerstörung,/ kurz das Böse nennt,/ mein eigentliches Element.«

Man kann dies auch anders ausdrücken und sagen, dass sich der Teufel überall und dauernd auf seine destruktive Weise einmischt. Bei dieser Tätigkeit trifft ihn auch Eugen Roth an, als er in einem seiner zahlreichen Gedichte, die stets mit den Worten »Ein Mensch« beginnen, auf »Das Böse« eingeht und dabei ganz nebenbei die Geschichte der modernen Physik von Albert Einstein und Max Planck bis zum Abwurf der Atombombe erzählt. Das liest sich dann so: »Ein Mensch – was noch ganz ungefährlich –/ Erklärt die Quanten (schwer erklärlich)./ Ein zweiter, der das All durchspäht,/ Erforscht die Relativität,/ Ein Dritter nimmt, noch harmlos, an,/ Geheimnis stecke im Uran./ Ein Vierter ist nicht fernzuhalten,/ Von dem Gedanken, kernzuspalten./ Ein fünfter – reine Wissenschaft! –/ Entfesselt der Atome Kraft./ Ein sechster, auch noch bonafidlich,/ Will sie verwerten, doch nur friedlich./ Unschuldig wirken sie zusammen:/ Wen dürfen, einzeln, wir verdammen?/ Ist's nicht der siebte oder achte,/ Der Bomben dachte und dann machte?/ Ist's nicht der Böseste der Bösen,/ Der's dann gewagt, sie auszulösen? Den Teufel wird man nie erwischen:/ Er steckt von Anfang an dazwischen.«

Es darf hier angemerkt werden, dass es ebenfalls der Teufel ist, der Hannah Arendt einfällt, wenn sie sich in ihrem erwähnten *Denktagebuch* in einer Eintragung vom Januar 1968 über die Atombombe äußert und dazu schreibt: »Die Atombombe: Wir erfanden sie, weil wir es mit dem Teufel zu tun hatten und fürchteten, der Teufel würde wissen, wie sie hergestellt wird. Wir setzten sie gegen einen gewöhnlichen Feind ein. Wir wollten sie behalten, als noch Feinde, aber keine Teufel mehr da waren – und um dies zu rechtfertigen, erfanden wir prompt einen Teufel. Die Gefahr jetzt – *wir werden der Teufel*« (wie sie eigens unterstreicht).

Das Böse steckt in uns und tummelt sich zwischen den Dingen, wie den poetischen und philosophischen Sätzen zu entnehmen ist. Ob sie zutreffen, soll mit wissenschaftlichen Vorgaben im folgenden Kapitel erörtert werden. Es lohnt, zuvor noch ein anderes historisches Beispiel zu betrachten.

Die Rolle der Vernunft

Die Wissenschaft im 20. Jahrhundert hat durch die Beteiligung an den beiden Weltkriegen und die dazugehörige Bereitstellung erst von chemischen und dann von atomaren Waffen nicht nur ihre Unschuld, sondern auch ihr altes Ziel, das Leben der Menschen zu erleichtern und die Bedingungen ihrer Existenz zu verbessern, aus den Augen verloren. Die Forscher hatten diese Ziele unter der antiken Vorgabe gestartet, dass das Rationale nur das Gute hervorbringen kann und keine Nachtseite kennt, wovon sie ursprünglich auch sicher fest überzeugt waren. Doch nach den Weltkriegen mit den unzähligen Toten und Zerstörungen sah die Welt anders aus. Nun stellten sich neue Fragen, und eine lautete, wie die Menschen die Hervorbringungen ihrer rationalen Fähigkeiten, die jetzt teuflische Qualitäten zeigten, unter Kontrolle bekommen sollten. Gab es ein Gegengewicht zu der fachmännischen Intelligenz, die in der Entwicklung von Wissenschaft und Technik waltet?

Die bekannteste Antwort hat der Philosoph Karl Jaspers in seinem 1958 erschienenen Buch *Die Atombombe und die Zukunft des Menschen* versucht. Der Autor setzt dabei voll und ganz auf das Licht der Vernunft: »An ihr hängt die Rettung«, schreibt Jaspers, um warnend die Frage hinzuzufügen, was passiere, wenn »die Vernunft im ganzen unwirksam ist und ihre Durchschlagskraft versagt«. »Dann scheint heute der Untergang die Folge«, wie der Philosoph meint, ohne sagen zu können, was dies im Detail bedeutet und wo die Welt nach einem Untergang landet.

Die meisten Leser haben Jaspers' Analyse damals Beifall gespendet, und die meisten Menschen werden heute genauso handeln, wenn sie vom Vertrauen in die Vernunft hören. Wir müssen wohl auf diese Qualität des Gehirns setzen, obwohl sie im Laufe der Geschichte oft und wiederholt enttäuscht hat und wirkungslos geblieben ist. Wir scheinen keine Alternative zu kennen.

Aber stimmt das? Ist die Vernunft wirklich die einzige Instanz, die den Menschen zu ihrer Rettung im Angesicht der wachsenden Waffenarsenale und der zunehmenden Konfliktpotenziale bleibt? Hat da nicht jemand schon längst einen anderen und besseren Vorschlag gemacht?

Die Antwort lautet »Ja«, auch wenn sie kaum zur Kenntnis genommen worden ist. Sie stammt von Wolfgang Pauli, der als Einziger der großen Wissenschaftler seiner Zeit die Mitwirkung am Bau der Atombombe verweigert hat, und zwar gerade und genau mit dem Hinweis auf die Rationalität und Radikalität des Bösen, die dabei gegen jede Vernunft praktiziert und akzeptiert werden. Wenn die Rationalität erst einmal eine Schieflage produziert hat – damals die Bombe, heute die Umweltzerstörung, wie man erweitern und hinzufügen könnte –, dann kann das erwünschte Gleichgewicht nur dadurch hergestellt werden, dass man ihr etwas Komplementäres entgegenzustellen versucht. Anders ausgedrückt: dass man die Nachtseite des Menschen ernst nimmt. In Paulis unmissverständlichen Worten: »Wenn die Rationalität Schiffbruch erleidet, hilft nicht der Rückgriff auf Vernunft, sondern die Besinnung auf komplementäre Gegensatzpaare. Die in Frage kommenden komplementären Gegensatzpaare sind für mich: Bewußtsein-Unbewußtes, Denken-Fühlen, Vernunft-Instinkt, Logos-Eros.«

Pauli vermutet nämlich, dass nur eine »instinktive Weisheit die Menschheit vor den Gefahren der Atombombe retten« kann, und mir scheint, dass er damit Recht hat, selbst wenn dies bislang allzu wenige Menschen bemerkt haben. Nicht die Vernunft wird die Menschen retten, sondern die Einbeziehung der dazugehörigen Nachtseite – auch wenn dieser Teil des Denkens Mühe hat, sich in der Öffentlichkeit zu behaupten, wo er sich doch im Privaten längst etabliert hat. Es sollte überlegt werden, wie neben der Entwicklung der logischen Seite des Denkens auch das Akzeptieren und der Umgang mit der träumerischen und faszinierenden Nachtseite der Psyche mit all ihren Gefühlen Teil einer umfassenden Menschenerziehung und Bildung werden kann. Vielleicht lernen Menschen dadurch, verantwortlicher mit dem umzugehen, was ihnen anvertraut worden ist und was sie als wertvoll empfinden.

Ein hippokratischer Eid für die Wissenschaft?

Als die moderne Wissenschaft vor rund vierhundert Jahren in Europa geboren wurde, kam niemand auf die Idee, getrennt davon über Verantwortung nachzudenken. Wissenschaftliches Handeln galt als identisch mit verantwortlichem Handeln. Der moralische Auftrag der Zeit lautete, Wissen zu erwerben, um Fortschritte für die Menschen zu erreichen. Wissenschaftlicher Fortschritt und humaner Fortschritt wurden als ein und dasselbe angesehen, und entsprechend galt es, das Wissen ständig zu erweitern.

Diese ethische Grundlage hat lange gehalten und ist erst in unseren Tagen brüchig geworden, was daran zu sehen ist, dass immer mehr Ethik-Kommissionen der Forschung auf die Finger schauen und ihre Verantwortung anmahnen. Dabei hielt es zu Beginn des 20. Jahrhunderts kein philosophisches Wörterbuch überhaupt für notwendig, den Begriff Verantwortung aufzunehmen. Dies lässt sich damit erklären, dass zum einen die Ethik mehr über die »Pflicht« nachdachte, die heute vergessen zu sein scheint, und dass zum anderen die »Verantwortung« traditionell dem Bereich der Rechtsprechung zugewiesen wurde. Verantwortlich war man ursprünglich vor Gericht, und es scheint, dass sich die Last der Anklage bis heute gehalten hat, selbst wenn vordergründig von moralischer – und nicht von legaler – Verantwortung der Wissenschaftler die Rede ist.

Eine Virusforscherin wird zum Beispiel nicht für ihre Entdeckungen auf dem Gebiet der Genomforschung verantwortlich gemacht – diese nimmt nahezu niemand zur Kenntnis –, sondern dafür, dass sie nicht sofort weiß, was man gegen HIV oder die AIDS-Epidemie tun kann. Und die Wissenschaftler ganz allgemein werden weder für den Wohlstand verantwortlich gemacht, in dem wir leben, noch für die Schnelligkeit und Bequemlichkeit, mit der wir uns fortbewegen können. Das Wort »Verantwortung« taucht in öffentlicher Rede über Wissenschaft erst auf, wenn Waffen gemeint sind, wenn das Ozonloch registriert, das Waldsterben beschrieben und vor Genmanipulationen gezittert wird. Wenn wirksame neue Medikamente entwickelt werden und später auf den Markt kommen, scheint niemand verantwortlich zu sein. Verantwortung bekommt nur jemand zugewiesen, wenn Heilmittel fehlen, und zwar die Wissenschaft und ihre Organisationen.

In der Gegenwart passiert damit etwas, das ich ungeheuerlich finde. Wer die Forschung öffentlich infrage stellt, wer also nicht auf Probleme antwortet, gerade der gilt (moralisch) als verantwortlich. Wer hingegen nach einer Antwort sucht, ist es nicht. Er ist nämlich schuld. Wer Wissenschaft fragend anklagt, kann selbst nicht zu den Fehlentwicklungen beigetragen haben. Er ist fein raus, denn unsere Gesellschaft honoriert Menschen, die etwas praktizieren, was der

Philosoph Odo Marquard einmal »die Kunst, es nicht gewesen zu sein« genannt hat. Es ist üblich geworden, die Ankläger zu Experten zu ernennen, und manch einer glaubt, auf diese Weise verantwortlich gehandelt zu haben. Warum ist dies so? Warum schwindet bei uns das Ansehen der Wissenschaftler, die Antworten geben und also Verantwortung übernehmen, und warum feiern diejenigen zur gleichen Zeit Triumphe, die das Tribunal errichten?

Möglicherweise können zwei historische Hinweise eine Antwort geben. Zum einen beginnt die Debatte um die Verantwortung der Wissenschaft mit einem Krieg. Tatsächlich wurde die Frage der Verantwortung ein Thema der Philosophie, als in Europa der Erste Weltkrieg ausgetragen wurde, und hier waren es vor allem deutsche Wissenschaftler, die gezielt eingriffen und sowohl die technischen Voraussetzungen für die Giftgase schufen als auch deren erste militärische Verwendung an der Westfront überwachten. Der hauptsächlich dafür zuständige physikalische Chemiker Fritz Haber hatte dabei kein schlechtes Gewissen. Im Gegenteil! Er übernahm die Verantwortung, die Kaiser und Volk von ihm erwarteten. Habers berühmte Maxime lautete, dass er zwar im Frieden der Menschheit, im Krieg jedoch dem Vaterland dienen müsse. In seiner Zeit wurde Haber nicht nur in Deutschland, sondern auch bei seinen Gegnern verstanden. Schließlich wurde ihm noch 1918 von der Königlich-Schwedischen Akademie der Wissenschaften in Stockholm der Nobelpreis für Chemie verliehen, und zwar mit internationaler Zustimmung. Die Welt erkannte seine große Leistung an, die zu der Synthese von Ammoniak geführt hatte. Mit ihrer Hilfe konnten die Chemiker den Stickstoff der Luft binden und letzten Endes besseres Pflanzenwachstum erreichen. Haber hatte das Brot aus der Luft geholt, wie man damals sagte, und die Verantwortung dafür bewerteten die Menschen zu Beginn des 20. Jahrhunderts höher als alles andere.

Als die Wissenschaftler vor rund vierhundert Jahren laufen lernten, indem sie anfingen, ihre Tätigkeit zu organisieren und für die menschliche Gesellschaft nutzbar zu machen, taten sie dies mit dem eingangs erwähnten Ziel, »die Mühseligkeit der menschlichen Existenz zu erleichtern«. Wissenschaft ist tatsächlich allein mit diesem

Anspruch angetreten, und dieser Gedanke trägt bis heute, denn genau dafür werden Wissenschaftler verantwortlich gemacht. Natürlich lassen sich im Laufe der Geschichte unterschiedliche und verschieden anspruchsvolle Ansichten zu der Frage finden, was als letzte Wertmaxime der Verantwortung anzusehen ist, wie es unter Philosophen heißt. Für Immanuel Kant etwa ist es der Mensch als Zweck an sich; für Albert Schweitzer ist es die Ehrfurcht vor dem Leben; für Hans Jonas ist es die Bewahrung des Seins; und für den Naturphilosophen Klaus Michael Meyer-Abich ist es der Frieden mit der Natur. Aber vermutlich wird niemand widersprechen, wenn gedanklich der Anschluss an Brechts Galilei gesucht und die Ansicht vertreten wird, auch heute noch sei der Blick auf Nützlichkeit geboten, und es komme auf »das gute Leben aller« an.

Vor diesem Hintergrund müssen die vielen Vorschläge gesehen werden, die seit 1945 gemacht worden sind, um einen hippokratischen Eid für Naturwissenschaftler zu formulieren. Als Ziel solcher Initiativen, die zum ersten Mal im Angesicht von explodierenden Atombomben gestartet worden sind und bis heute fortgeführt werden, schwebte den Autoren die Stärkung der Verantwortung vor Augen, die Forscher nach außen haben. Die Naturwissenschaftler sollten verpflichtet werden, ihr Wissen und Können einzusetzen »zum Besten der Menschheit« (1946), »für die Wohlfahrt der Menschheit« (1956), »zum Wohl der gesamten Menschheit« (1976), »für das Wohlergehen der Menschheit« (1988), und immer so weiter mit immer neuen und alten Variationen.

Abgesehen davon, dass Vorschläge dieser Art erstens eher nett und betulich klingen und zweitens zumeist unverbindlich – und damit unwirksam – bleiben, scheitert die Idee, eine hippokratische Eidesformel für Wissenschaftler nach dem medizinischen Vorbild zu entwickeln, vor allem an einem Punkt: Während Hippokrates eine wohldefinierte und unumstrittene Größe in den Mittelpunkt seiner Festlegung der Verantwortlichkeit stellen konnte – nämlich das Leben des Patienten, das es unter allen Umständen zu erhalten gilt –, gibt es nichts Vergleichbares für Physiker, Chemiker, Biologen und andere Naturforscher. Denn was ist damit gemeint, sich für das

Wohl der Menschheit einzusetzen? Wie kann man sicher sein, so zu handeln, wenn man einem Einzelnen hilft? Hat Einstein der Menschheit gedient, als er den Bau der Atombombe empfahl? Haben die Physiker zum Wohl der Menschheit beigetragen, die nach dem Zweiten Weltkrieg die Atomforschung verlassen und die Molekularbiologie entwickelt haben, die uns dann die Gentechnik beschert hat? Und warum muss es immer die »gesamte Menschheit« sein? Ist ein Wissenschaftler nicht vor allem einzelnen Personen gegenüber verpflichtet, deren Leiden oder Leben er vor Augen hat? Überhaupt: Lässt sich eindeutig definieren, was das Wohl oder was das Gute ist? Wie kann ich sicher sein, dass meine Handlungen zum Guten führen? Kann ich dies überhaupt wissen?

Die Antwort lautet: Nein, und sie ist bereits bekannt und oben mit den Worten von Mephisto zitiert worden. Der Teufel steckt von Anfang an zwischen allem, was passiert, und Menschen sind nicht ohne die damit bezeichnete Nachtseite zu haben. Diese doppelte Ausrichtung der Moral kann aber nicht nur – wie bisher – von außen, sondern auch – wie im Folgenden – von innen verstanden und erläutert werden.

Die Quelle der Moral

Es gilt endlich, den Versuch zu unternehmen, etwas genauer zu sagen, was unter der Moral zu verstehen ist, deren Schatten sich historisch bei Menschen und ihrem Verhalten längst gezeigt hat, wie bislang vorgeführt worden ist. Es gilt auch, genauer zu sagen, warum Moral stets als Doppelmoral auftritt und es neben Freunden stets auch Feinde gibt, die vielfach gnadenlos verfolgt werden. Unter Moral versteht man etwas, das die Sitten betrifft (das deutsche Wort leitet sich von dem lateinischen *moralis* für Sitten ab). Moral bezieht sich ursprünglich darauf, wie Menschen allgemein handeln, wobei heute hinzukommt, wie Menschen allgemein *anständig* handeln. Es geht dabei nicht um die Begründung von Aktionen, die einer durch Nachdenken entstehenden Ethik als Lehren der Moral überlassen werden. Moralisch und sittlich gehen Menschen nicht nach rationalen Abwägungen, sondern nach anderen Kriterien vor, und der Philosoph des Abendlandes, Aristoteles, war der Meinung, dass sie sich dabei von Wahrnehmungen leiten lassen. Er identifizierte als Quelle der Moral die Fähigkeit eines Menschen, die Einzigartigkeit seines Gegenübers wahrzunehmen, und mir scheint, dass in dieser Beobachtung oder Feststellung eine tiefe Wahrheit steckt, die sich täglich spüren und umsetzen lässt. Sie erweist sich in Beobachtungen, die zeigen, dass durch Uniformierung oder andere Formen der De-individuation – der Abschaffung oder Vernichtung des Individuellen – jede moralische Hemmung abgebaut werden und das radikal Böse im Menschen zum Vorschein kommen kann.

Die Idee, dass die Wahrnehmung von individuellen Qualitäten der Moral förderlich ist, lässt sich schon dadurch bestätigen, dass man das eigene Verhalten Tieren gegenüber überdenkt. Niemand wird besondere Skrupel haben, Mücken, Würmer oder andere Kleinstlebewesen zu erschlagen, wenn sie einen stören oder etwa Speisekammern bevölkern. Dies ändert sich schlagartig, wenn – etwa bei Katzen oder Hunden – individuelle Gesichts- und Charakterzüge erkennbar sind und die Tiere sogar mit Namen gerufen werden.

Als Aristoteles von der Wahrnehmung als Quelle der Moral sprach, verwendete er natürlich das griechische Wort *aisthesis* für diese humane Fähigkeit. Zwar hat die europäische Kultur im Laufe ihrer Geschichte die Ästhetik als »Lehre des Schönen« umgedeutet und spezifiziert, das erlaubt aber trotzdem die Behauptung, dass Menschen aus ästhetischen Gründen moralisch agieren. Wie sehr es die Wahrnehmung – und damit die Erfüllung der damit möglichen ästhetischen Funktion – ist, die Menschen moralisch handeln lässt, zeigt sich am Beispiel des sogenannten Milgram-Experiments, das zu den Klassikern der Psychologie gehört. Es wurde zum ersten Mal zu Beginn der Sechzigerjahre durchgeführt, und seine Ergebnisse konnten inzwischen vielfach bestätigt werden, auch wenn daran lange gezweifelt wurde.

Der amerikanische Psychologe Stanley Milgram wollte wissen, wie sich bei erwachsenen Menschen »Gehorsamsbereitschaft gegenüber Autorität« zeigt. Wie verhalten sie sich bei Anweisungen, die eigentlich gegen ihr Gewissen gehen müssten? Darüber sollte folgende Situation, die er sich ausgedacht hatte, Aufschluss geben: Er beschäftigte in seinem Laboratorium an der University of Yale zwei für ihre Rolle ausgebildete Laienschauspieler, die einen Versuchsleiter (der Anweisungen gab) und einen Schüler (der bei Lernfehlern mit einem elektrischen Schlag bestraft wurde, dessen Intensität nach jedem Fehler erhöht wurde) darstellten. Angeblich sollte auf diese Weise herausgefunden werden, ob Lernerfolg durch Strafen gesteigert werden kann. Doch die eigentliche Versuchsperson war der »Lehrer«, der die Bestrafung auf Anweisung des Versuchsleiters durchführen sollte.

Die Versuchspersonen wurden über eine Anzeige in der Lokalzeitung von New Haven gesucht. Ihnen wurde ein bescheidenes Honorar für die Mitwirkung bei einer angeblichen Gedächtnisstudie zugesagt.

Die nicht eingeweihten Versuchspersonen hielten den Versuchsleiter und den Schüler selbstverständlich für echt. Ihnen wurde gesagt, sie nähmen an einem pädagogischen Versuch teil, für den man ihre Hilfe brauche. Ihre Aufgabe sei ganz einfach, sie sollten lediglich die Bestrafungen vornehmen, die der Versuchsleiter verfügen werde und die das Lernen verbessern sollten. Als Strafen habe man Stromschläge vorgesehen, die sie stufenweise einsetzen könnten, und zwar per Knopfdruck (in Wirklichkeit war auch die Apparatur eine Attrappe). Die Versuchspersonen konnten dabei bis weit über 400 Volt verabreichen, also eine tödliche Dosis, wenn sie wirklich zur Anwendung gekommen wäre.

Milgrams Frage lautete, ob Menschen unter dem beobachtenden Einfluss einer Autorität (des Versuchsleiters) Strafen vollziehen würden, die sie als wahnsinnig und unangemessen brutal erkennen mussten. Die Antwort, die das bürgerliche Menschenbild nachhaltig erschütterte, lautet leider »Ja«, aber auf diesen in der Literatur ausführlich diskutierten Aspekt soll hier nur hingewiesen werden.

Im Rahmen einer ästhetisch-moralischen Diskussion geht es um eine andere Beobachtung aus dem Milgram-Experiment. Es zeigte sich nämlich, dass die Bereitschaft (der Gehorsam), die höchste und lebensgefährliche Strafe anzuwenden, davon abhing, in welchem Kontakt die Versuchspersonen zu dem von ihnen bestraften »Schüler« standen. Milgram unterschied Situationen, bei denen die Versuchspersonen und der »Schüler« in getrennten Räumen waren, von Situationen, bei denen sich beide in einem Raum aufhielten. Im ersten Fall wurde noch unterschieden, ob die Versuchspersonen nichts von dem »Bestraften« wahrnahmen (»Fernraum«) oder ob sie ihn zum Beispiel stöhnen oder schreien hören konnten (»akustische Rückmeldung«). Im zweiten Fall wurde noch einmal danach differenziert, ob sich beide nur sehen (»Raumnähe«) konnten, oder ob es gar die Möglichkeit der Berührung gab (»Berührungsnähe«).

Das Ergebnis zeigte, dass die akustische Rückkopplung fast nichts am Verhalten der Versuchspersonen änderte. Die Zahl der gehorsamen Probanden sank in diesem Experiment nur wenig, nämlich von 65 Prozent auf 62,5 Prozent. Erst die »Raumnähe« hatte deutliche Auswirkungen – die Zahl der Gehorsamen betrug jetzt nur noch 40 Prozent –, was durch den Körperkontakt noch einmal verstärkt wurde: Nun sank sie auf 30 Prozent.

Bedenkenswert scheint mir der Hinweis, dass das Milgram-Experiment in einem kahlen und nüchternen Raum (einem Laboratorium) stattgefunden hat, also in einem Raum ohne jeden ästhetischen Reiz. Ich denke, die Frage, wie die Versuchspersonen in einer ästhetisch gestalteten und mit künstlerischen Hervorbringungen sinnlich zugänglich gemachten Umgebung reagiert hätten, wäre ein zweites Milgram-Experiment wert. Vielleicht drückt niemand mehr die gefährlichen Knöpfe, wenn er zum Beispiel die *Lebensstufen* von Caspar David Friedrich oder die *Sternennacht* von Vincent van Gogh vor Augen hat.

Doch das Experiment hat ohne Kunst stattgefunden, und nur sein Ergebnis ist bekannt. Es konnte in seiner Tendenz zwar erwartet werden, aber es lohnt sich trotzdem, einen Augenblick darüber nachzudenken und etwas an ihm wahrzunehmen.

Worauf es ästhetisch ankommt, lässt sich so formulieren, dass die Versuchspersonen begrifflich nichts Neues erfahren haben, als der bestrafte Mensch ihnen näher kam. Dass er Schmerzen hatte, dass er leiden musste, dass er eine hilflose Kreatur war, das alles wussten sie schon, bevor er in ihr Blickfeld rückte. Sie wussten es, und sie wussten es zugleich auch nicht. Die Versuchspersonen – also Menschen wie du und ich – kannten zunächst nur durch Begriffe, was sie später wahrnehmen und sinnlich erfassen konnten. Und erst als sie hinsahen, da wussten sie – genau wie es Hans Jonas in seinem Buch *Das Prinzip Verantwortung* notiert hat. Sie wussten auf einmal, dass es ein Mensch war, den sie leiden ließen, und sie wussten, dass es dieser besondere Mensch vor ihnen war, den sie leiden ließen.

Es ist, wie Aristoteles gesagt hat. Die Quelle der Moral ist die Wahrnehmung des Besonderen eines einzelnen Menschen, der mir gegenübersitzt. Das Allgemeine ist unwirklich, und es lässt meine Moral kalt. Von dem, was eine ausschließlich mithilfe der theoretischen Funktion betriebenen Wissenschaft kennt, führt kein Weg vom Sein zum Sollen. Bei dem Besonderen sieht dies anders aus, und wenn es mir zudem gelingt, seine Schönheit wahrzunehmen, habe ich eine große Chance zu wissen, was ich tun soll. Das wahrgenommene Sein führt im empfindsamen Menschen zum Sollen. In den Worten von Hans Jonas: »Schau hin, und du weißt«, wie du dich etwa einem Kind gegenüber als moralisch agierender Mensch zu verhalten hast.

Ein Exkurs: Der wertlose Klon

Es ist also die Wahrnehmung, aus der die Ethik der Wissenschaft sich entwickeln muss, denn die sinnliche Erfahrung ist offenbar in der Lage, das Wertewissen zu vermitteln, das zu einer moralischen Haltung führt. Und sie tut dies, weil es ihr gelingt, »den Dingen ihre Seele zu lassen«, wie ein Philosoph einmal mit poetischen Worten gesagt hat.

Der Begriff der Seele scheint in der modernen Wissenschaft fehl am Platze zu sein, immer wieder wird der Satz von Rudolf Virchow, des berühmten Pathologen des 19. Jahrhunderts, zitiert: »Ich habe

Tausende von Leichen geöffnet und nie eine Seele gefunden.« Aber wirksam bleibt die Seele unabhängig von dieser Häme, und selbst wenn viele Forscher ihre Existenz leugnen, so wissen die meisten Menschen doch, dass sie eine Seele haben. Vielleicht ist es nicht schlecht, sich die Seele eines Menschen als das vorzustellen, was derjenige erkennt, der einen Menschen wahrnimmt. Wer einen anderen nur *beobachtet,* richtet seine Aufmerksamkeit auf bestimmte Teile (Haarfarbe, Stirnhöhe). Wer sein Gegenüber aber *wahrnimmt,* erfasst etwas, was darüber hinausgeht. Man könnte (und ich würde) es die Seele nennen.

Die Seele wird hier angeführt, um ein aktuelles Thema in den ausgebreiteten Rahmen der Ästhetik einzufügen, nämlich die Frage nach dem Klonieren von Lebewesen. Mit Klonieren ist gemeint, dass Wissenschaftler in der Lage sind, genetisch weitgehend identische Kopien von höheren Lebewesen herzustellen, und zwar durch ungeschlechtliche Vermehrung.

Erste Erfolgsmeldungen gab es im Sommer 1996 mit einem Schaf namens »Dolly«, probiert wurde es danach unter anderem mit Katzen, und es ist noch nicht so lange her, da wartete die Öffentlichkeit gespannt, wann der erste Mensch geklont wird. Eine merkwürdige Firma hatte sich zu diesem Zweck etabliert, und einige Leute, die sich anscheinend für unersetzlich halten, haben bereits signalisiert, dass sie bereit wären, sich klonen zu lassen. Sie würde es reizen, sich selber im 21. Jahrhundert noch einmal aufwachsen zu sehen.

Natürlich ist die Aufregung groß, und viele Argumente werden angeführt, um das Klonieren von Menschen als verwerflich zu ächten. Dabei macht vieles einen seltsam abgenutzten Eindruck. Zum Beispiel die Hinweise der christlichen Kirchen, die von einem unzulässigen Eingriff in die Schöpfung reden, ohne zum einen zu merken, dass Menschen nie etwas anders getan haben, und ohne zum anderen daran zu denken, dass die Theologen »Schöpfung« nur noch als Begriff kennen, mit dem sie keinerlei Anschauung – geschweige denn irgendeine Wahrnehmung – verbinden.

Tatsächlich haben viele Menschen Angst vor einem Menschklon, und dies hat mit der uneingestandenen Erkenntnis zu tun, dass mit »Dolly« das Fehlen ethischer Maßstäbe überdeutlich an den Tag getreten ist. Woran soll man sich orientieren? Die alte Gewissheit, dass die rational operierenden Wissenschaftler nur das Gute hervorbringen und der wissenschaftliche Verstand dabei niemals in ethische Probleme gerät, ist längst verloren gegangen. Und keiner scheint einen Mechanismus zu kennen, der an die leere Stelle treten könnte oder sollte. Alles, was die Wissenschaft seit vielen hundert Jahren macht, läuft unter dem Banner, auf dem groß »Idee des Fortschritts« steht und mit dem verkündet wird, dass das vom wissenschaftlichen Verstand Planbare auch das Gute ist. Und in diesem Zusammenhang stellt man ganz selbstverständlich die Frage, warum man denn nicht eines Tages auch versuchen sollte, Menschen zu klonen.

Man denkt nicht nur beiläufig darüber nach und findet rasch Fälle, in denen der utilitaristischen Phantasie diese Möglichkeit einleuchtet. Sie sind tatsächlich beliebig schnell zur Hand: im kleinen Rahmen etwa der kinderlose Industrielle, der auf diese Weise versuchen will, sein Unternehmen für alle Zeiten in seine (jeweils frisch geklonten) Hände zu legen, oder im großen Rahmen die Regierung, die unentwegt Bedarf an kampfstarkem und denkschwachem Nachwuchs für die Armee des Staates hat. Warum – so fragt man sich – sollte nicht jemand, der mit genügend Geld ausgestattet wird, versuchen, den fehlenden Unternehmer oder die gewünschten unteren Dienstgrade der Armee zu klonen? Irgendwo wird man ihm schon Platz und ein Laboratorium verschaffen, wobei die Spekulationen früher häufig auf den brasilianischen Urwald und heute eher auf die irakischen Wüsten gerichtet sind. Was spricht denn auch dagegen, wenn es fast keine Risiken gibt? Was kann denn beim Klonen von Menschen schief laufen? Warum soll man es nicht versuchen? Gibt es überhaupt irgendein Problem?

Ein Risiko wäre natürlich, dass einige der erwünschten Merkmale – etwa die kaufmännische Intelligenz oder der soldatische Kampfeswille – keineswegs von Genen abhängen, sondern vielmehr durch eine kontingente Umwelt bestimmt werden. Folglich könnte der Klon-Plan schon daran scheitern, dass man die Umwelt – zum

Beispiel die Eltern und Großeltern des Fabrikanten – mit klonen müsste, wobei natürlich auch die nur dann identisch mit ihren Vorgängern wären, wenn auch deren Eltern und Großeltern mit geklont werden würden. Und so verliert sich dieses Verfahren rasch im Nebel der Undurchführbarkeit.

Ein zweites Risiko bestünde darin, dass der reproduzierte Alt-Unternehmer überhaupt nicht für die neuen Aufgaben der neuen Zeit geeignet ist. So konnte er zwar großartig die Gründung einer Fabrik für Schreib- und Rechenmaschinen in seiner Heimatstadt betreiben und das Geschäft auch national ausweiten. Daraus folgt aber nicht, dass er zum Beispiel der Anpassung seines Werkes an den sich wandelnden Bedarf bei sich öffnenden europäischen Märkten gewachsen ist. Und was die Soldaten angeht, so kommen sie höchstwahrscheinlich immer zu spät (wenn man sie mit genetischen Mitteln anfertigen will und nicht durch propagandistische Gehirnwäsche). Man braucht ja nicht Monate, sondern Jahrzehnte, um sie zu klonen, und wer kann garantieren, dass die politische Situation – das Feindbild – so lange stabil bleibt? Man braucht sich nur vorzustellen, dass eine Großmacht 1975 – noch im ausklingenden Kalten Krieg – Millionen von Soldaten in Auftrag gegeben hätte, und darf sich dann fragen, was sie heute nach dem Fall der Berliner Mauer und der Auflösung des Ostblocks mit all den nun überflüssigen Klonmenschen machen soll (mal ganz davon abgesehen, dass die Wehrpflicht in Deutschland zumindest in Friedenszeiten mittlerweile aufgehoben wurde und sich auch die Kriegstechnologie in den vergangenen 40 Jahren sehr verändert hat). Immerhin müssen auch für sie Arbeitsplätze geschaffen werden, und das ist sicher nur das kleinste aller Probleme.

Auf ein weiteres – wissenschaftlich fundiertes – Risiko soll hier nur hingewiesen werden, das Risiko nämlich, dass bei einem Übergang von der geschlechtlichen zur ungeschlechtlichen Fortpflanzung die genetische Vielfalt der Gattung Mensch beeinträchtigt wird. Auf diese Weise verringert das Klonieren die Möglichkeiten der Menschen, auf plötzliche Veränderungen der Umwelt genetisch zu reagieren. Wir halten uns deshalb nicht lange bei diesem prinzipiell natürlich wichtigen Punkt auf, weil es unabhängig von allen technischen Erwägungen äußerst unwahrscheinlich ist, dass Menschen im größeren Umfang geklont werden. Aber dies hat nichts mit unserer Furcht vor den möglichen biologischen Gefahren zu tun. Es liegt vielmehr schlicht und einfach daran, dass die Aussicht auf eine mit Klonen genetisch identischer Menschen bevölkerte Erde überhaupt nichts Verlockendes an sich hat, obwohl es zunächst oberflächlich so scheinen mag. Vielleicht wäre es auf den ersten Blick sogar ganz witzig, wenn Immanuel Kant, Johann Heinrich Pestalozzi, Ludwig van Beethoven, Albert Einstein, Marilyn Monroe, Kaiserin Maria Theresia oder wer auch immer plötzlich auf unseren Straßen herumspazierten – und zwar in größeren Mengen. Aber schon beim zweiten Blick muss man sich vorstellen, dass diese Wesen zum Beispiel nicht mehr das machen könnten, was wir an ihnen so schätzen. Einstein findet nämlich seine Theorien ebenso vor wie Beethoven seine Symphonien, und die Annahme, dass Beethoven auch andere Musik und Einstein auch andere Wissenschaft treiben kann, ist mehr als fragwürdig. Wahrscheinlicher ist, dass beide ihre geklonte Existenz als nutzlos empfinden, und die psychischen Konsequenzen kann sich jeder Leser selbst ausmalen.

Wenn man einmal das andere Extrem annimmt und sich vorstellt, dass Einstein alle Formen der modernen Wissenschaft und Beethoven alle Techniken der neuen Musik beherrscht – und zwar in der Genialität, die wir von ihnen gewohnt sind –, dann bleibt allen geistigen Normalverbrauchern nur noch die Resignation, wenn man es milde ausdrücken will, oder die Kugel.

Hier bietet sich der Übergang zur Betrachtung der Monroe an, die bekanntlich Selbstmord begangen hat. Alles, was man aus ihrer Biografie weiß, deutet darauf hin, dass sie in ihrem Leben zwar fröhlich ausgesehen hat, aber nicht glücklich gewesen ist. Warum redet trotzdem jeder von ihr, wenn Klone anvisiert werden? Ich bezweifle, dass die Monroe bereit gewesen wäre, einen rekonstruierten Lebensversuch zu unternehmen, und ich bezweifle erst recht, dass sie dies vor den Augen einer ekelhaft neugierigen Öffentlichkeit tun würde, die ihr nicht den Hauch einer Chance geben würde, in Ruhe zu leben. Die Monroe wäre meiner Ansicht nach lieber tot als ein Opfer moderner Klatschspalten in der heutigen Boulevardpresse.

So kann man die meisten Einzelfälle abhandeln und die Lust auf das Klonieren rasch verlieren. Aber wichtiger als dieser Aspekt ist etwas anderes. Es geht dabei um die Vorstellung, die begehrten Menschen in Hunderten oder Tausenden von Exemplaren zu sehen. Solch ein Bild ist nämlich keinesfalls berauschend und vielmehr auf schlimmste Weise bedrückend. Denn uns Menschen schreckt eine Horde von völlig gleich aussehenden Serienprodukten, und der Grund dafür liegt in dem, was man als Einzigartigkeit der menschlichen Seele bezeichnet hat. Menschen, denen wir das Merkmal der Einzigartigkeit nicht zuweisen können, wirken für uns nicht wie Menschen, sondern wie kalte kartesianische Maschinen, mit denen man machen kann, was man will.

Diese Entpersönlichung durch das Klonieren kann leicht studieren, wer den Rassenhass oder die Fremdenfeindlichkeit ins Auge fasst oder sich fragt, warum es Menschen so leicht fällt, andere Menschen dann zu töten, wenn sie als Soldaten in einer Uniform erscheinen und nicht als Individuen zu erkennen sind. Jede gesichtslose Masse – ob als Fremdling oder Soldat – ist unbeseelt und kann als Kollektivfeind zur Bestie erklärt werden, die keinen Anspruch auf die Wahrung von moralischen Grundsätzen hat. Mit anderen Worten: Der geklonte Mensch wird gar nicht mehr als Mensch wahrgenommen, und wenn uns solch ein Wesen in vervielfältigter Form begegnet, würden wir es und seine Mitläufer wahrscheinlich töten. Ich selbst hätte vermutlich die meiste Angst vor meinem Klon.

Damit nähern wir uns dem entscheidenden Punkt der Debatte und der Frage, welches eigentlich die Quelle sein soll, aus der die moralischen Vorstellungen der westlich-wissenschaftlichen Welt fließen sollen. Was kann uns wirklich daran hindern, das »Böse« weiterhin in die Welt zu setzen und zum Beispiel Menschen zu klonen?

Im Rahmen der bisherigen Wissenschaft, die sich ausschließlich mit dem Messbaren befasst und so keinen Zugang zu der Einzigartigkeit des Menschen und seiner Seele hat (die ihm beim Klonieren abhandenkommt), lässt sich kaum eine Lösung finden. Wie die Wissenschaft erweitert werden und einen Ausweg finden könnte, habe ich in diesem Buch anzudeuten versucht. Wenn die Rationalität an Grenzen stößt, dann hilft nicht der Rückgriff auf eine aufklärerische Vernunft, sondern vielleicht die Besinnung auf die Fähigkeit, die dem Menschen als komplementäres Gegenstück zum Denken mitgegeben ist und *Fühlen* heißt. Gefühle werden dabei durch unsere Sinne ausgelöst, mit deren Hilfe wir die Welt wahrnehmen, und sie erlauben es, Werte zu erkennen. Mit diesem Wert wird natürlich nicht etwas angesprochen, das sich durch Zahlen – etwa durch einen zu zahlenden Preis – ausdrücken lässt. Solch einen quantitativen Wert stellen geklonte Wesen ganz sicher dar, und aus diesem Grunde ist mit dem Klonieren überhaupt begonnen worden. Gemeint ist nicht ein Wert, den man messen oder berechnen kann. Gemeint ist ein Wert, den man durch sinnliche Erfahrung oder Wahrnehmung erfassen kann, und ein Beispiel dafür ist das, was wir unter Schönheit verstehen.

Schönheit ist leider überall zu einem beliebig missbrauchten Begriff abgewertet worden. Er gehört aber mitten hinein in die Wissenschaft, die sich daran erinnern muss, dass sie ihr Wissen über die Natur nicht nur zu vergrößern versucht, weil sie mehr Macht haben will, sondern auch, weil die Forscher das Gefühl haben, dass die Natur schön ist. Schön nennen wir das, was einem Ding einen wahrnehmbaren Wert zuweist, und zwar ohne jede Zweckbestimmung. Wissenschaft muss die »Atrophie des Sinnenlebens« aufgeben, wie Portmann bereits in den Fünfzigerjahren betont hat. Sie muss aufhören, nur nützlich sein zu wollen, und zur Fähigkeit der Wahrnehmung zurückfinden, der eigentlichen Quelle ihres Daseins. Wenn der Wissenschaft dies gelingt und sie in diesem Sinne wertvoll geworden ist, dann interessiert sich niemand mehr für den geklonten Menschen. Er ist dann nämlich wertlos.

»Der Keim des Bösen steckt in jedem von uns.« – »Das Böse ist im Menschen vorhanden, das ist innewohnend. In der Regel kann ein Mensch es ganz gut kontrollieren, aber es gelingt nicht immer.« – »Das Böse wandelt sein Gesicht und passt sich der Zeit an.«

Es ist leicht, aufs Geratewohl solche Sätze in Journalen oder im Internet zu finden, vor allem wenn biologisch orientierte Autoren Bücher über das »Mörderische Erbe« des Menschen vorlegen, wie es kürzlich der Biochemiker Hans Günter Gassen getan hat. Er argumentiert von dem evolutionären Gedanken her, dass sich Arten und ihre Mitglieder in einem Überlebenskampf befinden, wobei sich unsere Spezies vor allem dadurch gut behaupten konnte, dass sie sich in Gruppen organisiert und ein soziales Gehirn herausgebildet hat. Gassen meint, dass der Beherrschung des Feuers dabei eine besondere Rolle zukommt, da sich in seinem Umfeld »ein stärkeres Wir« herausbildete und das Denken in Gruppen prägte.

Die dunkle Seite des Mondes entwickelte sich als Kehrseite dieses Wir-Gefühls gleich mit, nämlich die Einschätzung der anderen als Feinde, gegen die man die Mitglieder des eigenen Stammes schützen und verteidigen muss. Deshalb wurden schon in der Jungsteinzeit Gehöfte und Dörfer mit Erdwällen und Mauern umgeben, in denen dann diejenigen lebten, die auch Sarastro als Menschen anerkannt hätte – wenn sie sich ihm als Untertanen angeboten hätten. Die anderen – das sind dann diejenigen, gegen die man Krieg führt und auf die man ihrer Uniformen wegen wenig moralische Rücksicht nimmt, wobei es keine Kampfhandlungen braucht, um die Bedeutung einer solchen De-individuation zu verdeutlichen.

Es gibt dazu ein berühmtes Experiment, das der Psychologieprofessor Philip Zimbardo bereits vor Jahrzehnten an der Stanford University in Kalifornien durchgeführt hat und bei dem das wirksam wurde, was die Zeitungen als *Luzifer-Effekt* bezeichnet haben. Das erschütternde Ergebnis des Versuchs wurde zum ersten Mal 1969 im Rahmen eines »Nebraska Symposiums on Motivation« unter dem Titel »The Human Choice« veröffentlicht. (An dieser Stelle ist anzumerken, dass sich in den Tagen des 21. Jahrhunderts vermutlich keine Ethik-Kommission mehr findet, die ihr Plazet für ein solches sozialpsychologisches Experiment geben würde.)

Zimbardo gewann über eine Zeitungsannonce 21 Studenten für eine ein- bis zweiwöchige »Studie des Gefängnislebens«. Per Zufallsprinzip wurden sie in zwei Gruppen eingeteilt, zehn Studenten wurden »Häftlinge«, die anderen elf »Gefängniswärter«. Das Ganze fand statt im Keller des psychologischen Instituts der Stanford University. Die Häftlinge mussten gehorsam sein (so mussten sie unter anderem die Wärter mit »Herr Regierungsbeamter« ansprechen), während die Wärter nur den Auftrag hatten, für Ruhe und Ordnung zu sorgen; in der Wahl der Mittel durften sie improvisieren.

Erst versuchten sich die Häftlinge zu wehren, doch »nachdem ein Aufstand mit Feuerlöschern niedergeschlagen war, wurden [sie] schnell immer passiver – sie fühlten sich ohnmächtig, isoliert, frustriert und niedergedrückt und schickten sich in ihre Lage.« Die Wärter hingegen wurden »binnen kurzem immer aggressiver, ja brutal. Etliche überboten sich darin, gemeine und grausame Schikanen zu ersinnen, … sie genossen die ihnen zuteil gewordene Macht sehr und gaben sie am Ende des Versuchs nur ungern wieder ab«, schreibt Dieter E. Zimmer in seinem 1989 erschienenen Buch *Experimente des Lebens*. Weiter heißt es dort: Der Mensch »ist von seiner Natur her nicht zur Aggressivität verdammt. Er besitzt aber, von Natur aus, in unterschiedlichem Maß, eine Disposition zur Aggressivität, und diese kommt im Zustand der Deindividuation am sichersten und krassesten zum Ausdruck.«

Das sicherste Mittel zur Verhinderung von Aggressionen wäre demnach, Situationen zu verhindern, in denen Menschen ihre Individualität preisgeben (und vergessen wird, dass sie einzigartig sind).

Eine schwarze Maske und der Film Noir

Friedrich Nietzsche hielt seine Artgenossen für Wesen, die sich selbst und die Mitmenschen gerne täuschen. In fiktiven Reden, die er dem Religionsstifter Zarathustra zuschreibt, äußert der Philosoph: »Bei Allem, was ein Mensch sichtbar werden lässt, kann man fragen, was soll es verbergen? Wovon soll es den Blick ablenken?«

Ich denke, dass sich viele Menschen diese Fragen über sich und andere stellen. Möglicherweise lässt sich damit die Faszination durch das Böse in Kriminalromanen verstehen, vor allem dann, wenn es in ihnen nicht nur um die Suche nach dem Täter oder gar Mörder, sondern mehr noch um die Suche nach seinen verborgenen Motiven geht.

Räuber und andere Verbrecher wollen aus verständlichen Gründen unerkannt bleiben, weshalb sie in Cartoons oftmals mit einer schwarzen Gesichtsmaske gezeigt werden. »Black Mask« – so nannte sich ein Magazin mit Kriminalgeschichten, das in den Dreißigerjahren in Kalifornien auf den Markt gekommen ist und für das unter anderem Raymond Chandler (1888–1959) geschrieben hat. Ihm verdanken wir die Figur des einsamen Suchers mit Namen Philip Marlowe, der in den sonnendurchfluteten Straßen von Los Angeles zwar nach den Tätern sucht, sich aber vor allem immer wieder fragt, aus welchen dunklen Motiven heraus Erpressungen oder Verbrechen allgemein begangen wurden. Wenn der Leser zuletzt erfährt, wer einen ihm nie zugetrauten Mord auf dem Gewissen hat, spielt das keine besondere Rolle mehr. Denn Chandler legt seine Romane so an, dass am Ende keine heile Welt zu feiern ist, sondern die dunklen Antriebe der mit dem Gesetz in Konflikt geratenen Menschen unverändert bestehen bleiben und weitere Gewalttaten in einer insgesamt als heuchlerisch geschilderten Gesellschaft zu erwarten sind.

Übrigens führt Chandler in der überwiegenden Zahl der Fälle eine Frau als Hauptagierende hinter den begangenen und aufzuklärenden Morden vor, und der Grund liegt darin, dass er ihnen eine tiefere Nachtseite und eine besondere Gefühlsbeteiligung zutraut. Es braucht eine zugleich liebende und abgewiesene oder betrogene Person, um in ihr etwas radikal Böses in Aktion treten zu lassen, das sich dann in Form einer mörderischen Gewalttat äußert. Und die von Chandler erlebte Gegenwart und Gesellschaft der Dreißigerjahre brachte wohl genügend Situationen mit sich, um Frauen in die Verzweiflung zu treiben und Zuflucht in Mordhandlungen zu nehmen. Die Leser haben stets Verständnis mit ihnen, bewahrheitet sich an ihnen doch in der Fiktion, was der Psychiater C. G. Jung in die Frageform gebracht hat: »Wie kann ich wirklich sein, wenn ich keinen Schatten werfe? Um ein Ganzes zu sein, muss ich auch eine dunkle Seite haben, und in dem Maße, wie ich meines Schattens inne werde, bleibe ich mir auch der Tatsache bewusst, dass ich ein Mensch wie alle anderen bin.«

Die Schwarze Maske der Kriminalromane fand so etwas wie einen Nachfolger in der »Schwarzen Serie« von Filmen, mit der die Traummaschine aus Hollywood ab 1944 – also in den entscheidenden Jahren des Zweiten Weltkriegs – zwielichtige und niederträchtige Charaktere auf die Leinwand brachte und die Menschen und ihre Welt in düsteren Farben zeigte. Raymond Chandler notierte: »Die Straßen waren schwarz nicht vom Dunkel der Nacht allein«, da sich damals das Gefühl ausbreitete, Gangster seien in der Lage, ganze Städte und vielleicht bald auch ganze Nationen zu kontrollieren. Die düstere Stimmung der amerikanischen Kultur in den Vierzigerjahren bestimmt auch das berühmte Gemälde von Edward Hopper (1882–1967), das »Nachtschwärmer« zeigt, die im amerikanischen Original *Nighthawks* heißen.

Das Bild entstand unter dem Eindruck des 1941 erfolgten japanischen Angriffs auf Pearl Harbor, dem sich der Eintritt Amerikas in den Zweiten Weltkrieg anschloss. Es wird vielfach gesagt, dass das aktuelle Zeitgeschehen und die oben angesprochene düstere gesellschaftliche Stimmung den Film Noir dazu ermutigt hat, die sonst der Unterwelt zugesprochenen Laster – Verbrechen, Wollust, Niedertracht – als Teil der bürgerlichen Welt vorzuführen. Nun zeigt sich kein Detektiv oder Inspektor mehr, der zuletzt für Recht und Ordnung sorgt und die Zuschauer mit einem Happy End versorgt.

Mit und nach den »Nachtschwärmern« blickte man eher mit freudlosen Gesichtern durch eine trostlose Dunkelheit, und man verstand sie als die Welt, in der man lebte.

Die Geschichte der Gewalt

Wer einen oberflächlichen Blick auf die historische Entwicklung des Weltgeschehens wirft und sich durch die Hauptnachrichten des Tages oder der Woche klickt oder sie nachliest, kann leicht den Eindruck gewinnen, dass die Gewalt unter Menschen zugenommen hat. Man braucht bloß an die beiden Weltkriege und scheinbar beliebig viele lokale Konflikte zu erinnern, die mit Waffen ausgetragen wurden und Leichenberge zurückgelassen haben. Es reicht aus, als Stichworte Ruanda, den Nahen Osten und den Balkan zu nennen und an den vielfach religiös motivierten Terror zu erinnern, wie er vor allem in New York am 11. September 2001 zu spüren war. Aktuell, zu Beginn des Jahres 2015, machen erneut terroristische Anschläge in vielen Ländern, die kriegerischen Auseinandersetzungen in der Ukraine und der mit Gräueltaten verbundene Vormarsch des »Islamischen Staates« Schlagzeilen. Doch trotz dieser offensichtlich scheinenden Zunahme von militärischer und politischer Gewalt vertritt der amerikanische Evolutionspsychologe und Bestsellerautor Steven Pinker in seinem Buch *Gewalt* (2011) die These, dass im Verlauf der Geschichte der Menschheit der über eine nötige Aggression hinausgehende Einsatz von körperlicher Stärke oder materieller Macht abgenommen hat, wenn man von Schwankungen absieht, die es im Laufe der Jahrhunderte gegeben hat.

Pinker will mit seinem Buch tatsächlich so etwas wie »eine neue Geschichte der Menschheit« schreiben, wie der deutsche Untertitel seines über tausend Seiten starken Werks heißt. Mit vielen Tabellen und umfassendem Datenmaterial versucht er zu erklären, warum das Ausmaß der Gewalt zurückgegangen ist. Der Originaltitel des Buches lautet *The Better Angels of Our Nature* und bevor nun vorgestellt wird, was Pinker meint, wenn er »Die besseren Engel unserer Natur«

anspricht, soll erwähnt werden, dass der Evolutionspsychologe sich in seinem Denken an Norbert Elias' *Über den Prozess der Zivilisation* anlehnt, das der große Soziologe zum ersten Mal 1939 vorgelegt hat und das seither in zahlreichen Auflagen erschienen ist. Elias verfolgt in seiner Analyse der gesellschaftlichen Entwicklung, wie die Mitglieder der jeweils auszumachenden Sozialgruppen durch technische Fortschritte immer stärker vernetzt wurden und sich dabei langfristig in der Lage zeigten, aus dem zügellosen Konkurrenzverhalten einzelner Menschen ein staatliches Gewaltenmonopol entstehen zu lassen, wie es bis heute in Zivilgesellschaften funktioniert. Deren Mitglieder haben nämlich diese Form der Gewalt weitgehend akzeptiert und internalisiert, und mit diesem erstaunlichen Vorgang seien auch im Laufe der Jahrhunderte moralische Emotionen wie das Schamgefühl und das Gewissen entstanden. Das wiederum habe dazu geführt, dass die Bereitschaft der Menschen zur Gewalt gesunken sei, während die Neigung zur unmittelbaren Triebbefriedigung zugenommen habe.

Die Thesen von Elias haben vor allem vonseiten der Wissenschaftler mit Kenntnissen von Jäger- und Sammlerkulturen viel berechtigte Kritik erfahren. Ethnologen haben besonders darauf hingewiesen, dass Elias die Stammesgeschichte des Menschen als historische Erzählung umschreibt und nur biologisch ausgereifte Vertreter unserer Art im Blick hat, während das Problem doch gerade darin liegt, den evolutionären Ursprung und Werdegang von Moral und der Unterscheidung von Gut und Böse, von nötiger Aggression und unnötiger Gewalt zu erfassen.

Unabhängig davon übernimmt der evolutionär orientierte Pinker den Ansatz von Elias, für den mit dem Prozess der Zivilisation eine Abnahme von Gewalt einhergeht. Der in Kanada geborene Amerikaner versucht diese historische Qualität humanen Daseins mit den Kräften zu verstehen, die aus seiner Sicht im Inneren des Menschen gegeneinander antreten und die man als Tag- und Nachtseite verstehen kann. Auf der Nachtseite agieren die »Inneren Dämonen«, wie Pinker sie nennt; als deren Vertreter führt er die Gewaltbereitschaft, die Gier, das Machtverlangen, die Grausamkeit und die Rachsucht an, was hier ohne weitere Bemerkung berichtet wird. Ihnen gegenüber, auf der Tagseite, stehen die »Besseren Engel«, die dem amerikanischen Original seinen Titel geben. Zu ihnen zählt Pinker die Empathie, die Selbstbeherrschung, die Moral und die Vernunft, wobei er viele Seiten darauf verwendet, die genannten Dämonen und Engel in ihrem Wirkungsbereich vorzustellen und ihre historische Wirksamkeit zu untermauern.

Von den oben aufgezählten Akteuren im Inneren von Menschen hat in diesem Buch vor allem eine Eigenschaft schon ihren besonderen historischen Auftritt gehabt, und zwar die Vernunft, von der das Licht der Aufklärung ausging. Sie ist von vielen Denkern als die wesentliche Hoffnung benannt worden, um mit Bedrohungen wie der Atombombe und der Umweltzerstörung fertig zu werden. Diese hehre Vernunft spielt auch bei Pinker ihre besondere Rolle, da ihr als einzigem Faktor oder als einziger Antriebskraft des Menschen ein progressives Potenzial zugestanden wird. Mit anderen Worten: Nur die Vernunft der Mitglieder unserer Art – und damit die Vernunft der von ihnen gebildeten Gesellschaft – kann im Laufe der Zeiten und im Rahmen der Geschichte zunehmen, und wenn sie das tut, fördert sie die dazugehörige Zivilisationsstufe. Konkret geschieht das etwa durch die Literatur, eine bessere Ernährung und durch die Emanzipation der Frau, wie Pinker glaubt, ohne dass seine Argumente und seine Beispiele überzeugend wirken.

Dem Berichterstatter scheint eher der Gedanke einleuchtend, dass die Menschheit in ihrer Gesamtheit und Veranlagung nicht wirklich friedlicher geworden ist. Allerdings hat die technische Zivilisation dafür gesorgt, dass den Mitgliedern einer Gesellschaft immer mehr Wege zur Verfügung stehen, ihre inneren Dämonen höchst bequem zu bedienen und von anderen Aufgaben abzulenken. Man braucht bloß an sportliche Großereignisse mit Public Viewing zu denken und den rauschartigen Jubel im Rudel vor Augen zu haben, wenn in der elektrisierenden und alkoholisierten Gruppenerfahrung das sonst sympathische Ich in ein sich ausgelassen und wild gebärdendes Wir übergeht, das sich dem Rausch überlässt und dann kaum noch zu beherrschen ist. Pinker lässt sich von solchen Ereignissen aber nicht oder kaum beirren. Er bleibt optimistisch und sieht die Menschen „auf der Rolltreppe der Vernunft" und damit auf dem Weg nach oben. Immerhin ist es im Verlauf der Zivilisation gelungen, »für einen immer größeren Anteil der Menschheit die Möglichkeit zu schaffen, in Frieden zu leben und eines natürlichen Todes zu sterben«, wie Pinker am Ende schreibt, und wer wollte ihm dabei widersprechen. So hat man am Ende also ein wahrlich lohnendes Ziel vor Augen: In Würde und in einem Zustand der Dankbarkeit und ohne Schmerzen sterben, um gelassen in die Nacht zurückzukehren, aus der das Leben und alles andere ursprünglich stammt. Wir lassen uns dann gerne von ihr umfangen.

Abermals die Doppelmoral

Und noch etwas. Wie die menschliche Geschichte verdeutlicht, sollte man die Vernunft nicht so hoch schätzen, wie Pinker es tut. Wirklichen Gefahren begegnen die Mitglieder unserer Art eher mit emotionalen und leidenschaftlichen Argumenten und Aktionen. Natürlich darf immer wieder auf die Instanz der menschlichen Moral gehofft werden. Aber nur, wenn bedacht wird, dass sie von Natur aus eine Doppelmoral ist, wie eingangs des Kapitels und der Grundhaltung des Buches entsprechend erläutert wurde. Dieser Gedanke der unvermeidlichen Aufspaltung findet sich auch bei dem Psychologen Norbert Bischof, der im gleichnamigen Buch seine Ansichten zur »Moral« erläutert und nicht nur deshalb mehr öffentliche Aufmerksamkeit und Anerkennung verdient. Es geht ihm dabei um »ihre Natur, ihre Dynamik und ihren Schatten«, wie der Untertitel informiert und neugierig macht. Moral – so Bischof gleich zu Beginn – gehört zu den »nobelsten, segensreichsten Errungenschaften der Humanität«. Sie stellt die »Krönung des Schöpfungswerkes« dar und hat sich doch zu dem »gefährlichsten, erbarmungslosesten Mordinstrument« entwickelt, »dem mehr Menschen ihr Leben opfern mussten als die schlimmsten Naturkatastrophen«. Wo immer man sucht und schaut, man findet das Gute und das Böse, man trifft auf

Licht und Schatten, man erlebt den Tag und die Nacht, und all diese zusammengehörenden Paare gebärden sich – in den Worten von Bischof – als Antipoden, auch wenn sie »nur zwei Seiten derselben Sache« sind, nämlich der so wertgeschätzten Moral.

Wegen dieser unübersehbaren Zweiseitigkeit der Moral fällt es vielen Personen des öffentlichen Lebens so leicht, Wasser zu predigen und Wein zu trinken, tagsüber Pornographie zu verdammen und nachts zu konsumieren, sexuelle Verfehlungen von Jungen anders zu bewerten als von Mädchen, Verschuldungen von Banken gönnerhaft als systemrelevant zu genehmigen und Individuen mit Zahlungsrückständen gnadenlos als säumig anzuprangern, und manches mehr. Als ich ein ganz kleiner Junge war und von der Doppelmoral nichts wusste, setzten viele Erzählungen meiner Mutter mit den Worten ein: »Und die Moral von der Geschicht'«, und gingen dann im Sinne von Wilhelm Buch weiter, etwa: »bad' zwei in einer Wanne nicht« oder: »halbe Eier rollen nicht«. Ich fand damals vieles lustig, würde heute aber selber lieber reimen: »Und die Moral von der Geschicht', glaube mir, sie gibt es nicht«, und ich würde das ziemlich ernst meinen. Es gibt nur eine Ausnahme, nämlich den Gedanken, dass es neben dem Bösen auf jeden Fall das Gute im Menschen gibt. Und wenn man dieses prachtvolle Pflänzchen der Evolution pflegt und hegt, wird es auch wachsen und unübersehbar werden. Gelassenheit hilft, und mit dieser Eigenschaft können die Menschen allen aufkommenden und auf sie einstürzenden Fragen so begegnen, wie es Roman Herzog ausgedrückt hat, als er 1994 zum Bundespräsidenten gewählt worden war, nämlich mit dem Wort »unverkrampft«. Oder, um es in den Worten des bekanntesten deutschen Fußballers zu sagen: »Schau'n mer mal, dann sehn mer scho.« Hoffentlich gibt es an seiner Moral keinen Zweifel.

NACHWORT

Das Verlangen und Verschwinden der Nacht

Ich bin mit Dir und gegen alles.
Die Gegenzeit beginnt.

INGEBORG BACHMANN

Auf der einen Seite sehnen sich die Menschen nach der Nacht, wie es zum Beispiel Goethe seiner Philine in den Mund legt, wenn sie von den Stunden nach Einbruch der Dunkelheit sagt, sei seien »zur Geselligkeit gemacht«, also für die lebensfrohe und liebevolle Begegnung zweier Menschen. Goethe lässt sie im Gedicht erst fragen, »Könnt ihr euch des Tages freuen,/ der nur Freuden unterbricht?«, um dann die ermutigende Antwort zu geben: »Er ist gut, sich zu zerstreuen,/ zu was anderm taugt er nicht.« Philine hat sicherlich erfahren und weiß nur zu gut: »Jeder Tag hat seine Plage,/ Und die Nacht hat ihre Lust.« Sie möchte mehr von dieser wohligen Gegenexistenz erleben, die als »Frauenzeit« das Ruhelose des flüchtig durcheilten Tages durch den tiefen Genuss in der reinen Gegenwart ablöst und den Liebenden erlaubt, ganz zu sich und zusammen zu kommen, um in dieser jetzt still stehenden Zeit so lange auf dem Höhepunkt zu verweilen, wie es ihnen möglich ist.

Goethes Zeitgenossen wie Karl Philipp Moritz (1756–1793) wussten zudem, dass »die Nacht die Mutter alles Schönen« ist und den Menschen überhaupt als Quelle des Ästhetischen dient, mit dem sie sich ganz allgemein und umfassend gemeinsame Freuden verschaffen können.

Diesem schwärmerischen Verlangen liebender und geliebter Personen nach der Nacht steht auf der vernünftigen Gegenseite der organisierten Gesellschaft ein offenbar nicht zu bremsender Drang der Zivilisationen entgegen, mit immer neuen Lampen »Das Ende der Nacht« herbeizuführen, wie es zuletzt etwa Paul Bogard (in *Die Nacht*) und Thomas Posch (in *Das Ende der Nacht*) getan haben. Gemeint ist damit auf der technischen Seite die zunehmende Elektrifizierung der Städte und das Verschwinden der Dunkelheit, wodurch es Menschen inzwischen immer mehr Mühe macht, eine Stelle zu finden, von wo aus sie den Sternenhimmel sehen und die Objekte der Milchstraße in ihrer Pracht so bewundern können, wie für Kant und seine Zeitgenossen im 18. Jahrhundert noch ausreichend Gelegenheit bestand.

Gemeint ist mit dem Ende der Nacht aber auch die Hoffnung auf ihr grundsätzliches Abschaffen, wie sie bereits in der Bibel zum Ausdruck kommt. Jedenfalls wird dort zum Ende der Offenbarung des Johannes hin versprochen, dass in einem neuen Jerusalem für die Kinder Gottes keine Nacht mehr sein wird, und vermutlich wird dies als Gewinn für die Menschheit angesehen. Im 17. Jahrhundert hat der große Pädagoge Johann Comenius (1592–1670) in die gleiche Richtung gedacht und den Tag herbeigesehnt, »der keinen Sonnenuntergang mehr kennt« und von dem an allein das Licht der Vernunft bestimmt oder leitet, was sich auf Erden abspielt, wenn Menschen miteinander umgehen.

Das unübersehbare und leicht zu dokumentierende Verschwinden der Nacht hat – wie in einer Welt mit Yin-Yang-Erfahrung und der wissenschaftlichen Kenntnis von Kraft und Gegenkraft nicht anders zu erwarten – längst eine Gegenbewegung ausgelöst, die etwa in Form einer Internationalen Gesellschaft zum Schutz des dunklen Nachthimmels organisiert (und unter der Abkürzung IDA zu finden) ist. In jüngster Zeit hat diese Vereinigung den Himmel über einem 700 Quadratkilometer großen Gebiet auf der Iveragh Peninsula im südwestlichen Irland zum schwärzesten und reinsten – also am wenigsten lichtverschmutzen – Himmel von Europa erklärt. Der dunkle Himmel erhebt sich über dem sogenannten Ring of Kerry, eine etwa zweihundert Kilometer lange Panoramaküstenstraße, von der Wanderwege abzweigen und auch ein Radweg abführt, auf dem der Besucher ein Black Valley, ein schwarzes Tal, kennenlernen kann.

Längst ist verstanden, dass das Fehlen oder gar Verschwinden der nächtlichen Dunkelheit ein Thema für den Umweltschutz ist, und entsprechend beginnt sich eine neue Disziplin mit Namen Scotobiologie (oder Dunkelheitsbiologie) zu etablieren. Unter anderem bemüht sie sich darum, Lichtschutzgebiete – *dark sky places* – einzurichten und zu bewahren.

In Deutschland gilt eine Ortschaft namens Gülpe als dunkelste Stelle des Landes. Gülpe liegt in Brandenburg, und wer dort eine nahezu lichtlose Nacht als eine Zeit des Schönen und Unbeschwerten verbringen will, wird und kann merken, dass die Dunkelheit nicht plötzlich über das Land fällt, sondern langsam von Osten aufsteigt und das verbleibende Licht vor sich her scheucht und zuletzt vertreibt. Die Astronomen sprechen dabei von dem langen blauen Moment der sich ausbreitenden Nacht, den sie um jeden Preis bewahren und immer wieder genießen möchten.

Das Verlangen nach Nacht zeigt sich aber längst nicht nur bei Menschen mit astronomischen Interessen und kosmischer Neugierde. Es zeigt sich durchweg in der europäischen Kultur, wobei diese Begeisterung für die Stunden der Dunkelheit besonders deutlich in der Epoche der Romantik zu erkennen ist, in der zum Beispiel der jung verstorbene Novalis um 1800 »Hymnen an die Nacht« verfasst. Nach einem anfänglichen Lob des Lichts als Prinzip des Lebens entwickelt er großes Verständnis für die geheimnisvolle Nacht, die zum Raum der Liebe wird und in der die Geliebte als Gesandte der Nacht erscheint, um eine ewige Brautnacht zu vollziehen. Den Dichter begeistert die Farbe der Nacht. In seiner Faszination erlebt er das Dunkel als die Möglichkeit, etwas von der grenzenlosen Unendlichkeit zu spüren, und er erzählt die Geschichte des Menschen als die eines Fremdlings im Licht, den das Verlangen nach Heimat und nach seinem Ursprung umtreibt, nach der Nacht eben.

Zu den berühmten Werken der Romantik zählen auch die Nachtstücke von E.T.A. Hoffmann, in denen die auftretenden Personen zu Kindern des Gegenlichts werden, zu Helden unter der schwarzen Sonne der Nacht, wie es der Literaturwissenschaftler Peter von Matt ausgedrückt hat. Er kann eindrucksvoll zeigen, dass die phantastische Literatur der Romantik nicht ohne das Licht zu denken und zu verstehen ist, das Isaac Newton im 18. Jahrhundert angezündet hat und damit eine Welt erkennen ließ, die vollständig und vollkommen nach den Gesetzen einer mechanischen Naturwissenschaft ablief. In Europa glaubte man damals unter anderem an eine Neuschöpfung der Welt durch Newton, und diese Überzeugung kam zum Beispiel in den berühmten Versen des englischen Poeten Alexander Pope (1688–1744) zum Ausdruck, die sinngemäß lauten: »Natur und der Natur Gesetze lagen tief in dunkler Nacht./ Gott sprach: Es werde Newton! Und alles strahlte voller Pracht«.

E.T.A. Hoffmann fügt nun einen unübersehbaren Riss in diese Newton'sche Kugel mit ihrem gleichmäßig tickenden Uhrwerk ein. Der Dichter zeigt den Lesern diesen Bruch im deterministischen Weltgefüge als die Erfahrung von einzelnen Menschen, die dabei aber nicht unbedingt wissen, was ihnen geschieht. Das Innere von Menschen wird in der romantischen Poesie als Gegenhimmel vorgestellt, von dem eine schwarze Sonne leuchtet. Mit deren Hilfe können bestenfalls die inneren Augen eines Menschen – sein zweites Augenpaar – irgendetwas erkennen. Mehr oder weniger alles wird doppelt und verdoppelt – die Augenpaare, die Sonnen und die moralischen Gesetze, wie an den Figuren der Erzählungen abzulesen ist. Heinrich von Kleist lässt seinen Michael Kohlhaas bekanntlich als gefährlichen Brandstifter wüten, obwohl der Mann an sich gut empfindet und gerecht zu leben denkt. Und bei Hoffmann entpuppt sich in der Erzählung von dem *Fräulein Scuderi* ein Mann namens Cardillac in der Nacht als Serienmörder, obwohl er tagsüber ein liebevoller Mensch ist und einem ehrenwerten Beruf nachgeht. Kurzum: Die Romantiker machen mit ihren Entwürfen klar, dass Newtons funktionierender Kosmos nicht die ganze Welt ist, sondern in seiner Tiefe etwas anderes lauert, nämlich die Nachtseite. Sie zeigt sich auf direkte und fast triviale Weise jeden Abend, wenn sich Menschen vor ein Fernsehgerät setzen und die Nachrichten von dem unaufhörlichen Morden zur Kenntnis nehmen, das sich auf dem Globus in fernen Ländern zugetragen hat, während sie daheim friedlich und freundlich ihren Pflichten und Geschäften nachgegangen sind und die Kinder ins Bett gebracht haben.

Wenn auf das physikalische Licht von Newtons Wissenschaft die poetische Nacht von Hoffmanns Erzählungen folgt, dann kann man vorhersagen, dass nach der kunstvollen Dunkelheit wieder so etwas wie ein Lichtverlangen bei den Menschen auftaucht. Und tatsächlich konstatieren die Kulturhistoriker in den postromantischen Jahren einen »unermesslichen Lichtdurst«, der sich zum Beispiel in den Helligkeit ausstrahlenden Wolkenstudien von John Constable (1776–1831) oder den »Lichteruptionen« von William Turner (1775–1851) offenbart. Ihre Bilder bereiten auf dem Terrain der Malerei den eindrucksvollen Weg für den farbenprächtigen Impressionismus vor und machen in der Architektur den Raum für strahlend leuchtende Kristallpaläste frei.

Zu den Charakteristiken der Kunst nach der Romantik gehört auch die Tatsache, dass es die Maler aus dem Studio ins Freie zieht, wo sie versuchen, die Lichteindrücke direkt auf die Leinwand zu bringen. Solch ein Begehren wird übrigens durch zwei technische Entwicklungen gefördert oder erleichtert, von denen eine die Eisenbahn ist, mit der die Künstler die Stadt verlassen, um ihre Staffeleien in der freien Natur aufzustellen. Sie haben ihre Malfarben dann in Form von Tuben dabei, die heute selbstverständlich verfügbar sind, die aber auch erst erfunden und entwickelt werden mussten, und dieser Schritt gelang genau in den hier erfassten Jahren.

Und wenn die Menschen in der ersten Hälfte des 19. Jahrhunderts schon einmal dabei waren, das Licht zu suchen und es über die Nacht zu stellen, so kamen einige von ihnen auf den Gedanken, das Licht selbst malen zu lassen. Man erfand tatsächlich die »fotogenische Zeichnung«, die bald als Fotografie bekannt wurde und entsprechende Apparate hervorbrachte. Als deren Vorläufer kann man die *Camera obscura* ansehen, was wörtlich übersetzt »Dunkelkammer« heißt und in neuer Form Teil des Prozesses wurde, mit dem Fotos – fotografierte Bilder – hergestellt wurden.

Um die Wende zum 20. Jahrhundert entfaltete sich eine Lichtverherrlichung, in der unter anderem pseudoreligiöse Sonnenkulte entstanden und emsig Freikörperkultur betrieben wurde, wobei sich die daran beteiligenden Menschen in Licht-Luft-Hütten einrichteten, wie sie etwa auf dem Monte Verità bei Ascona zu finden waren.

Doch, wenig überraschend, machte das »Lichtgebet« dieser frühen Jahre des 20. Jahrhunderts wiederum Platz für eine Finsternis. Tatsächlich brach vor rund hundert Jahren die »Nacht über Europa« herein, wie die Zeit manchmal genannt wird, die Geschichtsbücher als den Ersten Weltkrieg mit seinen grauenhaften Schlachten und 17 Millionen Toten kennen. Im Jahre 1915 fühlte ein russischer Maler namens Kasimir Malewitsch (1879–1935) diese Nacht des Schreckens in sich. Sie zeigte sich ihm als Farbe des Todes und drückte den Verlust der Kultur durch das sinnlose Nichts des Krieges aus, in dem alle Beteiligten nur verlieren konnten und die ganze Welt verloren hat. Malewitsch schuf sein »Schwarzes Quadrat auf weißem Grund«, das mit seinen 80 mal 80 Zentimetern zu den Attraktionen der damals in St. Petersburg arrangierten »letzten futuristischen Ausstellung« gehörte. Dieses zunächst sicher verblüffende, heute längst weltberühmte Gemälde zeigt dem Betrachter das gegenstandslose Chaos, aus der die Schöpfung hervorgegangen ist. Das »Schwarze Quadrat« lässt sich so ansprechen, wie Rilke es mit der Nacht getan hat: »Du Dunkelheit, aus der ich stamme« (und in die Menschen letztlich wieder heimkehren, um dort Eingang zu finden). Während Betrachter vor dem »Schwarzen Quadrat« stehen, spüren sie die Kraft, die in der Dunkelheit steckt. Sie bricht sich längst Bahn in den Rissen, die sich im Schwarz gebildet haben und inzwischen zu dem Quadrat gehören. So wie die romantische Poesie Risse in die Lichtkugel der Physik eingefügt und als Teil des Ganzen sichtbar gemacht hat, so sorgt die vergehende Zeit für Risse im Schwarz des Kunstwerks, das auf diese Weise zeigt, wie es in Bewegung bleibt, auch wenn es ruhig vor seinen Betrachtern an der Wand hängt. Menschen glauben an diese schöpferischen Nächte, weil sie auch körperlich aus ihnen stammen und durch die Liebe zu ihnen zurückfinden. Das Leben lohnt sich durch die Nacht.

ANHANG

Dank

Ich danke Stefan Mayr vom Siedler Verlag für seine Geduld, seine Aufmerksamkeit und seine Ratschläge, die dem Autor immer wieder Mut machen. Ich danke Ursula Kiausch für elegante Umstrukturierungen und wunderbare Ergänzungen. Es war erneut ein Vergnügen, mit beiden zusammen das Buch zu machen. Wir alle wussten, dass Thomas Rathnow im Hintergrund seine Daumen für ein gutes Gelingen gedrückt hat.

Literatur

Allgemein

Paul Bogard, *Die Nacht*, München 2014.

Alexander Borbély, *Schlaf*, Frankfurt am Main 2004.

Elisabeth Bronfen, *Tiefer als der Tag gedacht. Eine Kulturgeschichte der Nacht*, München 2008.

A. Roger Ekirch, *In der Stunde der Nacht. Eine Geschichte der Dunkelheit*, Bergisch Gladbach 2006.

Ernst Peter Fischer, *Die aufschimmernde Nachtseite der Wissenschaft*, Lengwil (CH) 2004.

Ernst Peter Fischer, *Brücken zum Kosmos*, Lengwil (CH) 2004.

Heinz-Gerhard Friese, *Die Ästhetik der Nacht. Eine Kulturgeschichte*, Reinbek 2011.

Edward Harrison, *Darkness at Night*, Cambridge (Mass.) 1987.

Agnes Husslein-Arco et al. (Hg.), *Die Nacht im Zwielicht. Kunst von der Romantik bis heute*, München 2012.

Craig Koslofsky, *Evenings Empire: A History of Night in Early Modern Europe*, Cambridge (Mass.) 2011.

Vladimir Nabokov, *Erinnerung, sprich. Wiedersehen mit einer Autobiographie*, übersetzt von Dieter E. Zimmer, Reinbek 1996.

Thomas Posch et al., *Das Ende der Nacht*, Weinheim 2013.

Gotthilf Heinrich von Schubert, *Ansichten von der Nachtseite der Naturwissenschaften*, Darmstadt 1967 (Erstausgabe: Dresden 1808).

Walter Seiter, *Geschichte der Nacht*, Berlin/Bodenheim 1999.

Peter Spork, *Das Schlafbuch*, Reinbek 2007.

Inge Strauch, *Traum*, Frankfurt am Main 2006.

Vorwort

Nabokov, *Erinnerung, sprich.*

Robert Louis Stevenson, *Der seltsame Fall des Dr. Jekyll und Mr. Hyde*, Frankfurt am Main 2004.

Kapitel 1

Werner Backhaus et al. (Hg.), *Color Vision*, Berlin 1998, S. 187–218.
Hans Blumenberg, *Die Vollzähligkeit der Sterne*, Frankfurt am Main 1997.
Katherine Freese, *The Cosmic Cocktail: Three parts of dark matter*, Princeton 2014.
Robert Gernhardt, *Gesammelte Gedichte 1954–2004*, Frankfurt am Main 2005, S. 112.
Edward Harrison, *Darkness at Night*, Cambridge (Mass.) 1987.
Rudolf Kippenhahn, *Kosmologie für die Westentasche*, München 2003.
Robert P. Kirshner, *The Extravagant Universe*, Princeton 2002.
K. Shinomori et al., »Spectral mechanisms of spatially-induced blackness: Data and quantitive model«, *Journal of the Optical Society of America* A 14 (1997), S. 372–387.
Vicki Volbrecht/Reinhold Kliegl, »The Perception of Blackness. A Historical and Contemporary Review«, in: Thomas Zaunschirm (Hg.), *Die Farben Schwarz*, Graz 1999 (Ausstellungskatalog).

Kapitel 2

Faramerz Dabhoiwala, *Lust und Freiheit. Die Geschichte der ersten sexuellen Revolution*, Stuttgart 2014.
Franz Kafka, *Tagebücher 1910–1923*, Frankfurt am Main 1976.
William F. Martin et al., »Energy at life's origin«, *Science* 344 (2014), S. 1092–1093.
Fritz J. Raddatz, *Männerängste in der Literatur*, Hamburg 1993.
Kristin Tessmar et al., »Mondlicht als natürlicher Zeitgeber für die Meeresfauna«, in: Posch et al. (Hg.), *Das Ende der Nacht*, S. 157–171.
»Light cast on deep dark biosphere«, *New Scientist*, 21. Juni 2014, S. 10.
»Bottling the primordial soup«, *New Scientist*, 5. Juli 2014, S. 8.
The Night – Special Issue, *New Scientist*, 30. November 2013, S. 36–53.

Kapitel 3

Ekirch, *In der Stunde der Nacht*.
Michael Faraday, *Naturgeschichte einer Kerze*, Stuttgart 1953.
Michael Faraday, *The Chemical History of a Candle*, Oxford 2011.
Koslofsky, *Evenings Empire*.
Wolfgang Schivelbusch, *Lichtblicke. Zur Geschichte der künstlichen Helligkeit im 19. Jahrhundert*, Frankfurt am Main 2004.

Joachim Schlör, *Nachts in der großen Stadt. Paris, Berlin, London (1840–1930)*, München 1991.
Joachim Schlör (Hg.), *Wenn es Nacht wird. Streifzüge durch die Großstadt*, Stuttgart 1994.
J. Tollefsen, »Energy: Islands of Light«, *Nature* 507 (2014), S. 154–156.
Daniel P. Walker, *The Decline of Hell*, London 1964.

Kapitel 4

Borbély, *Schlaf*.
Manfred Koch/Angelika Overath (Hg.), *Schlaflos. Das Buch der hellen Nächte*, Lengwil (CH) 2002.
Peter von Matt, »Zwischen Mythos und Medizin. Vom Schlaf und den Schlafenden in der Literatur«, in: Ders., *Öffentliche Verehrung der Luftgeister. Reden zur Literatur*, München 2003.
Marcel Proust, *Combray*, Frankfurt am Main 1999.
Raymond Smullyan, *Das Tao ist Stille*, München 1994.
Spork, *Das Schlafbuch*.
Inge Strauch, *Traum*, Frankfurt am Main 2006.
»The Dream Catcher«, *New Scientist*, 29. März 2014, S. 48.

Kapitel 5

Peter-André Alt, *Der Schlaf der Vernunft. Literatur und Traum in der Kulturgeschichte der Neuzeit*, München 2011.
Henry F. Ellenberger, *Die Entdeckung des Unbewußten*, Zürich 1985.
Carl Gustav Jung, *Die Archetypen und das kollektive Unbewußte*, Freiburg 1989.
Eric Kandel, *Das Zeitalter der Erkenntnis*, München 2012.
Jutta Osinski, »Poesie und Wahn. Aspekte des Phantastischen in romantischen Texten«, in: Thomas Le Blanc/Bettina Twrsnick (Hg.) *Traumreich und Nachtseite*, Bd. 15 der Schriftenreihe der Phantastischen Bibliothek Wetzlar, Wetzlar 1995.
David K. Randall, *Im Reich der Träume*, Heidelberg 2014.
Dieter Schnocks, *Was unsere Träume sagen wollen*, Freiburg 2007.
Mark Solms, »Freud Returns«, in: *Best of the Brain from Scientific American*, hg. von F. E. Bloom, New York/Washington D. C. 2007.
Mark Solms/Edward Nersessian, »Freud's theory of affect: Questions for neuroscience«, *Neuropsychoanalysis* 1 (1999).
Michael Schredl, *Träume*, Berlin 2007.

Inge Strauch, *Traum*, Frankfurt am Main 2006.
Emily Underwood, »How to Build a Dream-Reading Machine«, *Science* 340 (2013), S. 21.

Kapitel 6

Gustav Adolf Fechner, *Die Tagesansicht gegenüber der Nachtansicht*, Leipzig 1879.
Paul Feyerabend, *Wider den Methodenzwang*, Frankfurt am Main 1997.
Fischer, *Die aufschimmernde Nachtseite der Wissenschaft.*
Fischer, *Brücken zum Kosmos.*
François Jacob, *Die innere Statue*, Zürich 1988.
Mark Jung-Beeman et al., »Neural Activity Observed in People Solving Verbal Problems with Insight«, *Public Library of Science – Biology* 2 (2004), S. 500–510.
John Kounios et al., »The Prepared Mind: Neural Activity Prior to Problem Presentation Predicts Solution by Sudden Insight«, *Psychological Science* 17 (2006), S. 882–980.
Jonah Lehrer, *Imagine. Wie das kreative Gehirn funktioniert*, München 2014.
Wolfgang Pauli, *Physik und Erkenntnistheorie*, Braunschweig 1984.
Wolfgang Pauli, »Der Einfluß archetypischer Vorstellungen auf die Bildung naturwissenschaftlicher Theorien bei Kepler«, in: C.G. Jung/W. Pauli, *Naturerklärung und Psyche*, Zürich 1952.
Fernando Pessoa, *Esoterische Gedichte. Mensagem. Englische Gedichte*, Zürich 1989.
Karl Popper, *Logik der Forschung*, Tübingen 1969.
Hans Primas, »Über dunkle Aspekte der Naturwissenschaft«, in H. Atmanspacher et al. (Hg.), *Der Pauli-Jung-Dialog und seine Bedeutung für die moderne Wissenschaft*, Berlin/Heidelberg 1995, S. 205–238.

Kapitel 7

Hannah Arendt, *Denktagebuch 1950–1973*, 2 Bände, München 2003.
Hannah Arendt, *Die Banalität des Bösen*, München 1963.
Norbert Bischof, *Moral. Ihre Natur, ihre Dynamik und ihr Schatten*, Wien 2012.
Kevin Dutton, *Psychopathen. Was man von Heiligen, Anwälten und Serienmördern lernen kann*, München 2012.
Irenäus Eibl-Eibesfeldt, *Krieg und Frieden. Aus der Sicht der Verhaltensforschung*, München 1997.

Nobert Elias, *Über den Prozess der Zivilisation*, Frankfurt am Main 1969.
Hans Günter Gassen, *Mörderisches Erbe*, Frankfurt am Main 2013.
Karl Häusler, *Der Tod ist weiblich*, München 2004.
Karl Jaspers, *Die Atombombe und die Zukunft des Menschen*, München 1982.
Ernst Peter Fischer, *An den Grenzen des Denkens. Wolfgang Pauli und die Nachtseite der Physik*, Freiburg 2000.
Adolf-Henning Frucht/Joachim Zepelin, »Die Tragik der verschmähten Liebe«, in: *Neue Horizonte 94/95*, hg. von Ernst Peter Fischer, München 1995.
Steven Pinker, *Gewalt. Eine neue Geschichte der Menschheit*, Frankfurt am Main 2013.
Margit Szöllösi-Janze, *Fritz Haber. Eine Biographie*, München 1998.
Dieter E. Zimmer, *Experimente des Lebens*, Zürich 1989.
Philip Zimbardo, *The Lucifer Effect: Understanding how good people turn evil*, New York 2007.

Nachwort

Peter von Matt, »Hoffmanns Nacht und Newtons Licht«, in: *Öffentliche Verehrung der Luftgeister*.
Posch et al., *Das Ende der Nacht*.
Bogard, *Die Nacht*.

Sach- und Personenregister

Bildnachweis

Michael S. Gazzaniga: 135
Peter Palm, Berlin: 17, 37, 52 (nach einer Vorlage von Thomas Posch, Wien), 111, 183
Robert Koch-Institut, Berlin: 104 o.
Mit freundlicher Genehmigung des Rowohlt Verlags/H. G. Hinghofer-Szalkay: 104 u.
Wikicommons: 20, 80, 81
Zeit Online: 107